Jacky GIRARDET
Jean-Marie CRIDLIG

PANORAMA 2
DE LA LANGUE FRANÇAISE

Livre du professeur

CLE
INTERNATIONAL

INTRODUCTION À LA MÉTHODE

Public et objectifs généraux

Panorama est une méthode pour l'apprentissage du français, destinée à des adolescents ou à des adultes débutants. Elle vise :

• **l'acquisition d'une compétence de communication générale** (compréhension et expression orales et écrites) permettant de faire face aux situations les plus diverses, à l'exclusion de situations professionnelles spécifiques ;

• **l'acquisition de savoirs et de savoir-faire culturels** : comportements spécifiques aux relations humaines en France, connaissances partagées par une majorité de Français.

Les éléments de la méthode (pour chaque niveau)

3 cassettes collectives
• Enregistrement des documents du livre qui servent à l'étude de l'oral
• Exercices d'entraînement de grammaire
• Exercices de prononciation
• Documents oraux servant d'exercices spécifiques d'écoute
• Pour l'élève : 2 cassettes audio ou un double CD

Le livre de l'élève
• **18 leçons** de 8 pages. Les leçons sont regroupées en **6 unités** de 3 leçons.
• Chaque unité est suivie d'une lecture et d'un **bilan évaluation**.
• À la fin de l'ouvrage :
– cartes,
– tableaux de grammaire et de conjugaison,
– tableau des contenus.

Le cahier d'exercices
• Exercices individuels de vocabulaire, de grammaire et d'orthographe complémentaires à ceux du livre
• Exercices progressifs pour la compréhension et l'expression écrites
• Préparation au DELF

La cassette vidéo
• Des documents audiovisuels en relation avec le contenu des leçons du livre
• Un livret proposant des activités pour exploiter les documents vidéo

Le livre du professeur
Objectifs
• Propositions de déroulements de classe
• Informations pédagogiques et culturelles
• Textes des enregistrements
• Corrigés des exercices du livre et du cahier d'exercices

Le fichier d'évaluation + une cassette audio
Pour chaque leçon ou unité : évaluation des connaissances grammaticales et lexicales ainsi que des compétences de compréhension et d'expression écrite et orale.

■ Organisation des leçons

• **Cohérence. Toutes les leçons sont construites sur le même schéma :**

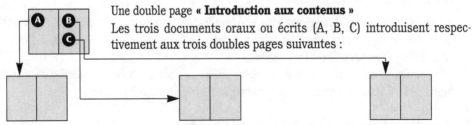

Une double page **« Introduction aux contenus »**
Les trois documents oraux ou écrits (A, B, C) introduisent respectivement aux trois doubles pages suivantes :

Une double page à dominante
« Grammaire » (A)
Elle comporte une rubrique
« Entraînez-vous » : exercices
pour les automatismes grammaticaux à faire avec la
cassette audio.

Une double page à dominante
« Vocabulaire » (B)
Elle comporte une rubrique
« Prononciation » : exercices
à faire avec la cassette
audio.

Une double page à dominante
« Civilisation » (C)
Elle comporte un ou plusieurs
exercices d'écoute à faire avec
la cassette. Comporte aussi un
complément vidéo.

• **Diversité. Deux types d'unités (de 3 leçons)**

1. → Les unités « Histoire ».

Dans ces unités, les dialogues et documents écrits des pages « Introduction aux contenus »
s'enchaînent pour raconter des histoires suivies qui se présentent comme des tranches de vie,
se déroulant dans des univers sociaux différents.

Au niveau II, les unités 1, 3, 5 sont des unités « Histoire ».
– L'unité 1 présente une enquête policière menée par une jeune femme.
– L'unité 3 nous introduit dans un monde de jeunes gens organisant un festival.
– L'unité 5 nous fait découvrir les calculs et les tensions qui règnent dans une famille du Gard
alors qu'on vient de décider de construire une ligne de TGV.
Ces histoires ne comportent pas de fin, mais proposent, à la dernière page, diverses pistes
pour y parvenir. Il appartiendra aux étudiants d'imaginer la ou les fin(s) possible(s).

2. → Les unités « Projet ».

Elles comportent deux leçons de découverte où les documents d'introduction sont organisés
autour d'un thème. Ces deux leçons débouchent sur une leçon « Projet ». La page d'introduction permet de lancer un projet individuel ou collectif qui est réalisé tout au long de la leçon.
Au niveau II, les unités 2, 4, 6 sont des unités « Projet ».
– À l'unité 2, les acquisitions convergent vers la rédaction d'un journal d'information.
– À l'unité 4, les étudiants seront capables de réaliser un recueil de poésie.
– À l'unité 6, ils pourront participer, en l'animant, à un procès.

• **Autonomie des doubles pages**

Chaque double page « Grammaire », « Vocabulaire », « Civilisation » possède :
– **une unité de contenu** : elle est généralement construite autour d'un objectif précis ;
– **une unité de temps** : elle nécessite, selon les situations d'apprentissage, **entre 2 heures
et 2 h 30 d'enseignement.**

■ Progression, contenus et rythmes d'apprentissage

1. Contenus

• Lexique

Pour aborder le niveau II, il est nécessaire que l'étudiant maîtrise les 1 000 mots principaux présentés au niveau I.

Au niveau II, l'ensemble des documents, tableaux d'apprentissage et exercices exposent l'étudiant à un lexique de 3 500 mots. Les documents des pages d'introduction et les tableaux d'apprentissage sélectionnent les mots les plus courants.

• Communication

Les principaux actes de communication vus au niveau I sont revus au niveau II. D'autre part, chaque double page à dominante grammaticale, lexicale ou culturelle débouche sur des situations orales ou écrites.

Ainsi, p. 18-19, après la découverte d'un test de personnalité, l'étudiant est invité à présenter son portrait psychologique d'après le texte et à donner son avis ; p. 96, chaque groupe d'étudiants doit, pour un mois de l'année, préparer et imaginer une conversation à partir des thèmes qui reviennent le plus souvent lors du mois choisi. La classe vérifie si tous les sujets de conversation prévus ont été abordés.

• Grammaire

– Les trois premières leçons sont consacrées à des révisions rapides d'acquis majeurs effectués au niveau I. Ainsi revoit-on les temps de l'indicatif acquis au niveau I (leçon 1), le système des pronoms (leçon 2), les moyens pour interroger (leçon 3).

– Tous les points de grammaire étudiés au niveau I et non revus au niveau II (par exemple, les adjectifs possessifs et démonstratifs) sont présentés dans le précis grammatical des pages 176 à 180. Ainsi la révision de l'interrogation (p. 26) pourra-t-elle être complétée par l'examen d'autres formes interrogatives (p. 178) si le besoin s'en fait sentir.

– Les tableaux de conjugaison en fin d'ouvrage (p. 181 à 187) permettront à l'enseignant de programmer une révision systématique des formes verbales.

• Civilisation

Les documents permettent d'aborder à la fois des situations de communication à faible spécificité française et des situations fortement marquées culturellement comme son nom l'indique. La méthode présente également un panorama des réalités françaises (sociales, économiques, politiques, historiques, artistiques, etc.).

Il s'agit de faire acquérir un savoir-vivre en France et de permettre à l'étudiant de ne pas être trop dépaysé quand il participera à une conversation (qui comporte presque toujours des références culturelles).

La thématique est donc résolument actuelle. On y trouve l'écho des sujets de conversation des Français des années 90. Lorsqu'on aborde des éléments appartenant au passé, c'est soit parce qu'ils font partie d'une connaissance générale partagée, soit parce qu'ils permettent de comprendre des traits de comportement ou de mentalité.

Les quelques extraits d'œuvres littéraires qui figurent dans la méthode ont été choisis en fonction de ces objectifs ou pour leur capacité à servir de tremplin à des exercices de créativité linguistique.

• **Prononciation**

Chaque leçon traite un ou plusieurs points de prononciation. Les exercices de discrimination associent la correction phonétique à une activité. En général, les exercices de répétition prennent la forme d'amusements sonores et s'appuient sur un texte court qui peut être par exemple un poème (p. 67), des phrases allitératives (p. 83) ou des proverbes (p. 131).

2. Rythmes d'apprentissage

Une double page correspond environ à 2 heures d'enseignement. La méthode peut donc être couverte en 120 heures d'enseignement.

Mais ce chiffre est purement indicatif. Le temps passé sur une double page dépend :

– de la situation d'apprentissage : distance entre le français et la langue maternelle de l'apprenant (ou les langues qu'il connaît déjà), importance du groupe classe, capacité d'auto-apprentissage, etc. ;

– des choix opérés par l'enseignant (et le groupe classe) parmi les activités proposées.

3. Souplesse d'utilisation

L'autonomie des doubles pages pourra permettre mais à titre occasionnel :

– **d'effectuer certaines anticipations sur la progression** : si le groupe classe éprouve le besoin de maîtriser, lors d'un mini-débat, les formes de l'opposition, on pourra se reporter à la page 164 où cette notion est présentée de façon simple et abordable ;

– **de sauter ou de remettre à plus tard l'étude de certaines doubles pages de vocabulaire et de civilisation** : ainsi certains groupes peuvent-ils être peu motivés par la découverte des parcs naturels et des réserves (p. 132-133) ou par les problèmes soulevés par les manipulations génétiques (p. 161).

▪ Quelques principes pédagogiques mis en œuvre dans *Panorama*

1. Variété des supports

• Diversité des documents (dialogues, conversations téléphoniques, prises de parole brèves ou longues, articles de presse, lettres, messages, textes de lecture, etc.).

• Diversité aussi dans l'organisation des différents documents : documents isolés, documents organisés autour d'une enquête, dialogues et documents s'enchaînant et racontant une histoire, fiction calquée sur la réalité quotidienne, éléments d'histoires à construire, etc.

2. Variété des itinéraires d'apprentissage

• Toutes les leçons sont construites sur le même schéma général. Mais chaque leçon, voire chaque double page, possède une organisation et une dynamique particulières et se prête donc à une approche spécifique. Ainsi le document d'introduction peut-il être traité, selon les cas, avant, pendant ou à la fin de la séquence.

3. Variété des démarches pédagogiques (voir ci-dessous)

4. Apprentissage

• Prise en compte de la diversité des styles d'apprentissage. *Panorama II* a le souci de proposer une grande diversité d'outils d'apprentissage de façon à pouvoir s'adapter aux attentes et aux styles d'apprentissage du plus grand nombre d'étudiants. Tableaux de grammaire ou de vocabulaire, exercices systématiques alternent avec des activités de réflexion, de production guidée ou libre, etc.

• Guidage de l'apprentissage. Nous avons tenu à guider l'apprenant vers l'autonomie en allant du simple au complexe (identification des formes ou constructions dans les dialogues → tableau d'apprentissage → exercices systématiques d'entraînement → exercices de réemploi → activités de production dirigée → activités de production libre). D'autre part, pour chaque activité le travail de la classe devrait être facilité par les consignes des exercices, formulées avec rigueur et clarté ainsi que par un exemple servant de déclencheur d'expression.

5. Équilibre des compétences

Chaque double page propose des activités ou groupes d'activités orientés vers la maîtrise finale des 4 compétences : compréhension orale et écrite, expression orale et écrite.

6. Interactions dans la classe

• La plupart des activités proposées sont conçues pour être réalisées collectivement, par paires ou en petits groupes.

• Les pages « Civilisation » et les projets se prêtent tout particulièrement aux échanges en petits groupes.

• Certaines pages « Civilisation », qui peuvent paraître denses, peuvent donner lieu à une approche fractionnée par groupe. Dans ce cas, chaque groupe prend en charge un document (voir p. 132 ou 140) ou une partie du document (p. 142) et se voit confier la tâche d'informer le reste de la classe de ses acquis lors de la mise en commun.

• Le cahier d'exercices est conçu pour une utilisation individuelle. Il ne comporte donc ni activités orales ni textes difficiles.

7. Imprégnation culturelle constante

À l'apprentissage de la langue et de la communication, nous avons associé l'apprentissage de la culture. Chaque support ou activité est ainsi l'occasion de découvrir un fait ou un trait culturel (actualité, comportement, mentalité).

8. Approche interculturelle

De nombreuses questions culturelles aboutissent à une activité de comparaison entre la France et le pays des étudiants (habitudes, mentalité, préoccupations, etc.). Ainsi, p. 21, leur est-il demandé d'examiner la distinction capitale/province pour leur pays.

9. Évaluation

À chaque leçon ou unité correspond un jeu de fiches d'évaluation que l'enseignant pourra utiliser librement. Les exercices du livre de l'élève, regroupés en fin d'unité dans la partie « Bilan », pourront servir d'exercices de soutien ou de rémédiation pour travailler les points imparfaitement acquis.

▦ Trois démarches méthodologiques

Les démarches décrites ici de façon très générale seront concrétisées dans ce guide en fonction des documents et des activités.

1. De l'observation du document au réemploi des acquisitions

Cette procédure pourra être pratiquée en particulier avec les documents des pages

« **Introduction** ».

a. L'étudiant est mis en présence du document sans autre objectif préalable que celui de le comprendre. Par divers procédés décrits dans ce guide, l'étudiant passe progressivement de la compréhension globale du document à la compréhension des détails (situation de communication, vocabulaire, sens des formes grammaticales).

b. L'enseignant focalise l'attention des étudiants sur les éléments du texte qui constituent l'objectif de la leçon (par exemple, les formes passives, p. 36). On observe le fonctionnement de la langue (grammaire). On établit un inventaire de moyens linguistiques (vocabulaire). Les tableaux d'apprentissage peuvent être utilisés à cet effet.

c. On pratique les exercices (du livre ou du cahier) qui ont pour but de renforcer la compréhension de ces faits de langue, de les mémoriser, de les automatiser.

d. On passe à des activités toujours centrées sur l'objectif poursuivi mais qui exigent aussi la mobilisation de connaissances et de compétences plus larges (jeux de rôles, productions écrites, etc.).

2. La découverte d'un document avec projet de lecture ou d'écoute

a. La présentation du document s'inscrit dans un projet qui dépasse sa simple compréhension. Il s'agit de rechercher des informations particulières dans le document, de l'utiliser à des fins de production orale ou écrite, de faire une synthèse entre plusieurs documents, etc. Par exemple, les trois textes d'opinion (p. 166) s'inscrivent dans le projet général « Relever les informations sur le système scolaire, les changements souhaités ». À d'autres occasions, on demande à l'étudiant de dessiner le décor d'une pièce de théâtre à partir des indications données (p. 74), d'imaginer des dialogues à partir d'un texte informatif (p. 96), etc.

b. L'exploration du document se limite ici à ce qui est nécessaire pour la réalisation du projet. Il ne s'agit pas obligatoirement de tout comprendre et surtout pas de tout réemployer. La démarche pédagogique est en général suggérée par la consigne.

3. De la création de besoins langagiers à la production

Cette démarche est celle des leçons « Projet » et de certaines activités (activités de production d'après documents photographiques, jeux de rôles, simulations, etc.).

a. L'étudiant (ou le petit groupe) est invité à réaliser quelque chose. Par exemple, un journal d'information ou un recueil de poésies.

Certains besoins langagiers apparaissent alors. Par exemple, la réalisation d'un article informatif requiert des moyens pour raconter, décrire, mais aussi l'emploi de certaines modalités (doute, certitude, etc.) et la maîtrise du discours rapporté (p. 51).

b. On apporte ces moyens linguistiques à l'étudiant.

c. L'étudiant réalise son projet.

Dans les leçons « Projet », la réalisation se fait généralement en plusieurs étapes. Les apports sont successivement grammaticaux, lexicaux et culturels.

— Organisation du livre du professeur —

• En général, chaque leçon du livre de l'élève est traité en 3 parties :

1. Séquence A :
– Découverte du document A de la page « Introduction aux contenus ».
– Tableau(x) et exercices ou activités de la double page « Grammaire ».

2. Séquence B :
– Découverte du document B.
– Documents et exercices ou activités de la double page « Vocabulaire ».

3. Séquence C :
– Découverte du document C.
– Documents et exercices ou activités de la double page « Civilisation ».

• Compte tenu de l'autonomie des doubles pages et de la diversité des activités proposées, il nous est arrivé de modifier ce schéma de présentation. Ainsi, rien n'interdit de commencer une séquence « Civilisation » par la double page « Civilisation » et de terminer par le document C (voir leçon 1C). Il va de soi que l'enseignant conserve toute liberté pour concevoir des déroulements de classe différents de ceux proposés dans ce guide.

• Dans chaque partie on trouvera :
– un tableau des contenus qui présente l'objectif principal de la séquence (grammaire, vocabulaire ou civilisation), les compétences travaillées, etc. ;
– un déroulement de séquence qui permet de saisir les grandes phases à suivre dans la conduite de la classe ;
– une démarche pédagogique, un corrigé ou des suggestions de productions pour chaque exercice ou activité ;
– la transcription du texte sonore des exercices d'écoute, des exercices de la rubrique « Entraînez-vous » (consolidation grammaticale), de la rubrique « Prononciation » (correction phonétique) à faire avec la cassette correspondante ;
– des informations didactiques ou culturelles ;
– le corrigé des exercices du cahier d'exercices.

Histoire

Dans une ville de Bretagne, des actes de vandalisme ont été commis au musée d'art contemporain. Séverine, jeune inspectrice de police, va mener l'enquête. Qui est coupable ? Arnaud Le Gall qui vient de perdre son emploi au musée et qui a menacé de se venger ? Une personne jalouse du directeur du musée ? Des habitants, opposés à la coûteuse politique culturelle du maire ? Des étudiants en médecine qui viennent de participer à une cérémonie de bizutage ? Des jeunes qui voulaient s'amuser ? Lambert Tanguy, personnage provocateur, professeur à l'École des beaux-arts ?
En ville, on fait des suppositions et les rumeurs courent. Le maire, qui a peur d'un scandale, fait pression sur le commissaire de police pour protéger un possible coupable.

Objectifs

	1	**2**	**3**
Grammaire	– *révision* : présent et présent progressif – passé composé, imparfait et passé récent – futur et futur proche	– *révision* : le système des pronoms compléments	– formes du subjonctif présent, emplois dans l'expression de la volonté, la nécessité, l'obligation – *révision* : les formes de l'interrogation
Vocabulaire	– les arts plastiques	– comportement et personnalité – la ville	– savoir, mémoire, oubli, vérité et mensonge – les gestes et les attitudes
Situations orales	– présenter, caractériser une personne – aborder quelqu'un – apprécier (intérêt, admiration, indifférence, rejet)	– se plaindre, revendiquer – faire des suppositions	– convaincre, émettre des réserves – exprimer la nécessité et l'obligation – exprimer son ignorance
Situations écrites	– se présenter dans une lettre officielle – compréhension d'une biographie	– la cohérence du texte grâce à l'emploi des pronoms – description et commentaire	– se plaindre – compréhension d'un dialogue de théâtre
Civilisation	– art classique et art moderne	– la province (notion, stéréotypes) – une petite ville de Bretagne : Dinan	– comportement face à l'information – la comédie de boulevard (Courteline) – plaisanteries et canulars
Prononciation	– les voyelles non nasalisées	– les voyelles nasalisées	– intonation de l'interrogation

UNITÉ 1   **Leçon 1**

▼ Séquence A – Grammaire, p. 6 – 8 – 9

■ Contenus

• **Grammaire** – Révision : . *présent / présent progressif* . *passé composé / imparfait / passé récent* . *futur / futur proche* . *récit oral – localisateurs temporels* . *récit écrit*	• **Situations orales** – *scènes de retrouvailles* – *qu'est-ce que tu deviens ?* • **Vocabulaire** – *vocabulaire du travail* – renouveler, engager – *les retrouvailles* – moche

■ Déroulement de la séquence

• La séquence est principalement consacrée à la révision des temps exprimant le passé, le présent et le futur, déjà étudiés au niveau I. Ces points seront abordés dans des situations de récit oral et écrit ou dans le cadre de scènes de retrouvailles.

1. On commencera par l'étude du dialogue A, p. 6, qui permettra de relever et de classer les verbes employés.
2. L'utilisation du tableau p. 8 et de ses emplois servira à clarifier les principales oppositions du système temporel présenté.
3. Cette révision sera renforcée par le travail effectué avec les exercices de la rubrique « Entraînez-vous ».
4. Enfin, on fera les exercices et activités 1, 2, 3, 4, p. 8 – 9
5. On organisera la révision systématique des conjugaisons (v. Grammaire p. 181 à 187) en la planifiant dans le temps.

■ Découverte du document A, p. 6

• **Situation** : Dans une ville de Bretagne, un samedi après-midi, vers 6 heures, A. Le Gall rencontre une ancienne amie. Il lui apprend qu'il a perdu son travail au musée à cause du directeur. Il pense que la décision du directeur est injuste.
• **Observation des illustrations. Écoute. Lecture.** On fera se succéder écoute et lecture pour chercher des informations sur le lieu, le moment, les personnages. On insistera sur l'expérience malheureuse vécue par A. Le Gall. On fera imaginer la suite de la dernière phrase (« *Un jour...* »). A-t-il l'intention de se venger ?

• On expliquera : – *Qu'est-ce que tu deviens* ? = Comment ça va ? Cette formule s'emploie pour demander des nouvelles d'une personne qu'on n'a pas vue depuis longtemps.

– *renouveler* : Si tu veux partir avec nous, fais renouveler ton passeport.

– *engager* : Pierre a trouvé du travail. Le directeur de la société AXA l'a engagé.

– *moche* (familier) = pas beau. Regarde cette voiture. Comme elle est moche !

On pourra faire rechercher le vocabulaire du travail dans le dialogue.

• On fera relever, analyser et classer les verbes du dialogue.

• On fera apprendre et jouer la scène.

■ Tableau de grammaire, p. 8 • Présent / passé / futur

• On utilisera le schéma vertical des temps pour réviser les différents temps étudiés au niveau I. Proposer des exemples simples de chronologie à partir d'un moment présent. « *Nous sommes en classe. Nous avons fait… Nous venons de… Nous allons* », etc.

• On utilisera les exemples du tableau pour clarifier l'opposition passé composé / imparfait. Puis on la fera pratiquer en imaginant collectivement un petit récit de voyage à Paris : « *Nous avons visité Paris. Il pleuvait. J'ai rencontré… / Il (elle) était…* »

■ Exercices 1 et 2, p. 8 – 9

■ Exercice 1, p. 8. Reconnaître les temps. Valeurs des temps. Localisateurs temporels.

• Travail à deux puis mise en commun.

• Fournir les localisateurs temporels à la demande.

→ *Pendant 6 mois*, j'ai travaillé au musée. C'était un travail intéressant. J'organisais des expositions *tous les mois*. Mais *un jour*, je me suis disputé avec le directeur. *Alors*, nous ne nous sommes plus parlé. Je viens de quitter le musée *la semaine dernière*. *Et maintenant*, je suis au chômage. *Alors*, je lis. Je me promène. *Demain*, je vais m'inscrire à l'A.N.P.E. *L'année prochaine*, je travaillerai ou je m'inscrirai à l'université.

■ Exercice 2, p. 9. Passé composé / imparfait.

• Rappeler la valeur des deux temps.

• Travail individuel puis mise en commun.

→ *J'ai pris* l'autobus à deux heures. Il *faisait* très chaud. *J'ai mangé* au restaurant chez Céleste, comme d'habitude. Ils *avaient* tous beaucoup de peine pour moi et Céleste m'*a dit* : « On n'a qu'une mère. » Quand je *suis parti*, ils m'*ont accompagné* à la porte. *J'étais* un peu étourdi parce qu'il *fallait* que je monte chez Emmanuel pour lui emprunter une cravate.

■ Activité 3, p. 9 • Du passé au futur • Construction de récit

a. Travail à deux. Puis mise en commun.

→ L'an dernier, *j'ai eu* beaucoup de travail. Je n'*ai pas pris* de vacances parce que je *devais* passer un examen difficile. Mais *j'ai rencontré* Loïc. Cette année aussi, je *suis* fatiguée parce que je n'*ai pas pris* de vacances. Je *viens de demander* un poste à mi-temps. Loïc et moi, nous allons nous marier.

L'an prochain, nous prendrons un an de congé. Nous partirons en voyage. Nous visiterons l'Asie et nous chercherons un travail là-bas.

b. Rappel de quelques étapes au tableau. Travail par paireS. Mise en commun.

L'an dernier	Cette année	L'année prochaine
se rencontrer, tomber amoureux, se marier faire un voyage de noces s'adorer	se disputer ne plus s'entendre ne plus s'aimer	ne plus se parler se séparer divorcer

■ Activité 4, p. 9 • Retrouvailles • Jeu de rôle

a. Faire collectivement la liste des thèmes de conversations possibles.

→ **Ils étaient étudiants ensemble**	→ **Il sort de prison**
– se marier – avoir des enfants	– passer 10 ans insupportables
– divorcer	– sortir de prison
– se remarier / vivre seul	– chercher à se loger
– changer de travail	– ne pas avoir d'argent
– devenir directeur…	– emprunter, prêter de l'argent

b. Chaque paire choisit une situation, la prépare et la joue.

■ Entraînez-vous, p. 9

Transcription

1. Conjugaison du passé composé, du présent et du futur.

Ils sont passionnés par une activité. Répondez comme dans l'exemple.

• Est-ce qu'il lit beaucoup ? /…
– Il a beaucoup lu. Il lit beaucoup. Il lira beaucoup.
• Est-ce qu'elle voyage beaucoup ? /…
– Elle a beaucoup voyagé. Elle voyage beaucoup. Elle voyagera beaucoup.
• Est-ce qu'il chante beaucoup ? /…
– Il a beaucoup chanté. Il chante beaucoup. Il chantera beaucoup.
• Est-ce qu'elle danse beaucoup ? /…
– Elle a beaucoup dansé. Elle danse beaucoup. Elle dansera beaucoup.
• Est-ce qu'il joue beaucoup au tennis ? /…
– Il a beaucoup joué au tennis. Il joue beaucoup au tennis. Il jouera beaucoup au tennis.
• Est-ce qu'elle va beaucoup au cinéma ? /…
– Elle est beaucoup allée au cinéma. Elle va beaucoup au cinéma. Elle ira beaucoup au cinéma.

2. Formes interrogatives, affirmatives et négatives du passé composé.

Répondez affirmativement ou négativement à ce sondage sur vos loisirs. Faites des phrases sans pronom complément.

• Est-ce que vous avez lu des romans cette année ? /…
– Oui, j'ai lu des romans.
– Non, je n'ai pas lu de roman.
• Est-ce que vous êtes allé(e) au cinéma ? /…
– Oui, je suis allé(e) au cinéma.
– Non, je ne suis pas allé(e) au cinéma.
• Est-ce que vous avez vu une exposition ? /…
– Oui, j'ai vu une exposition.
– Non, je n'ai pas vu d'exposition.
• Est-ce que vous avez assisté à un match de football ? /…
– Oui, j'ai assisté à un match de football.
– Non, je n'ai pas assisté à un match de football.
• Est-ce que vous avez fait du ski ? /…
– Oui, j'ai fait du ski.
– Non, je n'ai pas fait de ski.
• Est-ce que vous avez écouté une conférence ? /…
– Oui, j'ai écouté une conférence.
– Non, je n'ai pas écouté de conférence.

▼ Séquence B – Vocabulaire, p. 6 – 7 – 10 – 11

■ Contenus

• **Vocabulaire**	• **Grammaire**
– *présenter, caractériser des gens*	– *constructions pour caractériser*
– le mécontentement	
– le pinceau, la sculpture	• **Civilisation**
– se moquer, persister, se fâcher	– *le café, le bizutage*
– nul, contemporain	– *Hubert Reeves*
	– *comment aborder quelqu'un*
• **Situations écrites**	
– *compréhension d'une biographie*	• **Prononciation**
– *se présenter dans une lettre officielle*	– *les voyelles non nasalisées*

■ Déroulement de la séquence

• L'objectif principal de la séquence est la révision des moyens linguistiques utilisés pour présenter une personne.

1. On pourra donc démarrer la séquence par l'étude du dialogue B, p. 6 (« Mécontentements ») afin de dégager les constructions de caractérisation.

2. Il sera ensuite possible de poursuivre la séquence par une animation destinée à revoir les formules du tableau de vocabulaire, p. 10 (« Présenter une personne »).

3. Après, on travaillera les situations de présentations orales (Activités 1, 2, p. 10) puis les situations de présentations écrites (Activité 3, p. 11).

4. Ensuite, on verra comment aborder quelqu'un. Dans ce cas, le traitement du dialogue B, p. 7 (« Rencontre »), pourra intervenir juste avant l'exercice 4, p. 11. On prolongera les remarques culturelles par l'examen de l'illustration « Bizutage », p. 7.

5. La fin de la séquence sera consacrée aux exercices de prononciation, p. 11.

■ Découverte du document B, p. 6 – 7 (première partie)

• « Mécontentements », p. 6. Situation : Dans un café, un groupe de personnes critique les ambitions personnelles du maire ainsi que sa coûteuse politique culturelle.

• **Observations de l'illustration. Lecture.** Identifier la situation. Explications. Écoute.

– *mécontentement* (nom) ← mécontent ≠ content (adjectif).

– *se moquer de* = rire de. Elle a un chapeau ridicule. Les gens se moquent d'elle.

– *contemporain* : ici, moderne.

• Faire relever et dire autrement les phrases comportant une restriction (seulement, sauf).

• Faire relever les moyens utilisés pour caractériser la personne (nom, adjectif, relative).

Le café est une véritable institution. On peut y boire des boissons alcoolisées ou non, y prendre son petit déjeuner ou simplement un sandwich. Mais le café est surtout un lieu convivial. Les jeunes s'y retrouvent pour jouer au flipper (billard électronique) ou au babyfoot (football de table). Les anciens y jouent aux cartes. Et les habitués s'accoudent au comptoir pour discuter politique et refaire le monde.

• « Bizutage », p. 7. Illustration. Faire des hypothèses sur l'identité des personnages et leurs actions.

Le bizutage est une cérémonie organisée dans certaines universités (médecine) ou grandes écoles. Les anciens élèves accueillent les nouveaux. À cette occasion, ils leur font subir des brimades (par exemple se laisser couvrir de farine ou de jaune d'œuf) ou exécuter des actions humiliantes (traverser la ville à demi-nu, etc.). Le bizutage se déroule normalement dans une ambiance amicale. Mais il peut conduire à certains excès. Il est en principe interdit par les autorités.

▌Tableau de vocabulaire, p. 10 • Présenter – Caractériser

Animation de classe : demander aux étudiants d'indiquer cinq noms de personnalités célèbres. Les écrire au tableau et les faire présenter. Faire utiliser les différents moyens pour caractériser (nom, adjectif, relative). Puis faire jouer devant la classe par diverses paires d'étudiants quelques mini-situations de présentation orale (*ex.* : M. Window rencontre Mlle Yoko).

▌Activités 1 et 2, p. 10

▌Activité 1, p. 10. Présenter quelqu'un.

1. Lecture et sélection des informations. Cette étape pourra se faire de façon collective au tableau où l'on notera les informations dans trois colonnes. On peut aussi répartir ce travail par groupes, chaque groupe prenant en charge l'une des trois situations.
– Bien préciser que les informations doivent être sélectionnées en fonction de trois destinataires différents :
a. *l'amie ignorante* → informations rapides (profession, célébrités, production).
b. *le public de connaisseurs ou de curieux* → informations détaillées (carrière professionnelle, fonctions actuelles, œuvre, décorations).
c. *l'amie canadienne, écrivain* → (compatriote, écrivain, télévision).

2. Faire jouer les situations b et c. On pourrait aussi demander aux étudiants de préparer par écrit la présentation du directeur de centre.
→ « *Nous avons le plaisir d'accueillir ce soir M. Reeves, le célèbre…* »

Hubert Reeves est très populaire en France. Il y travaille au CNRS (Centre national de recherche scientifique). Il passe souvent à la télévision. C'est le grand vulgarisateur de l'astrophysique. Ses livres sont des best-sellers. Il a une décoration française : il est chevalier de la Légion d'honneur.

▌Exercice 2, p. 10. Présenter quelqu'un.

Exercice de réemploi des formules pour présenter et caractériser.

▌Activité 3, p. 11. Se présenter dans une lettre officielle.

1. Lecture des deux lettres. Travail collectif : « Qu'apprend-on sur chaque personne ? »
– *Lettre de demande d'entretien* → travail de recherche en cours, intérêt pour l'écrivain J.Gracq, intérêt pour les articles du destinataire, projet, demande d'entretien.
– *Lettre de demande d'emploi* → intérêt pour l'offre d'emploi, expérience professionnelle, qualités professionnelles, demande d'emploi.

Se présenter dans une lettre. Contrairement à d'autres pays, se présenter par écrit, en France, demande un certain art fait de tact et de mesure. L'auteur d'une présentation trop directe, multipliant les pronoms « je » par exemple, risque de passer pour vaniteux et maladroit. Il faut bien sûr, être soi même, mais aussi savoir conserver le souci de l'autre. Aussi est-il préférable, pour donner de l'impact à sa lettre, de porter le sujet sur l'organisme auquel on s'adresse ou d'impliquer personnellement son futur lecteur (voir exemple 1, p. 11, livre de l'élève).

2. Travail individuel. Préparation écrite. Lecture de quelques productions. Avant de lancer le travail, préciser les situations : demande de renseignements à un office de tourisme, demande de stage d'été, etc.

■ Découverte du document B, p. 7 (deuxième partie)

• « Rencontre », p. 7. **Situation** : Un homme, Lambert Tanguy, essaie d'aborder une jeune femme (qui n'est autre que Séverine, inspectrice qui conduira l'enquête).
• On expliquera avant l'écoute :
– *nul* = très mauvais.
– *le pinceau* (dessin).
– *la sculpture* (v. illustration).
– *persister à* = continuer à. Il persiste à refuser de manger.
– *se fâcher* = se mettre en colère.

• **Observation de l'illustration et écoute.** Identifier la situation et les répliques.
• **Lecture et apprentissage du dialogue.** Jouer la scène.

> *Cette scène, ainsi que celles de l'exercice d'écoute (ex. 4, p. 11), présentent quelques-unes des stratégies utilisées pour aborder quelqu'un à qui on n'a a priori aucune raison de parler. Lorsqu'un homme aborde une femme (ou inversement) avec une intention possible de liaison amoureuse, cela s'appelle « la drague » (draguer). Dans toutes ces situations, on essaie pour se faire accepter d'aborder la personne le moins directement possible (ici en parlant des tableaux). Il faut également paraître original et faire preuve d'humour.*

■ Activité 4, p. 11 • Exercice d'écoute – Utiliser la cassette

a. Aborder les 5 situations l'une après l'autre.
• Écoute globale : identifier le lieu et les personnages.
• Écoute fractionnée : identifier la phrase d'introduction et la réaction.
• Expliquer : *la fac* (familier) = la faculté ; *confondre*.

Transcription

Aborder quelqu'un. Écoutez les cinq scènes. Dans chacune, quelqu'un essaie d'engager la conversation avec un ou une inconnue.

1. Dans la rue.
Le garçon : Pardon, mademoiselle, est-ce que vous pourriez me dire... ?
La fille : Excusez-moi. Je suis pressée...

2. Dans une bibliothèque.
Le garçon (voix basse) : Il est intéressant votre livre ?
La fille : Pourquoi ? Vous êtes bien curieux !
Le garçon : Ben oui. Je suis comme ça. Je m'intéresse à tout.
La fille : À tout, vraiment ?

3. Au théâtre, avant le lever de rideau.
Le garçon : Pff ! On a chaud ici !
La fille : Hum Hum. (approbation bouche fermée)
Le garçon : J'espère que la pièce sera bonne !

La fille : Hum ! Hum !
Le garçon : J'espère qu'ils vont commencer à l'heure.
La fille : Hum ! Hum !

4. Dans une soirée. Les deux personnages très gais.
La fille : Excusez-moi. Vous n'êtes pas en fac de lettres ?
Le garçon : Euh, non, vous devez confondre.
La fille : Vous êtes sûr que vous n'êtes pas en fac de lettres ?
Le garçon : Ben écoutez, si ça peut vous faire plaisir, je suis allé une fois à la cafétéria de la fac de lettres. C'est peut-être là que vous m'avez vu.

5. Dans le train.
Le garçon : Je peux vous aider ?
La fille : Ah ben, je veux bien.
Le garçon : ... Ouf ! Elles sont pas légères vos valises. Vous partez loin comme ça ?...

b. Travail collectif. Exercice ouvert. Encourager l'humour.

■ Prononciation, p. 11

- Exercice 1. Sensibilisation au point d'articulation des voyelles.
- Exercice 2. Identification sonore des voyelles.
- Exercice 3. Transcription graphique des voyelles.

Transcription

1. Écoutez les voyelles. Observez le tableau et sentez où la voyelle est articulée.	2. Écoutez ces mots d'une syllabe. Trouvez la voyelle prononcée et répétez :
a. Lecture horizontale.	beau /... – bord /... – deux /... – peur /... – vous /... – vu /...
i /... – u /... – ou /...	
é /... – eu (de peu) /... – o (de pot) /...	lait /... – né /... – roue /... – rit /... – cœur /... – car /...
è /... – eu (de peur) /... – o (de port) /...	**3. Écrivez ces mots. Ajoutez l'article qui convient.**
a	vue /... – mot /...– port /...– feu /... – sœur /...
b. Lecture verticale.	roue /... – rue /... – lit /... – bas /... – paix /...
i /... – é /... – è /...	
u /... – eu (de peu) /... – eu (de peur) /... – a /...	
ou /... – o (de pot) /... – o (de port) /...	

▼ Séquence C – Civilisation, p. 7 – 12 – 13

■ Contenus

• **Civilisation**	• **Situations écrites**
– *art classique et art moderne*	– *compréhension de nouvelles brèves*
– *les musées d'art moderne*	
– *les artistes provocateurs*	• **Vocabulaire**
	– *les arts plastiques*
• **Situations orales**	– *formes et couleurs*
– *apprécier (intérêt → admiration ; indiffé-rence → rejet)*	– un aîné, le vandalisme, la statue, la bande de plâtre
	– *pire, fou*

■ Déroulement de la séquence

Les deux objectifs principaux de la séquence sont la découverte de l'art moderne et l'expression de l'appréciation.

1. On commencera donc par travailler sur la double page « Civilisation » en introduisant le vocabulaire des deux tableaux (« Formes et couleurs », « Apprécier », p. 12).

2. Puis on suivra le déroulement des activités (1, 2, 3, 4, p. 12-13) du livre.

3. Dans ce cas, on abordera le document C, p. 7, en fin de séquence. On relancera ainsi le suspens de l'histoire. D'autre part, les étudiants disposeront ainsi de moyens supplémentaires pour commenter les actes de vandalisme relatés.

■ Tableaux de vocabulaire, p. 12 • Formes et couleurs – Pour apprécier

Il sera possible d'introduire le vocabulaire des formes en utilisant le dessin et celui des couleurs permettra de caractériser vêtements ou objets de la classe. Puis on pourra faire pratiquer l'expression de l'appréciation en la combinant au thème des loisirs (sport, danse, théâtre, bricolage, jardinage, etc.).

■ Activité 1, p. 12 • Comparer – Apprécier

On travaillera les deux premières parties collectivement, puis on sollicitera les étudiants individuellement pour leur faire exprimer leur préférence.
• Dans le tableau de Miró, *on retrouve… on voit… il y a toujours… Miró a conservé… le joueur et son instrument, la femme, le chien, le chat, la fenêtre, le paysage extérieur, le tableau du mur, le vase, le tabouret, une pomme.*
• Comparer les deux tableaux. Faire utiliser :
– l'expression de la transformation : Miró *a changé… a transformé…*
– l'expression de la comparaison : *… plus / moins… que…, comme.*
– l'expression de l'opposition : *chez* Sorgh… *mais chez* Miró…
– l'expression de la différence : *il y a des différences… c'est différent.*
– le vocabulaire des formes et des couleurs (p. 12).
• Expression de la préférence. Faire justifier.

Comme les artistes de l'époque classique (XVIIᵉ siècle), les peintres du XXe siècle ont quelquefois copiés des œuvres célèbres en les interprétant à leur manière. Picasso et Miró se sont souvent livrés à ce jeu. Dans cette copie, Miró stylise le tableau de Sorgh et ne retient qu'un ensemble de formes et de taches colorées. Il ne s'agit plus de figurer les objets. La représentation devient abstraite.

Sorgh (1611-1670) : peintre hollandais.
Miró (1893-1983) : peintre et sculpteur espagnol.

■ Exercices 2 et 3, p. 13

■ Exercice 2, p. 13. Portrait. Se présenter.

• Travail collectif. Faire identifier les objets. En faire la liste au tableau.
Que nous apprennent-ils sur Jacques de La Villeglé ?
→ *un pinceau* → *c'est peut être un peintre…*
• Autoportrait en 10 objets (ou portrait du/de la voisin(e)).
– On pourra conduire l'exercice sous forme d'animation de classe rapide ou transiter par un petit moment de préparation écrite par paires pour préparer le portrait d'un(e) voisin(e).

Arman (1928) : artiste français naturalisé américain. Dans ses « accumulations », il utilise les objets quotidiens les plus divers pour créer des images surprenantes.

■ Exercice 3, p. 13. Vos préférences. Apprécier.

– Préparation individuelle. Mise en commun.
Les choix et appréciations doivent s'organiser en un classement allant du rejet à l'admiration ou inversement.

▪ Activité 4, p. 13 • L'art moderne

• Lecture silencieuse du texte. Écrire la liste des artistes au tableau (Duchamp, Klein, Arman, Turrel). Demander ce qu'ils ont fait, quand. Mise en commun au tableau.

→ *1916 : M. Duchamp, exposition d'une roue de vélo...*

• Animation de classe : on demandera aux étudiants de donner leur opinion. Faire réemployer les formules de la rubrique « Apprécier », p. 12. Faire raconter d'autres manifestations artistiques de caractère provocateur.

Art et provocation. Depuis le début du XXᵉ siècle, différents courants artistiques ont utilisé l'humour ou la provocation pour créer la surprise, faire réagir ou réfléchir. En 1960, Y. Klein a utilisé comme « pinceaux » des modèles nus couverts de peinture qu'il déplaçait sur le papier. En 1961, Manzoni signe des sculptures vivantes. Beuys sculpte des objets à partir de matériaux vulgaires comme la graisse, le feutre, le miel. En 1970, Smithson crée une immense spirale de pierres et de sable sur le lac Utah. En 1985, Buren installe des colonnes à raies blanches et noires à Paris, dans la cour d'honneur du Palais-Royal.

Le débat « art classique/art moderne ». Depuis le début des années 80, de nombreux musées d'art moderne ont été créés en France. Certains sont célèbres, comme Beaubourg, Saint-Étienne, Grenoble, Antibes et Nice par exemple. Aujourd'hui, les gens sont plus familiarisés avec l'art moderne qui suscite toujours interrogation et curiosité mais ne scandalise plus comme autrefois.

▪ Découverte du document C, p. 7

• Faire identifier le document : nouvelles brèves développées dans les pages intérieures à la rubrique « La ville ». Elles sont extraites de *L'Écho de Bretagne* (journal fictif) du lundi matin.

• Lecture : faire remplir la grille suivante :

Date	Lieu	Événement	Acteur	Actions

• Expliquer :

– *pire* : comparatif ou superlatif de « mauvais ».

– *le pire des restaurants* ≠ le meilleur des restaurants.

– *fou* (folle) : Il est devenu complètement fou : il croit être Napoléon !

– *un aîné* = personne plus âgée. Ici, les aînés = les parents.

– *le vandalisme* : action de détruire stupidement.

– *une bande de plâtre* (dessin).

– *une statue* : À New-York, on peut voir la statue de la Liberté.

Giacometti (1901-1966) : sculpteur et peintre suisse. Il est célèbre pour ses statues aux formes allongées.

On demandera aux étudiants d'expliquer : « *les impôts trop lourds* » ; « *la pire des gestions* », « *les étudiants d'aujourd'hui aussi fous et aussi inventifs que leurs aînés* ».

• Faire émettre des hypothèses sur les auteurs des actes de vandalisme.

1 Corrigés du cahier d'exercices

1. Biographie.

1c – 2e – 3l – 4h – 5a – 6g – 7k – 8d – 9b – 10i – 11f – 12j

2. Lieux de la ville.

① La poste : b (la poste a développé un service bancaire), f, k (annuaire, minitel), m – ② Carte bancaire (distributeur de billets) : b – ③ La mairie : c, j, l, n, o – ④ Bureau de tabac : f, g, o – ⑤ Pharmacie : a – ⑥ Parking : i – ⑦ Bureau d'information : c, k, o – ⑧ Crèche : d – ⑨ Bibliothèque : e – ⑩ Musée : h.

3. Opinions sur l'art.

a. **Peinture** : un tableau, une toile, une peinture (*le peintre, peindre*), (*une collection*) une nature morte, (*un paysage, un nu, une scène de vie, un sujet religieux, mythologique, une allégorie, un portrait*), (*une copie, une imitation*), exposer, une exposition, (*le style, le modèle, la couleur*), un éclairage, (*la lumière, le clair-obscur*), un contre-jour, classique, (*moderne, impressionniste, figuratif / abstrait*)...

Dessin : (*dessiner, un dessinateur, un designer, le design, une ligne, un trait, représenter, tracer*), un croquis, une esquisse (*la perspective, le contour, le contraste*).

Sculpture : (*sculpter, le sculpteur, le marbre, le bronze, le métal, la statue, la pièce, la forme, le volume, le buste, la tête...*).

b.

	Texte 2	Texte 3	Texte 4
Opinions positives	Visite facile – Formule de réservation efficace – Importance du nombre de peintures et d'esquisses	Beauté des salles – Découverte de pièces inconnues – Système de réservation efficace	Qualité de l'exposition – Système de réservation efficace
Vocabulaire de l'expression de l'opinion positive	« ... une très bonne formule... » « ... j'ai beaucoup apprécié... » « ... admirer les toiles... »	« J'ai beaucoup apprécié... Les salles sont belles... J'ai été intéressée... j'ai apprécié... »	« ... je trouve l'exposition parfaite... Je renouvellerai l'expérience... »
Opinions négatives	Impossible de voir l'exposition Barnes, l'attente était trop longue.	« Malgré quelques problèmes d'éclairage »	Présence excessive de dessins
Vocabulaire de l'expression de l'opinion négative	« Je n'avais pas pu voir l'expo Barnes tellement l'attente était longue. »	« ... on ne souffre pas trop de... – j'ai horreur de... »	« Je ne suis pas touchée personnellement par... Il y a peut-être un peu trop de... »

c. « Les Joueurs de cartes » de Cézanne : tableau organisé, équilibré, réaliste, stylisé, sombre.

4. Conjugaison des verbes au présent.

• ... vous *connaissez* Margot... Qu'est-ce qu'ils *deviennent* ? – Ils *sont* mariés. Ils *ont* deux enfants.

– Vous les *voyez* souvent ? – Oui, ils *viennent* souvent... Nous *allons* faire du ski... nous *courons* tous les samedis...

• ... Vous ne vous *ennuyez* pas trop... –

... vous *savez* que j'*apprends* le japonais – ... vous *faites* du japonais... Vous *partez*... au Japon... – vous *dites* ? ... – Votre fils *comprend* le japonais ? – ... je *veux* l'apprendre – Et ça vous *plaît* ? – ... nous *lisons* les mangas...

• – ... son mari *écrit*... Il *dort*... les Blanc ne *sortent* plus – Ils ne *répondent* plus aux invitations. – ... il le *finit* quand... – ... Il *met* trois jours...

• ... les Girard *vendent*... – Vous *croyez* ? – ... Ils ne *peuvent* plus payer... Ils *prennent* le métro... Sylviane *doit* faire... Cédric *attend* un emploi... – ... il *vaut* combien... vous ne *buvez* pas...

5. Chronologie des événements.

« Nous sommes aujourd'hui le 4 mai. Nous *sommes en train de préparer* une exposition sur

la bande dessinée. Et je *suis en train de négocier* avec d'autres musées pour préparer les manifestations de l'été. Le 10 mai, *nous allons ouvrir* l'exposition sur la BD au public. En été, le musée présentera une grande exposition Picasso. Elle *ouvrira* le 10 juillet. Le ministre de la Culture sera présent. Mais lors du premier trimestre de l'année, *nous avons présenté* une exposition sur le surréalisme. *J'ai aussi invité* des peintres et poètes surréalistes. *On a organisé* 20 conférences. Et, fin avril, *on vient d'ouvrir* deux nouvelles salles, où *nous venons d'exposer* la collection du musée. »

6. Passé composé/imparfait.

b.

Actions et événements principaux	Commentaire des actions et des événements principaux. Circonstances. Impressions
Visite de la ville de Saint-Malo... Promenade dans les rues de la vieille ville	Beau temps – Beaucoup de touristes – C'est jour de marché – Rues très animées.
Déjeuner dans un petit restaurant typique	(Fruits de mer et crêpes). Excellent !
Après-midi : île du Grand-Bé – À pied Vu le tombeau de Chateaubriand	À marée basse. Beaucoup de vent – Site très romantique.
Retour à Saint-Malo – Pas possible de voir le musée	(Fermé pour restauration).

c. « Le 5 juillet, *j'ai visité* la ville de Saint-Malo en Bretagne. *Je me suis promenée* dans les rues de la vieille ville. *Il faisait* beau temps. *Il y avait* beaucoup de touristes. *C'était* jour de marché. Les rues *étaient* très animées. *J'ai déjeuné* dans un petit restaurant typique. *Il y avait* des fruits de mer et des crêpes. *C'était* excellent. L'après-midi, *je suis allée* à l'île du Grand-Bé à pied. *C'était* (la) marée basse. *J'ai vu* le tombeau de Chateaubriand. *Il y avait* beaucoup de vent. Le site *était* très romantique. Puis, *je suis retournée* à Saint-Malo. *Je n'ai pas pu* visiter le musée. *Il était fermé* pour cause de restauration.

7. Curriculum vitae.

a. Le domicile : 6 – Nom de jeune fille : 2 – Lieu et date de naissance : 3 – Employeurs : 17-19-20-22 – Nationalité : 5 – Situation de famille : 4 –

Examens : 8-9-10 – Carrière : 15-16-17-18-19-20-21-22.

b. Dans l'ordre : Vrai – Vrai – Faux – Vrai – Faux – Vrai.

c. Pendant l'année scolaire 85-86, j'ai *préparé*... En juin 86, j'ai *passé*... mais j'ai *échoué* à ma licence d'anglais... et cette fois, j'ai *réussi*. De 89 à 91, j'ai *suivi* les cours... J'ai *obtenu* le diplôme... en juin 91.

d. « Ah ! Carla Duparc ! C'est une jeune femme que je connais très bien. Elle est d'origine italienne. C'est une excellente interprète. Elle est très compétente. Mais c'est aussi une très bonne traductrice. Elle est sérieuse et intelligente. C'est une femme exceptionnelle. C'est une personne que j'apprécie beaucoup. Elle est vraiment extraordinaire...

e. Exercice ouvert.

▼ Séquence A – Grammaire, p. 14 – 16 – 17

▨ Contenus

• Grammaire – *la substitution* – *les pronoms de personnes* – *les pronoms de choses ou d'idées*	**• Vocabulaire** – s'en aller, en avoir assez – une fiche, une enquête, la révolte – par hasard
• Situations écrites – *la cohérence du texte* – *rédaction d'un article*	**• Situations orales** – *se plaindre, revendiquer* – j'en ai assez, prenez-le comme vous voulez

▨ Déroulement de la séquence

1. Pour extraire l'objectif principal de la séquence – les pronoms de personnes, de choses ou d'idées –, on traitera tout d'abord le dialogue d'introduction A, p. 14.

2. On poursuivra cette révision avec les exercices d'analyse et d'application proposés à la double page « Grammaire » (p. 16-17). On suivra l'ordre du livre.

3. Les exercices de la rubrique « Entraînez-vous », p. 17, permettant de travailler les automatismes grammaticaux pourront être placés après l'exercice 1, p. 16.

▨ Découverte du document A, p. 14

• Situation : Nous découvrons que la jeune femme abordée par Lambert Tanguy travaille dans un commissariat de police. Elle est inspectrice. Mais on ne lui donne que des travaux de secrétariat. Elle ne supporte plus cette situation...

• Observation de l'illustration. Écoute globale : faire identifier la situation.

• Lecture silencieuse puis mise en commun. Faire chercher :

– les causes du mécontentement de Séverine ;

– les phrases qui montrent son mécontentement.

• On expliquera les mots :

– *la revendication* (n.) ← revendiquer (v.) = réclamer, exiger.

– *une enquête* : La fille de M. Duparc a disparu. La police fait une enquête.

– *par hasard* : Je suis allé à Rome. J'ai rencontré Pierre par hasard.

– *j'en ai assez* = c'est insupportable.

– *prenez-le comme vous voulez* : Pensez ce que vous voulez.
– *une affaire* : La police ne retrouve pas Mlle Duparc. C'est une affaire compliquée.

La situation des femmes. *Aujourd'hui, les femmes réussissent parfois à s'imposer dans des professions comme inspecteur de police ou juge d'instruction, autrefois exclusivement réservées aux hommes. L'égalité des sexes entre progressivement dans les mœurs. Mais il arrive que, comme Séverine, les femmes se heurtent à des réactions paternalistes, voire sexistes.*

■ Tableau de grammaire, p. 16 • La substitution

Ce tableau d'apprentissage sera utilisé comme outil de référence pour faire l'ensemble des exercices de la double page. Selon les besoins, on fera pratiquer quelques rapides micro-conversations. Il faut toutefois remarquer que toutes ces constructions, acquises au niveau I, seront consolidées par le travail des rubriques « Entraînez-vous » des leçons suivantes.

■ Exercice 1, p. 16 • Compréhension du système des pronoms

• Travail collectif. Écrire au tableau.
– *J'en fais* → « *en* » remplace « *ces fiches* ». Constr. : Qu'est-ce que je fais *de ces fiches* ?
– *Vous les rentrez* → « *les* » → « *ces fiches* ». Constr. : Vous rentrez *ces fiches*.
– *Je peux vous dire un mot* → « *vous* » → « *à vous* » (*monsieur le commissaire*). Constr. : Je peux dire un mot *à monsieur le commissaire*.
– *Dites-le vite* → « *le* » → ce qu'elle veut dire. Constr. : Dites vite *ce que vous voulez me dire*.
– *Vous ne m'avez pas donné un seul travail* → « *m'* » → « *à moi* » (*Séverine*). Constr. : Vous n'avez pas donné un seul travail *à Séverine*.
– *Les autres qui les font* → « *les* » → « *les enquêtes* ». Constr. : Les autres qui font *les enquêtes*.
– *Les autres qui y vont* → « *y* » → « *sur le terrain* ». Constr. : Les autres qui vont *sur le terrain*.
– *J'en ai assez* : comme pour *s'en aller*, « *en* » fait partie du verbe.
– *Dites-moi* → « *moi* » → « *à moi* » (*monsieur le commissaire*). Constr. : Dites *à monsieur le commissaire*.
– *Prenez-le* → « *le* » → « *ce que j'ai dit* ». Constr. : Prenez *ce que j'ai dit*...
– *Vous allez en avoir une* → « *en... une* » → « *une enquête* ». Constr. : Vous allez avoir *une enquête*.
– *Lisez-le* → « *le* » → « *le dossier* ». Constr. : Lisez *le dossier*.
– *On en parle* → « *en* » → « *le dossier* ». Constr. : On parle *de ce dossier*.

■ Exercices 2 et 3, p. 17

■ Exercice 2, p. 17. Choix du pronom et construction.

• Travail collectif puis travail par paires.

• Je finirai mon travail →	• Je ferai beaucoup de sport →
– L'as-tu fini ?	– En as-tu fait beaucoup ?
– Oui, je l'ai fini.	– Oui, j'en ai fait beaucoup.
• Il téléphonera à Mireille →	• Je partirai avec Mireille →
– Lui a-t-il téléphoné ?	– Tu es parti avec elle ?
– Non, il ne lui a pas téléphoné.	– Non, je ne suis pas parti avec elle.
• Nous irons en Suisse →	
– Y êtes-vous allés ?	
– Non, nous n'y sommes pas allés.	

■ **Exercice 3, p. 17. Emploi des pronoms compléments.**

• Travail collectif. Puis faire jouer les scènes par paires.

a. *Elle* : Oui, j'ai envie d'y aller.
D'accord on y va.
Non, on ne les invite pas.
Non, on ne lui téléphone pas.

Lui : Mais non, je ne m'ennuie pas avec toi.

b. *D* : On les a découvertes à 9 heures.
Non ce n'est pas moi qui les ai découvertes.
Si, il y en avait mais ils n'ont rien vu.
Oui, je le sais. Il est entré par la fenêtre.
Non, il n'en a pas volé.
Non, il n'a rien laissé.

■ Exercice 4, p. 17 • Cohérence du texte

a. Travail par paires. Puis mise en commun.
Faire identifier les répétitions avant de faire employer les pronoms.

→ Il lui a parlé. Il l'a invitée à prendre un café. Il lui a laissé son numéro de téléphone. Le lendemain, elle l'a appelé et c'est ainsi que tout a commencé. Elle lui a présenté ses parents. Il les a appréciés. Il leur a parlé de ses travaux sur l'histoire de Paris. C'est un sujet passionnant. Le père d'Arielle s'y intéresse beaucoup. Il possède de nombreux livres d'histoire. Il en a prêté deux à Julien.

b. Selon la rapidité avec laquelle la séquence aura été conduite, on pourra effectuer l'exercice collectivement au tableau ou demander aux étudiants de travailler par paires avant de faire lire quelques productions. Pour donner aux étudiants les catégories organisatrices de l'article, on leur demandera quelles questions se pose le journaliste avant d'écrire (où, quand, qui, quoi, comment, pourquoi, dans quel but, quelles conséquences ?).

■ Entraînez-vous, p. 17

• Exercice 1 : **a.** futur + pronom complément d'objet direct.
   b. futur + négation + pronom complément d'objet direct.
• Exercice 2 : **a.** passé composé + pronom.
   b. présent ou passé composé + négation + pronom.

Transcription

1. Elle va partir en voyage. Un ami lui pose des questions.
α. Répondez affirmativement.
• Tu visiteras les États-Unis ?/...
– Oui, je les visiterai.
• Tu visiteras la ville de New York ?/...
– Oui, je la visiterai.
• Tu verras la statue de la Liberté ?/...
– Oui, je la verrai.
• Tu verras le musée d'Art moderne ?/...
– Oui, je le verrai.
• Tu comprendras les Américains ?/...
– Oui, je les comprendrai.

b. Répondez négativement.
• Tu visiteras la côte Ouest ?/...
– Non, je ne la visiterai pas.

• Tu traverseras le Colorado ?/...
– Non, je ne le traverserai pas.
• Tu verras les chutes du Niagara ?/...
– Non, je ne les verrai pas.
• Tu ne feras pas la côte Est ?/...
– Non, je ne la ferai pas.
• Alors, tu n'iras pas voir tes amis de Boston ?/...
– Non, je n'irai pas les voir.

2. Préparatifs de départ.
α. Répondez affirmativement.
• Tu as pris ton billet ?/...
– Oui, je l'ai pris.
• Tu as obtenu ton visa ?/...
– Oui, je l'ai obtenu.
• Tu as acheté des dollars ?/...
– Oui, je les ai achetés.

Transcription

• Tu as réservé ton hôtel ? /... – Oui, je l'ai réservé. • Les hivers sont froids à New York. Tu as pris tes pulls et ton manteau ? / ... – Oui, je les ai pris. **b. Répondez négativement.** • Tu emmènes tes parents ? /... – Non, je ne les emmène pas. • Patrick t'accompagne ? /...	– Non, il ne m'accompagne pas. • Tu les as avertis de ton départ ? /... – Non, je ne les ai pas avertis. • Tu ne regrettes pas de partir seule ? /... – Non, je ne le regrette pas. • Ah ! mais j'ai compris. Tu vas retrouver ton ancien petit ami américain. Comment s'appelait-il ? Peter ? Tu vas retrouver Peter ? /... – Non, je ne vais pas le retrouver.

▼ Séquence B – Vocabulaire, p. 15 – 18 – 19

▉ Contenus

• **Vocabulaire** – *comportement et personnalité* – faire un coup – le sens de l'humour, le milieu – déçu	• **Situation orale** – *faire des suppositions* • **Prononciation** – *voyelles nasales / non nasales*

▉ Déroulement de la séquence

• L'objectif essentiel de la leçon est l'apprentissage du vocabulaire du comportement et de la personnalité.

1. Il sera donc possible de débuter la séquence par le test de personnalité, p. 18-19, puis de faire les exercices 1, 2, 3, p. 19, qui exploitent ce document.

2. On reviendra ensuite à l'histoire. On fera faire des suppositions sur les auteurs des actes de vandalisme (exercice 4, p. 19) avant d'étudier le dialogue B, p. 15.

3. La fin de la séquence sera consacrée à l'opposition voyelles nasales / non nasales (« Prononciation » p. 19).

▉ Exercices 1, 2 et 3, p. 19 • Comportement et personnalité

▉ Exercice 1, p. 19. Votre personnalité.

• Lecture fractionnée du test : le professeur lira chaque question et les réponses correspondantes. Après chaque moment de lecture, il fournira les explications lexicales utiles (musculation, moto, dépense prioritaire, surgelé, exotique).

• Travail individuel : les étudiants font le test et recherchent leur dominante qu'ils lisent (utilisation du dictionnaire).

• Travail par paires : chacun présentera à son voisin le type de personnalité qui lui est attribué, puis donnera son opinion.

▉ Exercice 2, p. 19. Types de personnalités.

• Cet exercice pourra se conduire sous forme de conversation dirigée.

On examinera collectivement si les personnages proposés (roman, cinéma, célébrités) correspondent bien au type de personnalité qu'on leur attribue. C'est bien sûr l'occasion de s'interroger sur la personnalité de Séverine et sa dominante.

• On en profitera pour mettre en commun les mots nouveaux qui seront écrits au tableau. On en vérifiera la compréhension.

■ **Exercice 3, p. 19. Qualités et défauts.**

• Exercice d'apprentissage : classement par domaines d'usage et contraires.
• Travail collectif au tableau.

■ Exercice 4, p. 19 • Faire des suppositions

• Cet exercice est à combiner avec le travail sur le dialogue B, p. 15.

■ Découverte du document B, p. 15

• **Situation** : Le commissaire est de retour. Séverine lui expose les grandes directions de son enquête.
• **Conversation dirigée** : avant d'écouter le dialogue, on pourra, livre fermé, dresser la liste des auteurs possibles de l'acte de vandalisme. On écrira le nom des suspects au tableau. Pour chacun, on essaiera de trouver des mobiles (pourquoi a-t-il fait cela ?).
→ Les jeunes étudiants → *pour s'amuser, provoquer, exécuter des ordres stupides lors du bizutage…*
• **On en profitera pour introduire au fil de la conversation** l'expression de la supposition : *c'est peut-être, ça peut être, je pense / je crois que c'est, on peut imaginer / supposer que c'est, je vois plutôt.*
• **Ainsi que le vocabulaire utile à la compréhension du dialogue :**
– *faire un coup* = faire une mauvaise action (vol, cambriolage, etc.).
– *le sens de l'humour* : Tout le monde rit sauf lui. Il est trop sérieux. Il n'a pas le sens de l'humour.
– *le milieu* : Sylviane est une bourgeoise BCBG. Elle ne sort qu'avec des gens de son milieu.
– *déçu(e) (adj.)* → la déception (n.). Il n'a pas eu son bac. Il est déçu.
• **Observation de l'illustration. Écoute.**
Comparer la liste des suspects de la classe avec les suppositions de Séverine. Compléter la première liste.

■ Prononciation, p. 19

Opposition voyelles non nasales / voyelles nasales.
• Exercice 1. Discrimination auditive et sonore de la nasalité et transcription graphique.
• Exercice 2. Identification des voyelles nasales et transcription graphique.

Transcription	**1.** Écoutez et répétez ces couples de mots. Retrouvez les sons sur le tableau. Écrivez ces mots. Mettez un article quand il s'agit d'un nom.	**2.** Écoutez et retrouvez le sens de ces groupes de mots. Écrivez-les et notez les voyelles nasales que vous entendez.
	a. paix / pain /… **b.** temps / ta /… **c.** bord / bon /… **d.** lundi / leur /… **e.** car / quand /… **f.** main / mais /… **g.** pont / port /…	**a.** du bon pain de campagne /… **b.** un enfant blond /… **c.** cinq cents francs /… **d.** lundi vingt septembre /… **e.** un grand salon peint en blanc /…

▼ Séquence C – Civilisation, p. 15 – 20 – 21

■ Contenus

• **Civilisation** – *la province (notion et stéréotypes)* – *une petite ville de Bretagne : Dinan* – *la rumeur* • **Situation orale** – *rapporter des propos incertains*	• **Vocabulaire** – *la ville* – une rumeur, une association, la protestation, la méthode – il paraît que… – inimaginable, terroriste

■ Déroulement de la séquence

• L'objectif de cette séquence est la découverte de la province.
1. On commencera donc par la double page « Civilisation » (p. 20-21) dont on effectuera les activités dans l'ordre du livre.
2. En fin de séquence, on reviendra à l'histoire (document C, p. 15) pour participer à la rumeur qui s'est développée autour de l'affaire du musée.

■ Activité 1, p. 20 – 21 • Paris / Province

• Animation collective : lecture fractionnée du document « Paris / Province », p. 20-21.
– Expliquer les mots nouveaux : *voluptueux – émotion – absolu – honneur – élégant – superficiel – remplacer*.
– Faire rechercher les grandes oppositions entre Paris et la province. Les noter au tableau. Faire trouver des exemples.

Paris	Province
– *Original, différent* → Ils s'habillent de manière originale, etc. (respect de l'individu). – *Théâtre, art, livre* → Ils aiment aller aux spectacles, voir des expositions, lire (goût de la culture). – *Voluptueux, émotion* → Ils aiment se faire plaisir, aller au restaurant, s'acheter des vêtements, partir en voyage (recherche du plaisir et des émotions), etc.	– *Famille, mariage, naissance* → Ils aiment la vie de famille, voir leurs parents (respect de la famille, conformisme social). – *Honnêteté, fidélité, honneur* → Ils font attention à leur image sociale (respect des valeurs morales traditionnelles). – *Maison, campagne* → Ils aiment rester à la maison, rester dans leur région (attachement aux racines), etc.

• Montrer que la province a des visages multiples (Rennes : capitale régionale, ville moderne / Dinan : cité médiévale et touristique / le village breton).
• Faire découvrir les origines historiques de l'opposition Paris / Province.
• Faire expliquer :
– *centraliser* = mettre tous les pouvoirs au centre (dans la capitale).
– *monter à Paris* = aller à Paris ; *descendre en province* = aller en province.

– *un trou* = un endroit inconnu.

– *parachuter* = présenter à des élections quelqu'un qui vient de Paris.

Toutes ces expressions traduisent la domination de Paris sur la province.

La France reste un pays centralisé. Les grands pouvoirs politiques, les sièges des grandes sociétés, les réalisations prestigieuses sont concentrés à Paris. La région parisienne produit 1/3 de la richesse nationale avec 1/6 de la population. Cette situation privilégiée, ajoutée à la réputation mythique de Paris, a pu entretenir pendant longtemps chez le Parisien un complexe de supériorité. Celui-ci considérait le provincial comme « un plouc », « un paysan » à l'esprit fermé, et arriéré. Le provincial à son tour critiquait le mépris du Parisien mais le jalousait secrètement. La réalité d'aujourd'hui est bien sûr plus complexe. En effet, de nombreux provinciaux montent à Paris pour y travailler ou faire leurs études. Et de nombreux Parisiens, d'origine provinciale, retournent vivre en province ; ou s'y retirent pour la retraite. D'autre part, avec l'essor des capitales régionales et les moyens de communication rapides comme le TGV, l'opposition tend à s'affaiblir. Mais l'accent régional, marque d'une origine provinciale, reste un facteur de discrimination.

Activité 2, p. 21 • Dinan, ville de Bretagne

• Exercice d'écoute. Utiliser la cassette. Travail collectif.

– Écoute globale : repérage des thèmes de la conversation.

– Expliquer les mots : *exactement, surtout, un artisan, la côte, les remparts.*

– Écoute fractionnée : diviser l'écoute en quatre moments. Faire remplir la grille.

Situation	Impression générale	Intérêt touristique	Vivre à Dinan
…	…	…	…

Transcription

Écoutez la conversation entre une habitante de Dinan et un étranger.

– Alors, vous habitez à Dinan. C'est où exactement ?

• Dans la partie est de la Bretagne… À 25 km de la mer.

– C'est une grande ville ?

• Oh non, c'est une petite ville de 13 000 habitants. Mais on dit que c'est la plus belle ville de Bretagne. Alors on en parle beaucoup.

– Ce doit être agréable de vivre à Dinan ?

• Ben… C'est une ville très propre… très calme… et surtout très jolie. Il y a beaucoup de touristes qui viennent la voir. Ils viennent visiter l'église Saint-Sauveur, le château du Moyen Âge… Et puis il faut surtout se promener dans les rues. La plus célèbre, c'est la rue du Jerzual avec des vieilles maisons du XVIᵉ siècle, des petits ateliers d'artisans… Mais toutes les petites rues du centre-ville sont très typiques. Il y a une atmosphère très Moyen Âge.

– Et quand on a 20 ans, on ne s'ennuie pas un peu à Dinan ?

• Si… Vous savez, il n'y a qu'un cinéma. Il n'y a pas une seule discothèque. Quand les jeunes veulent sortir pour aller danser, ils vont sur la côte… Mais bon, ça fait du bien aussi de sortir. Parce qu'à Dinan, tout

le monde se connaît. Tout se sait. Si par exemple ce soir on me voit avec vous, demain tout le monde va dire : « Ah, elle a un nouveau petit ami ! »

– Mais, il n'y a pas des endroits sympathiques ?

• Quand on se retrouve entre copains, c'est dans les petits cafés de la place Saint-Sauveur. Et c'est très sympathique parce qu'on y trouve toujours quelqu'un qu'on connaît.

– Vous avez quand même la Fête des remparts ?

• Ça, c'est du folklore. C'est pour les gens qui aiment les traditions. On s'habille avec des costumes du Moyen Âge. On défile dans les rues. Il y a aussi du théâtre de rue. On joue des moments de l'histoire de la ville. Et puis on fait la fête, quoi… Vous savez les gens d'ici aiment bien les traditions. Ils sont même très traditionalistes. Par exemple, il y a encore beaucoup de gens qui vont à la messe le dimanche. Et en politique aussi on est conservateur. On vote toujours à droite.

– Dans ces traditions, il y a la langue bretonne…

• Bien sûr. On ne la parle plus dans la vie de tous les jours. Mais il y a des gens qui se réunissent dans des associations. Là, ils parlent le breton. Il y a aussi des cours de breton pour les enfants.

• Rédaction des commentaires des photos, p. 21.
Travail par paires. Réécoute sélective si besoin. Lecture de productions.
• Dans un guide touristique, on ne parlera pas des aspects négatifs ou partisans (ennui des jeunes, un seul cinéma, pas de discothèque, couleur politique).
• Comparaison interculturelle : animation collective ou travail de groupe. Si dans le pays des étudiants on retrouve l'opposition capitale/régions, faire identifier les différences. Comparer la situation locale avec la France.

■ Découverte du document C, p. 15

• **Situation** : Après l'affaire de vandalisme au musée, les gens commentent l'événement. Les uns racontent ce qu'ils ont entendu, les autres s'indignent, protestent ou considèrent la chose d'un air amusé.
• **Faire rappeler la liste des suspects dressée par Séverine.**
• **Observation des vignettes et écoute globale.** On identifiera les situations et les personnages. On mettra en évidence la réaction en chaîne que crée la rumeur. Dans chaque vignette apparaît un personnage déjà présent dans la situation précédente.
• **Lecture des bulles.** Faire chercher les informations nouvelles. Expliquer :
– *il paraît que* = on dit que. Il paraît que tu quittes ton travail. C'est vrai ?
– *une association* : Dans une ville, il y a des associations sportives, culturelles, etc.
– *protester* (v.) → la protestation (n.). Les écologistes protestent contre les essais nucléaires.
– *inimaginable* (adj.) ← imaginer (v.) : qu'on ne peut pas imaginer.
– *une méthode* = un moyen efficace. Une méthode de travail.
– *un terroriste* : La police a arrêté les terroristes qui avaient posé la bombe.
– *une rumeur* : donner des exemples en rapport avec l'histoire.
• **Prolongements possibles sous forme de travail de groupe.** deux pistes :
– Chaque groupe de quatre prend en charge une situation et développe le fragment de dialogue proposé.
« Qu'ont-ils dit avant ? après ? » Faire trouver des tournures pour rapporter un fait incertain (*on dit aussi que… on m'a dit que… on raconte que… il paraît que… j'ai entendu dire que…*).
– À partir de la liste des suspects établie par Séverine et la classe (leçon 2B), chaque groupe pourra imaginer une autre chaîne de rumeurs (chez le pharmacien, le maire, à la poste, à l'hôpital, etc.).

> *La rumeur*, phénomène social général, se développe plus facilement en province où les gens se connaissent mieux et se parlent donc plus facilement. Le moindre événement, les moindres faits et gestes peuvent ainsi devenir matière à tisser une histoire qui sera déformée, enrichie, colportée de bouche à oreille. À l'inverse, la plus grande mobilité de la vie parisienne a distendu les relations de voisinage. On y vit plus isolé, selon les cas protégé par l'anonymat ou solitaire et ignoré de ses voisins.

2 Corrigés du cahier d'exercices

1. Description physique des personnes.

a. • Philippe Caubère ressemble au père de Pagnol. Comme lui, il est brun et a les cheveux noirs. Il a le nez droit et une moustache. Il porte des lunettes cerclées d'acier. Mais il y a une différence : Caubère a un petit nez. Le père de Pagnol, lui, avait un nez assez important.
• Alice Sapritch ressemble assez à Lisbeth

Fischer. Comme elle, elle est loin d'être belle. Elle est brune, a les cheveux noirs et des sourcils épais. Elle a également un visage assez long. Pourtant il y a aussi des différences. Le visage d'A. Sapritch est particulier mais pas simiesque. Elle a un nez important mais pas de verrues. Ses sourcils ne sont pas réunis par un bouquet. Et elle a des lèvres épaisses.

b. Exercice ouvert.

2. Caractère et personnalité.

a. autoritaire/libéral – bon vivant/triste – calme/agressif – conformiste/anticonformiste – créatif/sans imagination – cultivé/ignorant – curieux/indifférent – économe/dépensier – entreprenant/passif – organisé/désorganisé – poli/impoli – sociable/froid.

b. • *chef d'entreprise* : autoritaire, calme, créatif, entreprenant, travailleur, économe, sociable.

• *artiste* : créatif, anticonformiste, original, travailleur, curieux, cultivé, indépendant.

• *ingénieur chargé d'un projet* : autoritaire, calme, créatif, débrouillard, organisé, économe, travailleur.

• *père (mère) de famille* : calme, bon(ne), vivant(e), sociable, économe, ordonné(e).

• *un enfant* : poli, respectueux, ordonné.

• *relations sociales* : bon vivant, calme, poli(e), respectueux(se), sympathique, sociable.

• *face à la littérature, l'art, etc.* : cultivé(e), curieux(se).

c. Dans l'ordre : → bons vivants – bricoleur – désordonnés – anticonformistes – agressif – dépensière – paresseuse – orgueilleuse.

3. Les pronoms remplaçant des personnes.

Je *t'*écris pour *t'*annoncer... pas loin de chez *moi*... l'occasion de *nous* voir... Il *m'*invite au restaurant et *me* fait des petits cadeaux... je *leur* ai présenté Patrick. Ils *l'*ont trouvé charmant... il *m'*a dit qu'il voulait *m'*épouser. Je ne *lui* ai pas encore répondu... je vais *lui* dire oui... je suis très amoureuse de *lui*.

4. Les pronoms remplaçant des choses ou des idées.

« ... La commune doit s'*y* adapter... Nous devons nous *en* occuper... Nous devons *la* construire... Nous devons *les* inscrire au prochain budget... Nous devons *en* tenir compte et *leur* répondre favorablement. »

5. Emploi des pronoms à la forme négative.

Luc : Non, je n'*y* suis pas allé.
Non, je ne *l'*ai pas revue.
Non, ils n'*y* habitent plus.
Non, ils n'*en* ont pas (encore).
Non, je ne *lui* écris plus.
Non, je ne *le* sais pas.
Non, je ne *l'*ai pas.

6. Accord des participes passés.

J : ... mon mari *est parti*... Mes deux filles *sont sorties*... je *suis partie*...

P : ... c'est vous qui *êtes revenue* la première ?

J : ... je *suis rentrée* à 17 heures.

P : ... vous *avez vu* les voleurs...

J : ... je les *ai vus*... Quand ils m'*ont aperçue*, ils *ont sauté* par la fenêtre.

P : ... ils *ont emporté* des bijoux ?

J : ... ils les *ont trouvés* dans l'armoire.

J : Une belle montre... Ils l'*ont prise*.

P : Vos... cuillères en argent ?

J : Ils les *ont emportées* aussi.

P : ... ils vous *ont volé* des tableaux ?

J : ... ils ne m'*en ont pas volé*.

7. Proposition relative.

a. « C'est une région *que* je connais bien et *que* j'ai visitée... J'aime beaucoup la côte *qui* est très pittoresque avec..., ses montagnes *qui* dominent la mer et ses belles plages *où* il n'y a souvent personne...

On peut y admirer des paysages sauvages *qui* sont très différents... Il y a aussi des villages *qui* ont conservé leurs traditions et *où* on parle encore la langue corse. »

b. Paris, c'est une belle ville *que* je connais bien et *où* j'ai habité pendant dix ans.

J'habitais le quartier des Halles *qui* a beaucoup changé mais *qui* est toujours très animé.

Je travaillais dans un café *qui* n'existe plus aujourd'hui et *où* on rencontrait des gens célèbres.

8. Quartiers de Paris.

a. Texte A : aspects : allures – fréquenter : vivre avec : côtoyer – hommes d'affaires : business-men – se promener : se balader.

Texte B : qui a des populations d'origines ethniques différentes : métissé – ouvriers, professions modestes : prolos – bonnes relations entre les gens : convivialité – café : bistrot.

Texte C : à partir de maintenant : désormais – mélangé : mêlé – vente de vieux objets : brocante.

Texte D : être très actif(ve) : bouillonner – apprécier (nourriture) : déguster – bord d'un fleuve : rive.

Texte E : rue sans sortie : impasse – où on ne trouve pas facilement un bus, une station de métro : mal desservi – être en danger : risquer sa peau – augmentation : inflation – personne qui commercialise des logements : promoteur.

b.

T	Caractéristiques appréciées	Caractéristiques non appréciées	Goûts et traits de personnalité
B (20ᵉ)	Espace – quartier métissé propice à l'imaginaire – Résumé de Paris et de ses couches sociales – Convivialité – Meilleurs bistrots	L'absence de convivialité ailleurs dans la capitale	Sociable – Goût des contacts avec les autres, du dépaysement
C (11ᵉ)	Quartier très jeune – population mêlée – Charme de l'architecture – coins-village et petits passages – changements – Quartier vivant, grands marchés, brocante		Il aime la nouveauté, l'originalité, la surprise – Goût du passé et de son charme
D (6ᵉ)	Endroit privilégié qui bouillonne – Culture, politique, nourriture – Antiquaires – Existence d'une frontière avec l'autre rive (droite)	Du côté de la rive droite, les yeux deviennent plus gris (tristes) – Quartiers moins anticonformistes	Goût des débats d'idées (culture, politique) – Goût du passé et des belles choses (antiquaires)
E (15ᵉ)	Quartier sympathique, calme, pas dangereux la nuit	Quartier mal desservi – Le reste de l'arrondissement trop bourgeois – Inflation de l'immobilier – Arrivée des promoteurs – Quartier qui s'est vidé de sa substance (population d'origine)	Aime le calme, la tranquillité – Goût des milieux populaires – N'aime pas la ville bourgeoise, la ville impersonnelle imposée par les promoteurs

9. Exercice ouvert.

▼ Séquence A – Grammaire p. 22 – 24 – 25

■ Contenus

• **Grammaire** – *formes et emplois du subjonctif présent* • **Situation orale** – *se plaindre* • **Situation écrite** – *rédiger une lettre de plainte*	• **Vocabulaire** – *l'enquête policière* – se plaindre, résoudre – la pression – inévitable, indiscret • **Civilisation** – *le pouvoir politique local (le maire, les notables)*

■ Déroulement de la séquence

• L'objectif principal de la leçon est la révision des formes du subjonctif présent et de certains de ses emplois. Toutefois, ce thème sera traité comme s'il n'avait jamais été vu.

1. On abordera la leçon par le document A, p. 22, de façon à dégager les formes du subjonctif.

2. Dans une seconde étape, à partir du tableau de grammaire, p. 24, on examinera de façon méthodique la formation du subjonctif présent et certains emplois. Ce travail d'appropriation sera poursuivi en faisant les exercices de la rubrique « Entraînez-vous », p. 25.

3. Puis on pourra poursuivre la leçon selon l'ordre du livre (exercices 1, 2, 3, 4, p. 24-25).

■ Découverte du document A, p. 22

• **Situation** : Une enquête policière est ouverte pour retrouver les auteurs de l'acte de vandalisme du musée. Toute la ville en parle. Le maire téléphone au commissaire de police.

Le maire. Dans une commune, le maire est le personnage le plus important. Il dirige sa ville avec le conseil municipal. Il connaît toutes les personnalités de la cité. On peut donc s'adresser à lui pour demander un service. Il peut à son tour intervenir auprès de ses connaissances ou faire jouer son autorité.

• **Faire lire l'introduction.** Rappeler les fonctions du maire. Faire des hypothèses sur les raisons du coup de fil.

• **Lecture du dialogue.** Comparer avec les hypothèses découvertes et compléter.

• **Faire relever les verbes au subjonctif.** Après quels verbes sont-ils employés ?

• **Écoute du dialogue** : faire relever le vocabulaire de l'enquête policière.

■ Tableau de grammaire, p. 24 • Le subjonctif

- Examiner tout d'abord le subjonctif présent des verbes réguliers. Comparer avec l'indicatif.
- Pour les verbes irréguliers, faire réemployer le subjonctif à partir d'une situation inductrice.

Exemple : Léa donne des conseils à une amie déprimée :

→ *Il faut que tu sortes, ailles au cinéma, viennes nous voir, fasses un régime, prennes un congé, partes en vacances, saches être volontaire*, etc.

- Puis présenter la valeur fondamentale du subjonctif par opposition à l'indicatif et les catégories de verbes qui se construisent avec le subjonctif (nécessité, obligation, volonté, souhait, sentiment). Les autres emplois seront étudiés plus tard.

▶ **Grammaire**

L'emploi du subjonctif est une question complexe. Par simplification pédagogique, on peut dire que l'indicatif présente l'action comme objective (réalisée ou réalisable). Le subjonctif la présente comme subjective (simplement envisagée par le sujet).

- Les verbes de la vision subjective (sentiment, crainte, souhait, volonté, nécessité, obligation) sont suivis du subjonctif.
- Les verbes de la vision objective (déclaration, constatation) sont suivis de l'indicatif.

Mais le verbe *espérer* et certaines constructions négatives échappent à cette règle. Il conviendra toujours, en cas de doute, de se référer à l'usage.

■ Exercices 1, 2 et 3, p. 24 – 25

■ Exercice 1, p. 24. Le subjonctif.

que je prenne… que nous participions… que nous allions… que je finisse… que je sois… que je fasse… que j'étudie… que je le veuille… que j'y passe…

■ Exercice 2, p. 25. La nécessité.

que je fasse… que je téléphone… que j'aille… que Gérard répare… qu'il aille chercher… que les enfants fassent… qu'ils préparent…

■ Exercice 3, p. 25. Se plaindre.

- Travail individuel ou par paires. Puis mise en commun.
- Expliquer le vocabulaire utile : *les draps, le chauffage, nettoyer*.
- Faire la première phrase collectivement.

→ Je voudrais que la chambre soit faite.

- Le client est exigeant (utiliser les verbes exprimant la volonté, la nécessité, l'obligation et le souhait) et indigné. Le patron de l'hôtel va essayer de le calmer.

→ *Client* : C'est un scandale ! Rien ne marche dans cet hôtel !

Patron : Calmez-vous, monsieur ! Qu'est-ce que je peux faire pour vous ?

Client : Je voudrais… Il faut aussi…

Patron : Ce sera fait, monsieur… Mais bien sûr, monsieur… Le client est roi.

■ Activité 4, p. 25 • Lettre de plainte

a. Rédaction collective de l'état des lieux au tableau.

D'abord faire la liste des éléments dégradés au tableau. Fournir le vocabulaire de la dégradation correspondant. Rédiger sur proposition des étudiants.

→ le miroir, la vitre → être brisées ; la tapisserie → être déchirée ; la lampe du lavabo, la porte de l'armoire → être cassée ; le lavabo → être bouché, déborder ; la moquette → être mouillée, tachée ; la tringle de rideaux → être de travers ; les rideaux → être troués ; le plafond → être dégradé.

b. Rédaction de la lettre de plainte du propriétaire.

• Recherche collective du plan :

→ 1. État de l'appartement au départ du locataire.

2. Établissement d'un état des lieux.

3. Travaux de réparation à faire.

4. Délais accordés et menace.

• Les parties 1, 2 et 4 seront rédigées collectivement au tableau.

Les étudiants auront à rédiger par paires le corps de la plainte (3).

Monsieur,

(1) Après votre départ, j'ai trouvé l'appartement dans un très mauvais état.

(2) J'ai fait établir un état des lieux que vous trouverez ci-joint.

(3) Je voudrais que vous…

(4) Si vous refusez de faire ces travaux et si je n'ai pas de réponse précise à la date du… je déposerai une plainte devant le tribunal de…

Signature

• Faire utiliser l'expression de la volonté, nécessité, obligation, souhait.

• Lecture de quelques productions.

▌ Entraînez-vous, p. 25

• Exercice 1. Expression de la volonté + emploi du subjonctif.

• Exercice 2. Expression de la nécessité + emploi du subjonctif.

Transcription

1. L'expression de la volonté. Une directrice donne des ordres à sa secrétaire. Transformez comme dans l'exemple.

• Vous devez taper cette lettre /…

→ Je voudrais que vous tapiez cette lettre.

• Vous devez appeler M. Brun /…

→ Je voudrais que vous appeliez M. Brun.

• Vous devez lui dire de venir me voir /…

→ Je voudrais que vous lui disiez de venir me voir.

• Il doit être dans mon bureau cet après-midi à 17 heures /…

→ Je voudrais qu'il soit dans mon bureau à 17 heures.

• Il doit finir les bilans pour cet après-midi /…

→ Je voudrais qu'il finisse les bilans pour cet après-midi.

• Ensuite, vous devez aller aider Myriam à faire les photocopies /…

→ Je voudrais que vous alliez aider Myriam à faire les photocopies.

2. L'expression de la nécessité. Une mère de famille doit s'absenter pour la journée. Elle donne des directives à ses enfants. Transformez comme dans l'exemple.

• Vos lits ne sont pas faits /…

→ Il faut que vous fassiez vos lits.

• Michel, quand tu rentres du lycée, tu dois acheter du pain /…

→ Il faut que tu achètes du pain.

• Tu dois aussi aller chercher ta sœur à l'école /…

→ Il faut que tu ailles chercher ta sœur à l'école.

• Puis vous devez préparer le repas /…

→ Il faut que vous prépariez le repas.

• Ensuite vous devez faire la vaisselle /…

→ Il faut que vous fassiez la vaisselle.

• Et l'après-midi, ne faites pas de bruit ! /…

→ Il ne faut pas que vous fassiez de bruit.

▼ Séquence B – Vocabulaire, p. 22 – 26 – 27

■ Contenus

• **Vocabulaire** – *savoir – mémoire* – *vérité / mensonge* – ignorer, fréquenter – la bêtise, un imbécile – quand même, ni… ni… • **Situation orale** – *interroger*	• **Civilisation** – *menteurs et dissimulateurs célèbres* – *la concierge* • **Prononciation** – *l'interrogation*

■ Déroulement de la séquence

1. On commencera par la double page « Vocabulaire » (p. 26-27). On traitera d'abord le thème « Savoir – mémoire, vérité / mensonge » (tableau et exercices 2, 3, 4, p. 26-27).

2. Puis on reverra comment interroger (tableau et exercice 1, p. 26) et on fera les exercices de prononciation, p. 27.

3. Retour à l'histoire, p. 22. Les étudiants auront les moyens lexicaux et grammaticaux pour poursuivre l'interrogatoire de Séverine.

■ Tableau de vocabulaire, p. 26 • Savoir-mémoire-vérité-mensonge

Sous la forme d'une conversation dirigée, à partir de micro-situations diverses, on introduira ou révisera le vocabulaire du tableau p. 26 :

– *informer* → touriste et hôtesse d'accueil dans un office de tourisme.

– *apprendre* → préparatifs de voyage.

– *savoir* – se rappeler – oublier → connaissance d'un pays (histoire, culture, etc.).

– *vérité* / mensonge→ le mari infidèle.

– *vérité* / erreur → l'élève en classe.

> *Menteurs et dissimulateurs célèbres*. La littérature fournit de nombreux portraits de menteurs. Tartarin de Tarascon et Matamore ont tout vu et tout vécu. Scapin trompe son maître. Tartuffe défend de grandes idées morales et ne les respecte pas. Les médecins de Molière sont toujours des menteurs. Le docteur Knock de Jules Romain est un charlatan qui réussit à tromper une ville entière.

■ Exercices 2 et 3, p. 27 • Savoir-mémoire-vérité-mensonge

■ **Exercice 2. Dire qu'on ne sait pas.**

a3 – b6 – c5 – d1 – e2 – f4

■ **Exercice 3. Communication difficile. Exercice d'écoute. Utiliser la cassette.**

• On traitera les cinq situations l'une après l'autre.

• Écoute globale : faire identifier les situations : lieu, personnage, demande.

• Expliquer les mots : *l'épicier* ; *je ne sais plus où j'en suis* = je suis perdu ; *confondre* ; *avoir un nom sur le bout de la langue* = ne pas pouvoir se rappeler un nom bien connu.

• Écoute fractionnée :

– trouver pourquoi l'information attendue n'est pas donnée (oubli, erreur, mensonge, ignorance, dissimulation) ;

– relever les mots ou expressions qui permettent d'exprimer ces idées. Trouver d'autres situations pour les employer.

Transcription

Écoutez ces cinq scènes. Dans chacune, une personne demande une information.

1. Dans la rue.

– Pardon monsieur, vous pouvez me dire où se trouve la rue... ?

• Je suis désolé. Je n'en sais rien. Je ne suis pas du quartier. Demandez à l'épicier, là.

2. Dans un salon. Musique de fond.

– C'est quand qu'on est invité chez les Dupuis ?

• Samedi prochain.

– Non, non, non ! Tu te trompes. Samedi, on va chez les Bernaud. Florence Bernaud me l'a encore rappelé ce matin.

• Ah bon, tu en es sûre ?

– Sûre et certaine.

• Alors, je dois faire erreur. Avec toutes ces invitations, je ne sais plus où j'en suis. Il faudra que j'appelle Dupuis.

3. Au commissariat de police.

Séverine : Où est-ce que vous étiez vendredi à 17 heures ?

– Au Café Briand.

Séverine : Vous en êtes certain ?

– Oui.

Séverine : Eh bien, vous mentez. Nous nous sommes renseignés, figurez-vous ! Le patron ne se souvient pas de vous avoir vu ce jour-là.

– Il doit confondre avec un autre jour.

Séverine : Et non, il ne confond pas. Parce que ce jour-là, à 17 heures il y a eu un accident devant le café. Tous les clients sont sortis pour voir et vous n'étiez pas là. Il s'en souvient très bien.

4. Salon.

– Tiens, Florence a vu un très bon film paraît-il.

• C'est un film de qui ?

– C'est de... Attends... zut, j'ai oublié. Tu sais, c'est un metteur en scène très connu.

• Téchiné ? Vincent ? Tavernier ?

– Non. Il fait des films policiers. Ah, j'ai son nom sur le bout de la langue.

5. Bureau.

– Qu'est-ce qu'il voulait le directeur ?

• Oh rien. C'était pour me dicter une lettre.

– Tu es restée une heure chez le directeur pour prendre une lettre !

• Ben on a parlé d'un peu tout.

– Sylvie, tu me caches quelque chose !

▮ Activité 4, p. 27 • Bavardage et commérage. Savoir – Informer

• Séjour à l'étranger : travail par paires ou collectif.

– Faire imaginer le dialogue : les deux amies parlent d'une troisième personne, absente.

– Faire utiliser : – les formules : *tu sais que..., tu n'es pas au courant de..., alors il faut que tu saches que..., il faut aussi que je te dise que...*

  – les mots clés qui permettent de raconter les principaux épisodes du séjour (déplacement, vie professionnelle et sentimentale, maladie).

• Bavardage avec la concierge : travail par paires. Mise en commun.

– Il sera amusant de faire imaginer des commentaires sur les habitants de l'immeuble. Même démarche que pour la partie précédente.

→ « *Vous savez que le monsieur du 3ᵉ étage trompe sa femme avec...* »

■ Tableau – Exercice 1, p. 26 • Poser des questions

• Relire le tableau « Interroger », p. 26, avant de faire l'exercice 1. Lecture du récit : demander aux élèves d'identifier les personnages et de résumer l'histoire.

• Expliquer : *déposer, patiemment*.

• Travail par paires puis mise en commun : imaginer toutes les questions de Gérard.

■ Prononciation, p. 27 • Construction et intonation de l'interrogation

• Exercice 1. Utilisation de « est-ce que ».

• Exercice 2. Utilisation de l'inversion du pronom sujet.

Transcription

1. Posez des questions avec *est-ce que*.	2. Posez des questions avec l'inversion du pronom.
a. Elle chante /... Qui est-ce qui chante ? /... Avec qui est-ce qu'elle chante ? /... Qu'est-ce qu'elle chante ? /... Pourquoi est-ce qu'elle chante ? /... Où est-ce qu'elle chante ? /... Quand est-ce qu'elle chante ? /...	**a.** Il travaille /... Qui travaille ? /... Que fait-il ? /... Avec qui travaille-t-il ? /... Pourquoi travaille-t-il ? /... Où travaille-t-il ? /... Quand travaille-t-il ? /...
b. Elle a fait quelque chose de grave /... Qui est-ce qui a fait quelque chose de grave ? /... Avec qui est-ce qu'elle a fait quelque chose de grave ? /... Qu'est-ce qu'elle a fait de grave ? /... Pourquoi est-ce qu'elle a fait quelque chose de grave ? /... Où est-ce qu'elle a fait quelque chose de grave ? /... Quand est-ce qu'elle a fait quelque chose de grave ? /...	**b.** Elle a dansé /... Qui a dansé ? /... Avec qui a-t-elle dansé ? /... Qu'a-t-elle dansé ? /... Pourquoi a-t-elle dansé ? /... Où a-t-elle dansé ? /... Quand a-t-elle dansé ? /...

■ Découverte du document, p. 22

• **Situation** : Séverine mène l'enquête. Elle est allée voir Lambert Tanguy qu'elle a rencontré au musée samedi après-midi, avant l'affaire. Elle espère avoir des informations sur les milieux artistiques… ou peut-être trouver un coupable.

• **Observation de l'illustration. Écoute globale. Identifier les personnages.** Rappeler les circonstances de leur première rencontre (leçon 1B).

Faire trouver les raisons de cette seconde rencontre.

• **Expliquer les mots :**

– *une bêtise* : Les enfants sont insupportables. Ils ont encore fait des bêtises…

– *quand même* : Il n'a pas d'argent, mais il va au restaurant = Il n'a pas d'argent, il va quand même au restaurant.

– *fréquenter* = rencontrer

– *ne… ni… ni…* : Il n'a pas d'argent et pas de logement = il n'a ni argent ni logement.

– *un imbécile* = une personne stupide.

– *ignorer* = ne pas savoir.

• **Lecture du dialogue** : faire relever les diverses formes de négation.

• **Écoute constructive du dialogue** : on écoute une réplique puis on imagine, on essaie de retrouver la suivante. On vérifie et on continue.

• **Prolongement** : travail par paires : imaginer l'interrogatoire que Séverine va imposer à Lambert Tanguy.

• Utiliser les tableaux de la page 26 (« Interroger », « Savoir – mémoire – vérité – mensonge »).

▼ Séquence C – Civilisation, p. 23 – 28 – 29 – 30

▊ Contenus

• **Civilisation** – *compréhension d'un dialogue de théâtre* • **Vocabulaire** – *traits de caractères* – *gestes, attitudes, déplacements*	• **Situation écrite** – *rédiger des indications scéniques pour une pièce de théâtre* • **Situation orale** – *interroger*

▊ Déroulement de la séquence

On débutera la séquence par l'étude de la double page « Civilisation » (p. 28-29) principalement consacrée à la lecture d'un dialogue de théâtre. On fera les activités dans l'ordre proposé par le livre, les exercices 4 et 5, p. 28, permettant de revenir à l'histoire et d'imaginer la fin de l'enquête.

▊ Activités 1, 2 et 3, p. 28

▊ Activité 1. Lecture de la scène.

• Lecture silencieuse : pour favoriser la compréhension, faire utiliser les explications données en marge. Elles se rapportent à des parties du texte. Donner un exemple → *je viens déposer* = j'apporte.

▊ Exercice 2. Compréhension générale.

• Travail collectif.

• On pourra imaginer une fin amusante par exemple :

Breloc est une personnalité importante (député, entrepreneur, etc.). Il connaît le ministre de l'Intérieur. C'est son frère.

▊ Exercice 3. Mise en scène.

• Expliquer les mots nouveaux : *énervé, impatient, insolent*.

• Reprendre le texte en ajoutant les indications scéniques nécessaires. Proposer un exemple collectivement :

l. 4 – le commissaire (assis, il lève la tête, étonné) : Une montre ?

l. 7 – le commissaire (il avance la tête, d'un air curieux) : Voyons. Etc.

• Travail collectif ou travail de groupe suivi d'une mise en commun.

• Si les étudiants le souhaitent, faire apprendre la scène (hors cours) et la faire jouer devant la classe.

■ Activités 4 et 5, p. 28

■ **Activité 4. Jeux de rôle.**

(voir Découverte et utilisation des documents C, p. 23)

■ **Activité 5. Créativité.**

(voir Découverte et utilisation des documents C, p. 23)

■ Découverte et utilisation des documents C, p. 23

• **Situation** : Après l'affaire du musée, Séverine a commencé à mener l'enquête. Elle vient d'interroger Lambert Tanguy.

• **Travail collectif** : faire identifier les personnages de chaque vignette (le directeur du musée, les étudiants de la faculté de médecine, la bande des jeunes loulous, Arnaud Le Gall). Faire rappeler les raisons qui conduisent Séverine à les interroger.

• **Jeux de rôle** : faire jouer chaque scène devant la classe.

• **Conversation dirigée** : faire imaginer la fin de l'enquête et trouver un ou des coupable(s).
Exemples :

– A. Le Gall s'est vengé. Il avait gardé un double des clés.

– Le directeur du musée a monté la scène de vandalisme pour faire accuser A. Le Gall suite à leur conflit.

– Les nouveaux étudiants ont dû exécuter des ordres stupides lors du bizutage.

– Deux jeunes ont fait le coup après un pari stupide.

– Lambert Tanguy avoue être le coupable. Il voulait montrer que l'art moderne n'a aucune valeur.

▼ Cicvilisation, p. 30 • Lecture : Une plaisanterie

• Lecture fractionnée : travail de groupe.

– Diviser le récit en quatre parties. Chaque groupe prend en charge une partie, la lit et la comprend.

– Expliquer : *le moulin, abandonner, une étiquette, semblable, profiter, le gardien, le conservateur.*

– Mise en commun : un représentant de chaque groupe raconte sa partie.

• Construction du scénario : travail collectif. Relever (ou compléter) les scènes, les lieux, les personnages et les actions.

3 Corrigés du cahier d'exercices

1. Information et connaissance.

a. ... Elle *apprend* très vite ses leçons. Il lui suffit de les lire deux fois et elle les *sait*.
Elle *sait* par cœur des dizaines de poèmes,... À 13 ans, elle *connaît* aussi les principales œuvres des grands écrivains. Mais elle est aussi *au courant* de l'actualité...

b. J'*ai appris* que vous alliez nous quitter... – ... Je vois que vous êtes bien *renseigné*. Qui vous *a mis au courant* ? – ... Il est toujours bien *informé*. On ne peut rien lui *cacher*. Je *sais* même où vous allez : en Côte-d'Ivoire.

2. Apprendre – S'informer.

a. Pascal *apprend* par cœur ses textes pendant des heures. Il *s'en souvient* bien avant le spectacle. Mais, face au public, il *oublie* souvent son texte !

b. Avant d'acheter, Mme Vergnaud *se renseigne* sur les prix. Elle *est au courant* de toutes les réductions. Et elle *vérifie* toujours ses tickets de caisse et ses factures.

c. Serge Pontal *trompe* les gens en leur disant qu'il est représentant. Il *ment* et leur *cache* la vérité. Les objets qu'il vend sont des objets volés.

d. A. Clairval est un détective habile. Il *s'informe* auprès des bonnes personnes. Il a l'art de les *interroger*. Et il *sait faire des hypothèses* pour trouver ce qu'il cherche. On ne peut rien lui cacher…

3. S'excuser.

a. *La vendeuse* : Oh, excusez-moi ! J'ai fait une erreur ! *Je me suis trompée.* Ça arrive…

b. *Le patient* : Oh, excusez-moi. *J'ai oublié* la date exacte et je me suis trompé de jour.

c. *M. Duval* : Oh, excuse-moi, chérie. J'ai complètement oublié ! Tu sais bien, *je ne me rappelle* jamais les anniversaires…

d. *M. Duval* : Ah bon, *je ne m'en souviens pas*…
Mme Duval : *Tu mens. Tu me caches* quelque chose !
M. Duval : Je te jure, *je te dis la vérité.*
Mme Duval : Ça va, j'ai compris. *Tu me trompes* !
M. Duval : Tiens regarde ! Joyeux anniversaire ! Voilà pourquoi j'étais au Printemps ! (Il lui donne le cadeau qu'il a acheté.)
Mme Duval : Oh, excuse-moi ! Tu es un amour.

4. Gestes et attitudes.

• Avant, il était debout. Il frappait son adversaire et sautait à droite et à gauche. Puis, il est tombé.
Maintenant, il est allongé sur le ring. Il va se relever et recommencer à se battre.

• Avant, il était assis, immobile. Il suivait la balle de tennis et tournait la tête à droite et à gauche.
Maintenant, il lève les bras et crie de joie. Il va se rasseoir et continuer à suivre le match.

5. Présent du subjonctif.

a. Il faut que j'*aille* chez mes amis et que je *réponde* au courrier que je reçois.

b. Il faudrait que tu *saches* ton texte par cœur, j'aimerais que tu *aies* des gestes plus expressifs. Il faut que tu *fasses* rire le public.

c. J'exige que vous *soyez* à l'heure. Je veux que vous *fassiez* votre travail sérieusement. Et il est aussi nécessaire que vous *veniez* travailler le mercredi après-midi.

d. Je voudrais que nous *prenions* de longues vacances. J'aimerais que nous *partions* faire un grand voyage. Je souhaite que nous *vivions* une grande aventure.

6. Suppositions.

A. – Je sais que le neveu de M. Arnoux est l'héritier. Il a besoin d'argent.

C. M. – Alors peut-être qu'il l'a tué par intérêt ?

A. – On dit aussi que son épouse a découvert sa liaison avec Isabelle Dupuis.

C. M. – Oui… donc on peut supposer qu'elle a commis le crime par jalousie.

A. – M. Arnoux était directeur d'une entreprise. Vous savez qu'il a renvoyé un de ses employés ?

C. M. – Non… Mais alors on peut imaginer que l'employé s'est vengé !

A. – D'autre part l'assistant de M. Arnoux est maintenant directeur de l'entreprise.

C. M. – Eh bien, dans ce cas, il est possible qu'il se soit débarrassé d'Arnoux par ambition.

7. Interrogation.

• Où et quand êtes vous né ?

• Quelle est l'origine de votre nom ? (D'où vient le nom d'Arvor ?)

• Quelle était la profession de votre père ? (Que faisait votre père ?)

• À quel âge avez-vous eu votre bac ?

• Et après, vous avez poursuivi vos études ?

• Et ensuite qu'est-ce que vous avez fait pour vivre ?

• En quelle année êtes-vous entré à France-Inter ?

• Et vous y êtes resté combien de temps ? (pendant combien d'années ?)

• Depuis quand présentez-vous le journal télévisé ?

8. Emploi des pronoms avec l'impératif.

Luc : Oui, emmenez-les. Ils verront du pays !

Léa : Non, surtout ne les emmenez pas. Ils sont trop petits !

…

Luc : Oui, partez avec eux. Ils sont sympathiques.

Léa : Non, ne partez pas avec eux. Ils sont vraiment insupportables !

…

Luc : Oui, prenez-la. Les tarifs sont intéressants.

Léa : Non, ne la prenez pas. Ce n'est pas une compagnie sérieuse.

…

Luc : Oui, profitez-en. Vous ferez des économies.

Léa : N'y faites surtout pas attention. Ce sont les mêmes prix toute l'année.

…

Luc : Oui, visitez-le. C'est un endroit extraordinaire !

Léa : Non, n'y allez pas. C'est très dangereux.

…

Luc : Oui, restez-y une semaine. La ville est superbe.

Léa : Non, n'y restez pas. Il y a beaucoup trop de touristes.

…

Luc : Oui, demandez-lui des conseils. Il connaît bien le pays.

Léa : Non, ne lui demandez rien. Il va vous en parler pendant des heures !

9. Lettre de plainte.

a. Le Président de l'association des Amis du musée des Beaux-Arts écrit au maire de Dinan.

Il s'agit d'une lettre de plainte, de protestation contre certains incidents (acte de vandalisme, cambriolage, tags) qui se sont produits au musée depuis un an. L'auteur de la lettre demande que des mesures urgentes soient prises. En particulier, le renforcement du personnel.

b. 2. L'an dernier la caisse a été cambriolée et des tags ont été dessinés.

3. L'association des amis du musée proteste contre le manque de personnel.

4. L'association exige que des mesures urgentes soient prises.

c.

Mots ou ensemble de mots qui indiquent des faits objectifs	Mots ou expressions qui expriment des sentiments et des jugements	Mots ou ensemble de mots qui poussent le maire à faire quelque chose
– acte de vandalisme a été commis au musée dans la nuit du 1ᵉʳ avril – l'an dernier, la caisse a été cambriolée, des tags ont été dessinés (sans dommage) – manque de personnel – absence d'un gardien de nuit	– une vive émotion – un acte inadmissible – faire part de notre indignation – un incident révoltant – protester – espoir – sentiments respectueux	– au nom des membres de notre association – cet incident était prévisible – je vous rappelle – protester contre le manque de personnel – l'absence d'un gardien de nuit est inacceptable – nous ne voulons pas que des actes semblables se renouvellent – il faut que des mesures urgentes soient prises

10. Exercice ouvert.

11. Les accents.

a. • L'année dernière, les élèves ont étudié la géographie de l'Amérique.

• Son père a des terres cultivées et des forêts dans le Périgord.

• Elle épelle son prénom.

b. • Où est garée *la* voiture ? – Elle est *là*-bas, au coin de la rue.

• *Où* as-tu mis le journal ? Dans le salon *ou* dans la chambre ?

• Il *a* acheté un appartement *à* Paris.

• … Il a *dû* acheter *du* pain.

• Je suis *sûr*(e) que j'ai laissé mes lunettes *sur* la table…

• Contre le *mur*, il y a un arbre… Ses fruits sont *mûrs*.

c. hospitalisé → un hôpital – forestier → une forêt – intéressant → un intérêt – croustillant → la croûte – insulaire → une île.

12. Les homonymes.

a. laid / le lait – **b.** le champ / le chant – **c.** la faim / la fin – **d.** le chœur / le cœur – **e.** le cou / le coup – **f.** le vin / vingt.

13. Corps et expressions imagées.

a. rêveur(euse) – **b.** fou (folle) – **c.** réaliste – **d.** ambitieux(euse) – **e.** généreux(euse) – **f.** soumis(e) et obéissant(e) – **g.** indécis(e) – **h.** prétentieux(se) mais incapable.

14. Portrait robot.

a	C	O	M	M	I	S	S	A	I	R	E
b		C	H	A	P	E	A	U			
c			P	I	P	E					
d	I	N	T	E	R	R	O	G	A	T	O	I	R	E	S
e			M	E	U	R	T	R	E			
f	C	O	U	P	A	B	L	E				
g		E	N	Q	U	Ê	T	E				

Bilan 1

1. Temps de l'indicatif.

« Il est 11 h 15. Nous *venons* de faire une pause café. Nous *sommes arrivés* ce matin à 9 h 30 au commissariat de Rennes. L'inspecteur Bonnard *était* absent. Il *est arrivé* à 10 h. Pendant une heure, nous *avons examiné* le dossier Michaud. C'*était* un dossier très compliqué. À 11 h, nous *avons fait* une pause d'un quart d'heure. Maintenant, jusqu'à midi, nous *allons examiner* le dossier Ducret. De 12 h à 13 h, nous *déjeunons* avec l'inspecteur Bonnard. À 13 h 30 nous *repartirons* pour Dinan. »

2. Passé composé ou imparfait.

« Hier tôt le matin, je *suis allé* au musée... Il y *avait* de belles statues... J'*ai remarqué* qu'une statue *était recouverte* de plâtre... J'*ai visité* les salles... Il y *avait* une belle collection... J'*ai* aussi *admiré* les Picasso... Mais il y *avait* quelque chose... Un portrait de femme *avait* des moustaches. J'*ai demandé* au gardien. C'*était* une plaisanterie...

3. Pronoms remplaçant des personnes.

S. – Oui, je l'ai interrogé...
– Oui, il m'a parlé...
– Oui, il les a donnés.
– Non, il ne leur a pas parlé.
– Non, il ne le sait pas.

4. Pronoms remplaçant une chose.

... Je *l'*ai feuilleté et j'ai eu envie de *l'*acheter... et j'ai hésité à *l'*acheter. Le soir, j'*en* ai parlé à mon mari et je *lui* ai dit qu'*il* était très beau.
... Mais le livre n'*y* était plus. J'ai demandé au vendeur s'il *en* avait d'*autres exemplaires*.
... Il *les* avait tous vendus.
... Je *l'*ouvre...

5. Subjonctif présent.

que vous *soyez*... que nous n'*ayons* pas... que tu *fasses*... que tu *aies*... que tu *aides*... que tu *ailles*... que tu *mettes*...

6. Apprécier.

b. Je déteste ce tableau.
c. C'est pas mal.
d. Ce n'est pas terrible.
e. C'est amusant.

7. Comportements.

Dans l'ordre : autoritaire, modeste, nostalgique, cultivé, imaginative.

8. Savoir – Mémoire – Vérité – Mensonge.

a. Dans l'ordre : Elle ment. Ce que vous dites est faux. Il y a une erreur. Il cache la vérité. Je n'ai rien dit à Françoise.
b. *S* : Vous *connaissez* cet homme ?...
S : Vous *vous souvenez* de son nom ?...
P : Non, mais je *me rappelle* son prénom... je *l'ai oublié*... peut-être que je *me trompe*.

9. Se plaindre.

« Madame, vous m'avez loué votre villa de Valras-Plage pour un mois. Malheureusement, à notre arrivée, nous avons été très déçus ! La villa ne correspond pas du tout à votre annonce. C'est une très petite maison. Elle n'a que trois pièces vides ! Il n'y a pas de vue sur la mer. Nous n'avons pas trouvé le jardin avec les arbres. Le premier commerce est à 5 km. Et nous sommes à une demi-heure de la plage ! Votre annonce était un mensonge !
Si vous ne m'avez pas remboursé à la date du 5 août, je déposerai une plainte devant le tribunal. »

10. Test culturel.

1. Rennes – Dinan.
2. Arman : sculpteur – Hubert Reeves : astrophysicien – Georges Courteline : dramaturge – Miró : peintre – Le Chevalier d'Éon : espion.
3. La Bretagne – la Normandie – l'Auvergne – la Provence – la Bourgogne.
4. à la Révolution française – le département.
5. La Provence : ancienne province du Sud-Est. La province : la France sauf Paris.

UNITÉ 2

Projet

Cette unité n'est pas organisée comme la précédente. Les leçons 4 et 5 sont conçues comme des préparations au travail qui sera effectué dans la leçon 6 : **la réalisation d'un journal d'information ou d'un journal parlé à la radio**.

Les pages « Introduction aux contenus » de ces leçons ne proposent donc plus une histoire suivie mais un petit dossier thématique. On trouvera successivement :
• **Leçon 4** : deux dossiers « découverte » consacrés au sport et à la télévision.
• **Leçon 5** : deux dossiers « découverte » présentant une enquête sur la banlieue en France et la fracture sociale.
• **Leçon 6** : le projet proprement dit, préparé par les deux leçons précédentes et qui sera conduit en plusieurs étapes : les étudiants élaborent par groupes leur journal, chacun d'eux prend en charge la rédaction d'un article.

Objectifs

	4	5	6
Grammaire	Le sens passif : – forme passive – *(se) faire* + verbe – forme pronominale de sens passif	Expression de la durée : – *il y a* – *depuis*, etc.	– certitude / doute – possibilité / impossibilité – probabilité / improbabilité – discours rapporté au présent
Vocabulaire	– le sport – la télévision	– les faits divers (catastrophes, accidents, crimes et délits)	– l'architecture – description, organisation, fonction
Situations orales	– raconter les étapes d'une entreprise (tentative, échec ou réussite)	– raconter une suite de faits	– compréhension du journal parlé
Situations écrites	– présenter une organisation – compréhension d'opinions	– compréhension de faits divers – rédaction de nouvelles brèves	– compréhension et rédaction d'un texte à caractère informatif comportant des passages narratifs et descriptifs, des citations et des commentaires.
Civilisation	– les sports en France – problèmes des médias (objectivité de l'information, télévision et morale)	– les banlieues – panorama socio-économique de la France	– les « grands travaux » des années 80 et 90 à Paris – le rôle historique du général de Gaulle – Mai 1968
Prononciation	– jeux avec voyelles en position finale	– le son [y]	

▼ **Séquence A – Grammaire, p. 34 – 36 – 37**

■ **Contenus**

• **Grammaire** *La vision passive :* *– la forme passive* *– le passif sans complément* *– (se) faire + verbe à l'infinitif* *– la construction pronominale de sens passif* *(compréhension)* • **Civilisation** *– Le Grand Stade, sportifs célèbres*	• **Vocabulaire** *– le vocabulaire du sport* *– prévoir* • **Situations écrites** *– présenter une organisation* *– compréhension d'un texte d'opinion* • **Situation orale** *– raconter les étapes d'une entreprise (tentative, échec ou réussite)*

■ **Déroulement de la séquence**

• La séquence est consacrée à l'apprentissage des diverses formes que peut prendre la vision passive : forme passive, passif sans complément, *(se) faire* + verbe à l'infinitif, construction pronominale de sens passif (on ne travaillera cette dernière construction qu'en compréhension).

1. Pour extraire ces objectifs, on débutera la séquence par l'étude des titres de presse, p. 34.
2. On développera la présentation de la forme passive à partir du tableau p. 36. On poursuivra avec l'exercice 1 de la rubrique « Entraînez-vous » et par les exercices 1, 2, 3, p. 36, à mener collectivement.
3. Puis, à l'aide du tableau p. 37, on présentera les autres structures de sens passif. Ensuite on fera l'exercice 2 de la rubrique « Entraînez-vous ». Faire les exercices 4 et 5, p. 37, de façon collectivement. Terminer la séquence par l'exercice 3 de la rubrique « Entraînez-vous », p. 37.

■ **Découverte des documents A, p. 34**

• Lecture et compréhension des titres de presse. Faire identifier acteurs, actions et objets.

Acteurs	Actions	Objets
quatre architectes	construire	le Grand Stade

• **Expliquer** : *le stade* (illustration), *la coupe* (dessin), *le compatriote*.
prévu (p. passé de *prévoir*) = être fait pour…

• **Montrer la correspondance entre forme active et forme passive**. Utiliser le schéma ci-dessus.

Quatre architectes   construiront   le grand stade

Le Grand Stade   sera construit   par quatre architectes

▶ **Grammaire : La vision passive**

– Selon qu'on veut mettre en valeur l'acteur qui fait l'action ou l'objet qui la subit, on utilisera soit la forme active soit la forme passive.
– On se contentera, à ce stade, de travailler la construction pronominale de sens passif sur le plan de la compréhension.

Le Grand Stade de Saint-Denis. Il entrera en fonction en 1998 pour la coupe du monde de football dont la phase finale se déroulera en France. Ce sera le premier stade français de dimension internationale. La décision de sa construction avait déchaîné les rivalités entre diverses communes de la couronne parisienne et leurs représentants politiques. Chacune souhaitait bénéficier des importants fonds publics engagés pour les travaux et des futures retombées commerciales.

Tableau et exercices, p. 36

Tableau de la forme passive, p. 36.

Présenter les structures du tableau. Faire pratiquer, sous forme de micro-conversation, la transformation des formes actives en formes passives et inversement.
Varier l'emploi des temps. *Exemple* : A – La télévision diffuse la finale ? B – Oui, la finale est diffusée par la télévision. Utiliser l'exercice 1 de la rubrique « Entraînez-vous ». Pratiquer la forme négative.

Exercice 1, p. 36. Construction passive sans complément.

– Bilan du maire. Un nouveau stade a été construit. Des espaces verts ont été créés. Le boulevard périphérique a été aménagé. Le nombre des parkings a été augmenté. Et la bibliothèque a été transformée en grande médiathèque.
– Bilan de l'opposition. Oui, mais la chaîne de télévision locale n'a pas été développée. Le centre-ville n'a pas été rénové. Et les impôts n'ont pas été diminués.

Exercice 2, p. 36. Transformation passive.

– Le commentateur : … le premier quart d'heure *vient d'être joué* magnifiquement. Et voilà, un but *est marqué* par Moussa Saïd ! Et le public *est enthousiasmé* par ce premier but… Montpellier *sera battu* par Auxerre.
– Retour d'un séjour dans un club de vacances : … Nous *avons été* très bien *accueillis* par les organisateurs… J'*ai été logé(e)* dans un petit bungalow… Le programme *a été* parfaitement *respecté*… Les visites *ont été* très bien *commentées* par les guides.

Exercice 3, p. 36. Le passif dans la présentation des événements.

– Dans l'accident sur l'autoroute, 20 personnes ont été blessées.
– En 1996, la Bibliothèque de France a été inaugurée par le président de la République.

– Un vaccin contre l'hépatite A a été découvert en 1992.
– Une bijouterie du centre-ville a été cambriolée.

■ Tableau et exercices, p. 37

■ Tableau p. 37 : *(se) faire* + verbe – Construction pronominale de sens passif.

Présenter les constructions du tableau. Faire l'exercice 2 de la rubrique « Entraînez-vous ».

■ Exercice 4, p. 37. Emploi de *(se) faire* + verbe.

Exemple :
– Il doit se faire couper les cheveux, faire changer ses lunettes, se faire refaire le visage, se faire enlever les cicatrices, se faire raser la barbe et la moustache, se faire faire un faux passeport, se faire acheter d'autres habits, ne pas se faire remarquer, se faire oublier, etc.
– Je vais me faire servir par un domestique, me faire apporter du champagne, me faire conduire partout en taxi, me faire construire une maison par un architecte célèbre, me faire habiller par un grand couturier, me faire coiffer par un grand coiffeur, me faire épouser par un acteur, etc.

■ Exercice 5, p. 37. Construction pronominale à sens passif.

– On boit (les gens boivent) le champagne très frais. Le champagne doit être bu très frais.
– On achète (les gens achètent) les timbres à la poste ou dans les bureaux de tabac. Les timbres peuvent être achetés à la poste ou dans les bureaux de tabac.
– On entend les bruits de la fête ici.
– On vend (les commerçants vendent) beaucoup de téléphones sans fil.
– On voit la tour Montparnasse de très loin.
– Est-ce qu'on mange (peut manger) les langoustes avec les doigts ? (réponse : oui).

■ Entraînez-vous, p. 37

• Exercice 1. Transformation de la phrase active en phrase passive.
• Exercice 2. Utilisation de la construction *(se) faire* + verbe.
• Exercice 3. Emploi du pronom indirect de personne.

Transcription

1. Vous êtes allé(e) voir le match Lyon-Marseille. On vous interroge. Répondez comme dans l'exemple.
• Marseille a battu Lyon ? /...
– Oui, Lyon a été battu par Marseille.
• L'équipe de Marseille a dominé l'équipe de Lyon ? /...
– Oui, l'équipe de Lyon a été dominée par l'équipe de Marseille.
• Papin a marqué un but ? /...
– Oui, un but a été marqué par Papin.
• Le public a applaudi les joueurs de Marseille ? /...
– Oui, les joueurs de Marseille ont été applaudis par le public.
• Le public a applaudi les joueurs de Lyon ? /...
– Non, les joueurs de Lyon n'ont pas été applaudis par le public.

• Le match vous a intéressé(e) ? /...
– Oui, j'ai été intéressé(e) par le match.

2. Elle a changé et son logement aussi. On lui pose des questions. Imaginez les réponses.
• Tu as les cheveux courts ! ? /...
(NB : Toutes les questions expriment l'étonnement.)
– Oui je me suis fait couper les cheveux.
• La couleur de ton salon a changé ! ? Il a été repeint ? /...
– Oui, j'ai fait repeindre mon salon.
• Tu as une moquette neuve ! ? /...
– Oui, j'ai fait changer la moquette.
• Cette fenêtre est plus grande qu'avant ! ? /...
– Oui, j'ai fait agrandir cette fenêtre.

Transcription

3. Les pronoms indirects de personne. Frédéric et Marion se sont séparés. Une amie pose des questions à Frédéric. Répondez oui on non selon les instructions données dans le livre.

a. • Tu écris souvent à Marion ? / ...
– Non, je ne lui écris pas souvent.
b. • Tu téléphones souvent à Marion ? / ...
– Oui, je lui téléphone.
c. • Tu lui fais des cadeaux ? / ...

– Non, je ne lui fais pas de cadeaux.
d. • Tu lui envoies de l'argent pour les enfants ? / ...
– Oui, je lui envoie de l'argent.
e. • Les enfants te téléphonent souvent ? / ...
– Oui, ils me téléphonent souvent.
f. • Tu fais des cadeaux aux enfants ? / ...
– Oui, je leur fais des cadeaux.
g. • Et tu vois tes enfants assez souvent ? / ...
– Non, je ne les vois pas assez souvent.

▼ Séquence B – Vocabulaire, p. 34 – 38 – 39.

■ Contenus

• Vocabulaire – *sports et activités* – *victoire et défaite* – *qualités sportives* – *risques et précautions* – *le déroulement :* le début, se dérouler, successif **• Situation écrite** – *présenter une organisation*	**• Situation orale** – *raconter une entreprise (tentative, échec ou réussite)* **• Civilisation** – *Surya Bonaly* – *le sport en France* – *la vogue des nouveaux sports* **• Prononciation** – *jeux avec voyelles en position finale*

■ Déroulement de la séquence

• La séquence sera centrée sur le thème du sport. Mais seront aussi abordés l'itinéraire sportif (victoire ou défaite), les qualités sportives, ainsi que les risques encourus ou les précautions à prendre dans la pratique de certains sports.

1. On démarrera la séquence par la lecture de l'article B, p. 34, qui introduit en effet aux contenus de la séquence.
2. Puis faire les activités de la double page « Vocabulaire » dans l'ordre proposé par le livre.
3. Terminer la séquence par les exercices de prononciation, p. 39.

■ Découverte du document B, p. 36

• Lecture et compréhension : faire utiliser la grille suivante.

Date et lieu	Compétition	Résultats de S. Bonaly	Adversaires	Réaction de S. Bonaly
	Championnats d'Europe	4 victoires successives		
...	...	...	...	...

• **Mise en commun.** Explication des mots :
– *la larme* : dessin.
– *le patinage* : citer des champions (championnes), mimer.
– *la compétition sportive* : donner des exemples.
– *une épreuve* : En ski, il y a diverses épreuves : le ski de descente, le slalom, etc.
– *rater* = manquer ≠ réussir.
– *remporter une médaille* = gagner une médaille.
– *se dérouler* = se passer.
– *le début* ≠ la fin.
– *successif(ve)* : qui se suivent (sans rapport avec « succès »).

▨ Activités 1 et 2, p. 38

▨ Activité 1, p. 38. Victoires et défaites.

• Travail collectif au tableau.
• Relevé des mots exprimant les idées de victoire ou de défaite.

	Victoire	Défaite
Article	– quatre victoires – la réussite – remporter une médaille – réussir – vaincre – monter sur le podium – recevoir une médaille	– mauvais début d'année – un demi-échec – une occasion manquée – dominée par Oksana Baïul – rater l'épreuve – battue de quelques points – se contenter de la médaille d'argent – être sous-notée
Autres mots	– un succès – gagner	– échouer – perdre

• Propositions de titres : faire varier les sports.
→ – Trois défaites successives pour le PSG : inquiétude de l'entraîneur.
   – Championnat du monde de ski : Luc Alphand rate sa descente.
   Etc.

▨ Activité 2, p. 38. Qualités et activités sportives.

a. Lecture des statistiques. Explication des mots nouveaux.
• Conduire le commentaire sous la forme d'une animation de classe.
Les sports collectifs sont les moins pratiqués. À l'inverse, les sports individuels sont plus pratiqués. En effet, il est plus facile de les pratiquer quand on veut, où on veut. Il n'est pas nécessaire d'appartenir à une équipe, de suivre un entraînement régulier, de faire de longs déplacements. De nombreux sports (natation, cyclisme, jogging) sont pratiqués pour garder la forme, rester jeune. La randonnée à pied ou le ski de fond permettent de faire du sport et de découvrir la nature. Les sports d'hiver doivent leur succès aux vacances de neige. Le jeu de boules, la pêche et la chasse sont classés parmi les sports mais ce sont plutôt des activités de loisirs.

b. Sports et qualités.
• Expliquer le sens des mots du tableau. Répartir les sports par paires : faire mettre en relation sports et qualités.
• Mise en commun :→ Pour pratiquer la natation, il faut de la résistance, du souffle, de la force, etc.

c. Sports et activités.
- Animation de classe.
- Expliquer les mots du tableau.
- Mettre en relation sports et activités.
→ Lorsque l'on fait de la natation, on plonge dans l'eau et on nage. Etc.

d. Exercice d'écoute. À faire avec la cassette.
- Travail collectif.
- Traiter les cinq parties l'une après l'autre.
- Préparation de chaque écoute :
– écouter la question puis faire des hypothèses sur les conseils donnés ;
– expliquer les mots nouveaux : *prendre des précautions, le brouillard, crispé, risquer, une articulation, le poignet, la souplesse, le bon sens, violent, éviter.*
- Écoute globale : vérifier les hypothèses.
- Écoute fractionnée : remplir la grille **d**, p. 38.

Transcription

Écoutez. Un moniteur donne des conseils à des personnes qui n'ont pas fait de sport depuis longtemps. Pour chaque sport, notez les dangers et les précautions à prendre.

– Est-ce qu'il y a des précautions à prendre quand on fait de la marche ?

– Pas vraiment. Disons que quand on n'est pas entraîné, il faut commencer lentement. Il faut se reposer quand on est fatigué. Et il faut boire beaucoup, surtout quand il fait chaud. Sinon, vous pouvez avoir un malaise... Et bien sûr, si vous partez en montagne, il faut savoir que là-haut, le temps peut changer très vite. Vous pouvez avoir du froid et du brouillard. Alors, n'oubliez pas d'emporter toujours des vêtements chauds, de la nourriture, de l'eau, et bien sûr, une bonne carte.

– Et quand on fait du VTT ?

– Là, il y a deux risques. Le premier, c'est quand on est trop crispé, trop raide sur le vélo. Avec les chocs, vous risquez d'avoir des problèmes aux articulations des bras et des poignets. Alors faites des mouvements en souplesse ! Et le second risque, ben, c'est une affaire de bon sens. Si vous descendez comme des fous vous risquez de tomber... et ça peut être grave. Alors n'allez pas trop vite et portez toujours un casque !

– Et si on fait du ski ?

– C'est pareil ! Le risque, c'est la chute quand on va trop vite. Alors, contrôlez votre vitesse ! Et ne faites pas d'efforts violents au début ! Sinon, le deuxième jour, vous ne sentirez plus vos jambes. Pour éviter ça, vous pouvez faire un peu de jogging, pendant les quinze jours avant de partir au ski, ça aide.

– Et quand on fait de la planche à voile ?

– Là, je vous donnerai seulement un conseil. Ne dépassez pas vos possibilités techniques ! Le danger, c'est quand vous allez trop loin en mer et que vous n'êtes pas capable de revenir parce que le vent est contre vous. Alors, n'allez pas trop loin et n'allez jamais dans des endroits où il n'y a personne !

Activités 3 et 4 p. 39

Activité 3, p. 39. Sport et nature.

a. Lecture :
- Identifier le type de texte.
→ Présentation d'un centre de vacances, information et publicité.
- Trouver le sens des mots nouveaux :
→ *un parcours* = un itinéraire ; *l'audace* = le courage ; *au cœur de* = au milieu de ; *creuser* = faire un trou ; *réputé* = célèbre ; *goûter* = apprécier ; *la joie* = le plaisir ; *la spéléologie* = l'exploration des grottes souterraines ; *un hôtel de ville* = une mairie.

b. Réponses aux questions. Travail par paires.

■ **Activité 4, p. 39. Présenter un centre de vacances.**

• Travail collectif au tableau. Recherche d'idées. Élaboration d'un plan.

→ 1. Lieu – Situation – Description.

2. Activités (gratuites, payantes).

3. Curiosités touristiques (naturelles, culturelles, gastronomiques, etc.).

4. Conditions de séjour (logement, repas, assurance, encadrement, animation).

5. Saison – Durée des séjours – Prix.

6. Réservation : adresse et numéro de téléphone, de fax.

• Rédaction en petits groupes. Lecture des productions.

Sport et aventure. Les organismes ou centres de vacances ont compris les aspirations nouvelles du public : goût de l'aventure, besoin de nouveaux défis et d'émotions fortes. Aussi essaient-ils de proposer des formules d'aventures originales. C'est le cas du « Parcours d'audace » où sont associées spéléologie et escalade.

■ Prononciation, p. 39

• Exercice 1. Répétition d'un poème comportant des répétitions de consonnes (allitérations) et de voyelles (assonances).

Transcription	
1. **Écoutez et répétez cet extrait d'un poème de Jacques Charpentreau.** La réunion de famille /... Ma tante Agathe /... Vient des Carpates /... À quatre pattes /... Ma nièce Ada /... Vient de Java /...	À petits pas /... Oncle Firmin /... Vient de Pékin /... Sur les deux mains /... Mais tante Henriette /... Vient à la fête /... En bicyclette /...

• Exercice 2. Jeu poétique.

– Écrire l'exemple donné au tableau. Encadrer la rime. Souligner les assonances (1 fois) et les allitérations (2 fois).

– Rechercher collectivement des mots qui riment avec chaque prénom.

– Répartir les prénoms par paires. Faire composer les strophes. Lecture des poèmes.

– Variante : utiliser les prénoms francisés de la classe.

– Exemples :

Mon amie Patricia n'aime pas le cinéma mais adore l'opéra.	Ma cousine Sophie se passionne pour l'Italie et rêve d'aller en Mongolie.	Mon frère Arnaud n'aime pas les autos alors il prend le métro.

▼ Séquence C – Civilisation, p. 35 – 40 – 41

■ Contenus

• **Civilisation**	• **Situations écrites**
– *sport et médias*	– *compréhension d'un texte d'opinion*
– *télévision et morale*	– *construire un argumentaire*
– *télévision et information*	
– *émissions de télévision célèbres*	

• **Vocabulaire**	• **Situations orales**
– médiatisés, affronter, « craquer »	– *critiquer une émission*
– la responsabilité	– *justifier une proposition*
– indulgent	

▪ Déroulement de la séquence

• La séquence traite essentiellement des problèmes liés à la télévision. Les contenus de la double page « Civilisation », p. 40-41, étant assez indépendants des documents d'introduction p. 35, on pourra choisir de commencer par l'une ou l'autre partie. On traitera la double page « Civilisation » en suivant l'ordre des activités proposées par le livre.

▪ Découverte des documents C, p. 35

1. Article « Sport et médias », p. 35.
• **Lecture et compréhension** : faire identifier les deux sujets abordés :
→ **a.** L'échec des sportifs français dans les grandes épreuves très médiatisées,
   b. La responsabilité des médias dans l'échec des champions français.

• **Expliquer** :
– *médiatiser* = diffuser dans les médias.
– *la responsabilité* (n.) ← responsable (adj.). Le conducteur allait trop vite. Il est responsable de l'accident.
– *indulgent* (adj.) ≠ dur. Il faut être indulgent avec les bêtises des enfants.
– *affronter* = faire face à, résister à.
– *craquer* (fam.) : Elle est très fatiguée et elle a des problèmes. Elle a craqué et a pleuré.

• **Vérifier la compréhension des détails.**
– Donner des exemples des échecs français dans les grandes épreuves internationales.
– Expliquer la part de responsabilité des médias dans ces échecs.
– Comparer avec la situation dans le pays des étudiants.
– Mini-débat : À votre avis, les médias sont-ils seuls responsables ?

2. Illustrations, p. 35.
• **Sportifs et médias.** Quand les journalistes rencontrent-ils ces sportifs ? À quelles occasions ? Dans quel but ? Dans quels journaux, ou dans quelles émissions télévisées parlent-ils d'eux ?

• **Questionnaire préparatoire à une interview. Travail par paires.**
Vous êtes journalistes. Imaginez le questionnaire préparatoire à l'interview de l'un de ces sportifs. Utilisez le vocabulaire de la victoire, de la défaite, etc.

▪ Activité 1, p. 40 • Dangers et excès de la télévision

• Lecture et compréhension du texte d'opinion « Peut-on tout dire… ? », p. 40.

a. Faire rechercher les émissions critiquées.
→ **1.** Les émissions montrant des scènes de violence (chercher des exemples).
   2. Les reality-shows (ex. : *Perdu de vue).*
   3. Les émissions satiriques qui exagèrent (ex : *Les Guignols de l'info*).
• Expliquer les mots : *l'excès, le meurtre, la torture, la victime, immoral, satirique, la manipulation.*
• Pourquoi sont-elles critiquées ?
   1. Les scènes de violence : → mauvaise influence sur les jeunes, les jeunes imitent les personnages, ils confondent fiction et réalité.

2. Les reality-shows : → émission dans laquelle les invités exposent leurs problèmes personnels. Les gens croient devenir des stars, les gens sont victimes de la télévision.

3. Les émissions satiriques : → on exagère, on déforme la réalité (manipulation d'images).

• Faire relever les mots et expressions indiquant que Mme M. D. :

– critique la télévision : → *mauvaise influence, pauvres gens*, etc.

– est indignée → *mais jusqu'où va-t-elle aller ?* etc.

b. Travail de groupe. Puis mise en commun.

• Chaque groupe choisit une émission très critiquée (du texte ou du pays des étudiants) puis recherche les arguments favorables et défavorables à celle-ci.

• Montrer qu'on peut avoir des points de vue différents (public cultivé, public populaire, producteur, directeur de chaîne, publicitaires, etc.).

• Faire utiliser un tableau. *Exemple* : scènes de violence à la télévision.

Arguments favorables	Arguments défavorables
– Les gens sont adultes et responsables. Ils sont donc libres de choisir. – Les gens aiment vivre des émotions fortes. – La télévision répond aux besoins des gens. – Avec ces émissions, le taux d'audience augmente, donc les recettes financières aussi. Etc.	– Influence négative sur les jeunes. – La violence devient chose banale et acceptable. – La télévision perd son rôle éducatif en proposant des exemples négatifs. – Les jeunes s'identifient à des héros négatifs. – Manque d'imagination, pauvreté culturelle. Etc.

■ Tableau et activité 2, p. 41

■ **Tableau, p. 41. « L'information ».**

Introduire le vocabulaire en donnant des exemples d'émissions du pays des étudiants.

Comparer des émissions, des journaux connus des étudiants, des livres pour caractériser l'information.

■ **Activité 2, p. 41. La télévision et l'information.**

a. Répartir la lecture des articles par petits groupes. Faire dégager pour chaque article :

– l'information principale sous forme de résumé ;

– le problème posé.

• Mise en commun. Discussion collective.

Article	Résumé (information principale)	Problème posé
E.D.J. 10-08-95	Les journalistes utilisent parfois des moyens énormes pour obtenir une information futile.	Le journaliste doit-il chercher à informer ou à plaire par une curiosité médiocre ou malsaine.
L'Express 03-11-94	Bruno Masure, présentateur populaire, fait le clown en présentant le journal télévisé.	Le rôle du présentateur du journal est-il de faire le clown ? Doit-il faire oublier les mauvaises nouvelles ? Empêcher les gens de réfléchir ?
Télérama 01-02-95	Les jeunes préfèrent *Envoyé spécial* au journal télévisé qu'ils jugent superficiel.	Information sérieuse ou information superficielle ?
M. Tournier *La Fureur de lire* *la presse* 17-09-92	Le journal imprimé propose une information plus complète, plus sérieuse que la télévision.	Faut-il renoncer à la presse écrite ?

b. Discussion collective : comparer avec la situation du pays des étudiants.

c. Imaginer l'organisation de l'information d'une chaîne de télévision.

1. Travail collectif de recherche d'idées :

– Types d'émissions : journal télévisé, flash, magazine d'actualité, magazine débat, documentaire, reportage, enquête.

– Sujets traités : politique, économie, société, art, culture, sport, etc.

– Heure, durée : heure de grande/faible écoute.

– Forme : animateur(trice), présence d'invités (spécialistes, gens ordinaires, personnes du monde du spectacle, etc.), participation des téléspectateurs, etc.

– Publics visés : grand public, enfants, gens âgés, femmes, gens cultivés, sportifs, etc.

– Ton de l'émission : sérieux/amusant.

2. Travail de groupe : rédaction du programme « Information ».

3. Présentation des propositions et débat collectif.

• Chaque équipe devra essayer de justifier son programme face aux critiques de la chaîne adverse.

→ Ce sujet (n') intéressera (pas)... parce que...

Cette émission (ne) passionnera (pas)... parce que...

Cela (ne) plaira (pas)... parce que...

Ce type d'émission (n') aura (pas de) du succès...

Ce magazine va ennuyer... parce que...

Ce magazine est trop long... trop superficiel... pas assez sérieux.

Les gens seront déçus parce que...

La télévision en question. La programmation des chaînes de télévision de ces dernières années est très marquée par le souci de réaliser un bon score d'audience, les recettes publicitaires y étant liées. Aussi les chaînes ont-elles souvent cédé à une certaine facilité pour séduire le plus grand nombre (humour parfois vulgaire, reality-show, films à succès mais souvent reprogrammés). Les émissions originales ou à caractère informatif étant placées en dernière partie de soirée.
D'une manière générale, les Français sont peu satisfaits des programmes de leur télévision qui est un sujet de débats permanent.

• Canal + est une chaîne cryptée, privée comme TF1. France 2 et France 3 sont des chaînes publiques, généralistes comme Arte et La Cinquième. Ces deux dernières se consacrent respectivement à la culture et à l'éducation.

• Télérama est un magazine de télévision. Il s'efforce de lier actualité et culture. Il essaie aussi d'éduquer l'esprit critique de ses lecteurs.

• Mac Gyver : célèbre série américaine. Le héros est un aventurier et un bricoleur de génie.

• Le reality-show est une émission qui met en scène des faits réels. Les promoteurs de ces émission vont chercher l'extraordinaire et les émotions fortes, non plus dans la fiction, mais chez les gens ordinaires. Ces derniers viennent sur le plateau raconter leur surprenante histoire (Bas les masques), montrer leur angoisse après la disparition d'un membre de leur famille ou manifester leur joie et pleurer à l'heure des retrouvailles (Perdu de vue).

• Envoyé spécial : magazine d'actualité. Les sujets choisis sont souvent marqués par le souci de créer la surprise, mais ils sont mieux traités qu'à l'heure du journal télévisé.

• Les journaux télévisés des diverses chaînes se ressemblent. Ils reprennent en général les gros titres de la presse du jour. Les sujets présentés, peu nombreux, sont souvent illustrés par des commentaires de personnalité ou par les réactions des gens de la rue. Cependant, certaines chaînes s'efforcent parfois de présenter

une analyse plus approfondie. Certains sujets à sensation (guerre, catastrophe, attentat, crime, etc.) reviennent quotidiennement et donnent parfois aux journaux une allure de feuilleton télévisé.

• **La Marche du siècle** : *magazine proposant des débats sérieux, courtois et ouverts autour de faits de société ou d'actualité. L'émission fait intervenir des hommes politiques, mais aussi des spécialistes des domaines abordés. Un exemple d'émission d'information destinée au grand public.*

• **7 sur 7.** *Chaque dimanche soir, Anne Sinclair invite une personnalité politique qui peut alors expliquer sa position et commenter un résumé de l'actualité de la semaine.*

• **Le mythe du présentateur.** *Le présentateur est une figure familière et populaire. Son image, son sourire et sa voix sont attendus tous les soirs. Ce sont des garanties de stabilité et de sécurité dans un monde mouvant ou en crise. Toutefois, sa position est fragile. Rien ne doit ternir cette image rassurante. La moindre erreur, la moindre faute étalée dans la presse, peut déstabiliser une émission et ruiner le prestige de plusieurs années.*

4 Corrigés du cahier d'exercices

1. Exploits.

a.

	1	2	3	4
Information sur l'auteur de l'exploit	P. Frey – Français – accompagné d'un Bochiman (indigène)	A. Robert – Français – alpiniste passionné par les gratte-ciel	G. Dance – Français	Henry – célèbre funambule
Type de sport ou d'activité	la marche	l'escalade	l'ULM	l'acrobatie
Lieu de l'exploit	désert du Kalahari – entre le Botswana et l'Afrique du Sud –	tour Gan, à Paris	tour Eiffel à Paris	au bord d'une falaise de 600 m – Rogaland, Norvège
Caractéristiques de l'exploit	1 200 km dans le désert – sans eau – sans nourriture	escalade de 42 étages – accueilli par la police – conduit au commissariat	passer sous le premier étage de la tour Eiffel en volant	par temps de brouillard : équilibre sur pieds arrière d'une chaise, en équilibre sur 2 verres posés sur une autre chaise

b. Texte 1 : Il faut avoir de la résistance. Il ne faut pas avoir peur de la solitude et être patient.

Texte 2 : Il ne faut pas avoir le vertige. Il faut avoir le sens de l'équilibre, avoir de bons réflexes, être adroit et précis.

Texte 3 : Il faut avoir une bonne vue, ne pas être nerveux, avoir de bons réflexes.

Texte 4 : Il ne faut pas avoir le vertige. Il faut avoir le sens de l'équilibre. Il ne faut pas être nerveux. On doit être très précis et adroit.

2. Réussites et échecs.

a. … Enfant, quand il jouait avec ses copains, il *perdait* toujours… cette équipe était toujours *battue*… Pourtant, il n'a jamais *réussi* au bacca-lauréat. Il a *essayé* trois fois de le passer mais *il a* toujours *échoué* – À 18 ans, il a *tenté* plusieurs fois… Mais il n'a jamais réussi à *vaincre* sa timidité… Il a *gagné* le gros lot.

b. tenter → une tentative

réussir → la réussite, le succès

gagner → la victoire

vaincre → la victoire

battre → la victoire

échouer → l'échec

perdre→ la défaite

3. Sport japonais.

a. rendre fou, perturber : *affoler* – préparation sportive : *entraînement* – exercices physiques qu'on fait juste avant la compétition : *échauffe-ment* – attaque : *assaut*.

b. qualités du sumotori : être lourd, souple, puissant, rapide, agile, adroit, résistant.

c. Règles de vie du sumotori : suivre un régime pour prendre du poids – suivre un entraînement quotidien dès 5 heures du matin – vivre en communauté dans des locaux non chauffés.

4. Sports, actions, objets.

a. vélo (un vélo, casque) – **b.** haltérophilie (poids) – **c.** tennis (balle, raquette) – **d.** ski (skis) – **e.** escalade (corde) – **f.** basket ball (ballon) – **g.** pêche (canne).

5. Forme passive.

a. La pièce est jouée par M.-A. Chazel et C. Célarié – Elle a été écrite par N. Simon. La mise en scène a été réalisée par B. Murat.

b. Combien de fois la pièce a-t-elle été jouée ? – Est-ce que les actrices ont été applaudies ? Est-ce que la pièce a été appréciée par la critique ?

6. Mise en valeur par la forme passive.

« Oui, nous avons été battus par Marseille. J'ai été handicapé par ma blessure. Les spectateurs ont été déçus par le match. J'ai été déçu moi aussi par ce match. Vous savez, nous avons été entraînés par Lambertini. Il n'est pas beaucoup apprécié par l'équipe. Il a été nommé par le président du club. Mais ça va changer. L'an prochain, le président actuel du club ne sera pas réélu. L'entraîneur sera changé par le nou-veau président. »

7. L'accord du participe passé.

a. … *a été construite* par l'architecte Pei.

b. … *ont été peintes* par Picasso.

c. … *a été découverte* par M. Curie.

d. … *a été mise au point* par les Américains Morris et Salom.

e. … *a été faite* par Barnard.

f. … *a été détruite* par les Romains.

g. … *ont été écrites* par E. A. Poe.

h. … *a été inventée* par Gutemberg.

8. Faire + infinitif.

a. • Il a fait changer le moteur, il a fait repeindre la carrosserie, il a fait refaire l'inté-rieur.

• Nous faisons réparer la toiture, nous faisons agrandir le salon, nous faisons construire une chambre supplémentaire.

b. • Elle s'est fait donner des explications par un ami. Elle s'est fait prêter un petit guide par cet ami.

• Nous nous sommes fait comprendre par gestes. Nous nous sommes fait traduire les panneaux par les Chinois.

9. Verbes pronominaux de sens passif.

… Le vent se lève ! La fenêtre se ferme brus-quement ! La pendule s'arrête. La table se déplace ! Les verres se cassent ! Le tableau se décroche et tombe par terre. La lumière s'éteint. Et le feu s'allume tout seul !

10. Commentaires sur une émission de télévision.

a. C'est une émission de France 2, réalisée par P. Nahon et B. Benyamin. Elle présente des reportages où l'on traite des sujets politiques ou d'actualité.

b. *bénéficier* : jouir – *une célébrité* : une renommée – *progressivement* : au fur et à mesure – *tromper* : abuser – *rester* : demeurer – *une nouvelle sensationnelle* : un scoop – *délicat* : sensible – *inutile* : vain.

c. Une émission appréciée : la meilleure émission – l'émission a 6 ans – elle a une réputation inégalée – l'émission enregistre de très belles audiences (6 millions de spectateurs) – elle demeure le magazine d'information le plus connu.

d. Critiques adressées à l'émission : c'est un magazine trop noir, trop sombre – Certains sont déçus par le manque d'originalité ou de scoops – D'autres l'accusent de ne pas être objective.

11. Opinions sur une nouvelle émission.

a. 1. Le document est extrait d'un programme de télévision. **2.** Il fournit les jugements (négatifs ou positifs) de certains téléspectateurs sur une nouvelle émission de télévision intitulée « Échos de stars ». **3.** Le magazine a obtenu ces informations par enquête téléphonique.

b. 1. « Échos de stars » est une émission présentée par TF1, le samedi, en fin d'après-midi. C'est une émission animée par B. Montiel. Elle propose des reportages sur la vie des stars.

b. 2.

	Appréciations positives	Appréciations négatives
Verbes – participes passés – expressions verbales	j'*adore*… j'ai beaucoup *aimé*… je m'*intéresse beaucoup*… l'émission *se laisse regarder*… (appréciation peu positive)	très *déçue* (décevoir)… je n'ai *rien appris* (apprendre)… Mieux *vaudrait aller* au cinéma…
Adjectifs – adverbes	*agréable* détente	rien de *passionnant*… pas très *palpitant*… *malheureusement*, le reportage était très *court*… je suis *furieuse*… *abrutissant*…
Noms – expressions avec un nom	le bon moment	très « *cartes postales* » (trop de lieux, pas assez de personnes) – *sans réel intérêt – pseudo-émission – une émission sans intérêt* – c'est *du pareil au même*…

12. Exercice ouvert.

UNITÉ 2   Leçon 5

▼ Séquence A – Grammaire, p. 42 – 44 – 45

■ Contenus

• **Grammaire** – *l'expression de la durée dans le récit*	• **Vocabulaire** – *la tension sociale* – *à l'intention de, décourager*
• **Civilisation** – *l'immigration* – *la France, pays pluri-ethnique* – *incidents en banlieue*	• **Situations orales** – *raconter une suite de faits* – *s'informer sur la durée des événements*

■ Déroulement de la séquence

• La séquence est centrée sur l'expression de la durée dans le récit.

1. Afin de fractionner les difficultés (vocabulaire de la tension sociale, introduction de l'expression de la durée) rencontrées dans le premier document A, p. 42 (« Incidents »), on présentera d'abord l'expression de la durée à partir du tableau p. 44. Puis on utilisera l'exercice 1 de la rubrique « Entraînez-vous », p. 45.

2. Ensuite, on passera à l'étude des deux documents A, p. 42 (« Incidents », « Historique »). Ils serviront l'un et l'autre de support au deux parties de l'exercice 1, p. 44.

3. Faire la suite des exercices 2, 3, 4, p. 44 – 45.

4. Terminer la séquence par les exercices de fixation 2 et 3 de la partie « Entraînez-vous ».

■ Tableau de grammaire, p. 44 • L'expression de la durée

• Introduire l'expression de la durée en suivant les trois étapes du tableau.

• Employer les schémas. Après chaque phase de présentation, faire réemployer les constructions sous forme de micro-conversation. Utiliser des repères chronologiques connus des élèves (histoire du pays, événements marquants, scolarité des étudiants, etc.). Faire pratiquer le questionnaire sur la durée.

→ **A.** Depuis quand es-tu inscrit(e) au cours de français ?

    B. Je suis inscrit(e) depuis…

• Faire l'exercice 1, de la rubrique « Entraînez-vous ».

▇ Découverte des documents A, p. 42 • Exercice 1, p. 44

▇ Incidents, p. 42.

• Lecture et compréhension :

Identifier les situations : Qui parle à qui ? De qui, de quoi, d'où ?

Expliquer :

– *la tension* : La tension est grande entre ces deux pays. Il y a un risque de guerre.

– *la bagarre* : Jeff cherche toujours à se battre. Il aime la bagarre (mimes).

– *le renfort* : Cette année notre équipe est plus forte. Nous avons eu le renfort de deux joueurs étrangers.

– *incendier* (v.) ← un incendie (n.) = mettre le feu.

– *détruire* : Une bombe a explosé (dessin). L'explosion a détruit le magasin.

– *exploser* : Avec le chômage et la pauvreté, tout peut exploser → une explosion sociale.

– *C.R.S* : Compagnies républicaine de sécurité.

• **Faire relever les expressions indiquant la durée** → *il y a cinq ans environ*, etc.

▇ Historique, p 42.

• Lecture et compréhension : donner l'information principale correspondant à chaque paragraphe.

• Expliquer : *à l'intention de* = pour ; *décourager* = faire perdre courage, déprimer.

La France et l'immigration. La faiblesse démographique a toujours été à l'origine de l'immigration. La première grande vague d'immigration (Belges et Italiens) est liée au développement industriel de la deuxième moitié du XIXᵉ siècle.

Après la Première Guerre mondiale, la France accuse un grave déficit démographique. Pour reconstruire les régions du Nord et de l'Est, on fait appel à de nombreux étrangers. Ils vont travailler dans les mines, le bâtiment et les chantiers (Polonais, Italiens, Espagnols). D'autres s'installent en France pour des raisons politiques (Arméniens, Russes, Espagnols).

Après la Seconde Guerre mondiale (1939-1945), la reconstruction nécessite une nouvelle vague d'immigration (Espagnols, Polonais, Africains du Nord).

Le boom économique des années 1960-1970 provoque un nouvel appel de main-d'œuvre étrangère. Mais cette fois, ce sont surtout des gens originaires d'anciennes colonies qui arrivent massivement (Africains du Nord, Africains, Asiatiques).

Aujourd'hui, la France est devenue un pays pluri-ethnique. Elle compte 3,6 millions d'étrangers. Les précédentes vagues d'immigration ont été intégrées et naturalisées. La montée du chômage, celle de la délinquance, la concentration d'immigrés dans certaines banlieues provoquent des sentiments de peur, voire de xénophobie, chez un nombre important de Français (40 % d'après un sondage de 1995).

▇ Exercice 1, p. 44. Succession d'événements.

• Travail collectif.

a. Le 25 mai 1991 dans la journée : organisation d'une fête à la patinoire.

" dans la soirée : arrivée d'une bande de jeunes. Bagarre à l'entrée.

" un peu plus tard : arrivée de la police.

" peu après : renfort de jeunes.

" quelques heures après : le Val-Fourré transformé en champ de bataille.

Bilan : 2 morts, voitures incendiées, magasins détruits.

b. – Il y a 35 ans que cette banlieue a été construite.
   – Cela fait 20 ans qu'il y a des immigrés.
   – Les gens des classes moyennes sont restés ici pendant 15 ans.
   – Ils sont partis vers 1975.
   – Nous avons des problèmes d'insécurité depuis 4 ans.

Exercices 2, 3 et 4, p. 44 – 45

Exercice 2, p. 44-45. Poser des questions sur la durée. Répondre.

a. – Il y a 4 jours que Julien est en Grèce.
   – Ça fait un jour qu'il est à Thèbes.
   – Il était à Athènes depuis deux jours.
   – Ça fera un jour que le télégramme est arrivé, quand il le trouvera.

b. – À quelle date est-il arrivé à Athènes ?
   – Combien de temps est-il resté à Athènes ?
   – Jusqu'à quand restera-t-il à Thèbes ?
   – Dans combien de temps repartira-t-il en France ?

Exercice 3, p. 45. Chronologies.

a. Préparation des chronologies : proposer un exemple collectivement puis continuer par paires. Faire choisir deux rôles différents dans chaque paire.

• Le cosmonaute :
08/03/86 : Départ de la Terre.
09/03/86 : Arrivée sur la Lune.
09 au 19/03/86 : Séjour sur la Lune.
20/03/86 : Retour sur la Terre.
1992-1994 : Entraînement aux États-Unis.
1996 : Départ pour Mars.

• La bûcheuse :
1993 : baccalauréat.
1993-1997 : Études de Lettres – Agrégation.
1997-1999 : Sciences politiques à Paris.
1999-2000 : Conseillère du ministre des Finances.
2002 : Premier ministre.

b. Travail par paires. À tour de rôle, chaque étudiant se présente à travers le personnage choisi puis répond aux questions de son voisin. On pourra faire un exemple collectif et écrire au tableau les diverses formes de questions à utiliser (questions sur la date, sur la durée).

Exercice 4, p. 45. Nostalgique ou progressiste.

• Travail en petit groupe. Mise en commun.
Avant de démarrer le travail, faire trouver quelques exemples collectivement.
Rappeler les mots et expressions pour situer dans le passé, ainsi que les temps à employer.

Le nostalgique		La progressiste	
avant autrefois il y a 100 ans dans le passé dans les années 50 pendant l'Antiquité à l'époque des Romains au Moyen Âge	+ imparfait	demain bientôt dans 10 ans dans l'avenir dans le futur en l'an 2000 au XXIᵉ siècle	+ futur

■ Entraînez-vous, p. 45

- Exercice 1. Comprendre et répondre aux questions relatives à la durée.
- Exercice 2. Réemploi du pronom *en,* pronom de quantité.
- Exercice 3. Réemploi du pronom *en,* pronom de quantité.

Transcription

1. Lisez dans le livre le début de votre curriculum vitae. Répondez.
- Quand avez-vous eu votre diplôme professionnel ? /...
– En mai 1994.
- Qu'est-ce que vous avez fait ensuite ? /...
– J'ai fait un séjour en Chine.
- Pendant combien de temps êtes-vous resté(e) en Chine ? /...
– Pendant deux mois.
- Et après, au bout de combien de temps avez-vous trouvé du travail ? /...
– Au bout d'un mois.
- Jusqu'à quand êtes-vous resté(e) dans la société EXPORTEX ? /...
– Jusqu'en décembre 1994.
- En mars 1996, vous avez été engagé(e) par l'entreprise TRANSTEC à Paris. Depuis quand étiez-vous en France ? /...
– Depuis le 1er janvier 1995.
- Depuis combien de temps cherchiez-vous du travail ? /...
– Depuis 3 mois. Avant j'étudiais le français.

2. Le pronom en. Elle est curieuse. Elle s'intéresse à tout. Répondez pour elle.
- Vous lisez les journaux français ? /...
– Oui, j'en lis.

- Vous écoutez des disques de musique classique ? /...
– Oui, j'en écoute.
- Vous faites de la musique ? /...
– Oui, j'en fais.
- Vous allez voir des expositions ? /...
– Oui, je vais en voir.
- Vous allez écouter des concerts ? /...
– Oui, je vais en écouter.
- Vous avez lu des romans de Balzac ? /...
– Oui, j'en ai lu.
- Vous avez écouté des symphonies de Mozart ? /...
– Oui, j'en ai écouté.

3. Le pronom en. Elle est difficile. Elle n'aime rien. Répondez pour elle.
- Vous voulez un morceau de gâteau ? /...
– Non merci, je n'en veux pas.
- Vous en avez déjà pris un ? /...
– Non, je n'en ai pas pris.
- Vous ne mangez jamais de gâteau ? /...
– Non, je n'en mange jamais.
- Vous avez pris du fromage au moins ? /...
– Non, je n'en ai pas pris.
- Et du rôti ? Est-ce que vous avez mangé du rôti ? /...
– Non, je n'en ai pas mangé.
- Mais alors, vous n'avez rien mangé ? /...
– Non, je n'ai rien mangé.

▼ Séquence B – Vocabulaire, p. 43 – 46 – 47

■ Contenus

- **Vocabulaire**
- *les faits divers* (catastrophes, accidents, crimes et délits)
- le témoignage, le délinquant, la mobylette, la moitié
- rejeter, provoquer, frapper, avoir l'occasion de...

- **Prononciation**
- *le son* [y]

- **Civilisation**
- *témoignages de banlieues*
- *Miss France*

- **Situations écrites**
- *compréhension de faits divers*
- *rédaction de nouvelles brèves*

- **Situation orale**
- *raconter un fait divers*

▥ Déroulement de la séquence

• L'objectif principal de la leçon sera constitué par l'appropriation du vocabulaire des faits divers. On traitera d'abord les documents B et C, p. 43, qui constitueront une conclusion au problème des banlieues et serviront d'introduction à la double page sur les faits divers.

▥ Découverte des documents B et C, p. 43

• **Lecture et compréhension des témoignages**, p. 43. Faire identifier les aspects positifs, les aspects négatifs (problèmes) qui apparaissent dans ces témoignages. Quelles sont les solutions envisagées ? Utiliser la grille.

Témoignage	Aspects positifs	Aspects négatifs (problèmes)	Solutions envisagées
Rachid	Intégration de la moitié des jeunes	La délinquance. L'insécurité.	Faire un gros effort pour aider les jeunes en échec scolaire et sans travail.

• **Expliquer les mots :**
– *le témoignage* : Il a vu l'accident. Il dit ce qu'il a vu. C'est son témoignage.
– *le délinquant* : Le jeune délinquant a volé une voiture.
– *la mobylette* = très petite moto.
– *la moitié* = 1/2.
– *rejeter* : Personne ne lui parle. Il se sent rejeté.
– *frapper* = battre.
– *provoquer* (v.) → la provocation : Dans les westerns, il y a souvent des scènes de provocations (mimes) qui sont suivies de bagarres.
– *avoir l'occasion de* = pouvoir. J'ai eu l'occasion de (j'ai pu) parler au ministre.
• **Utilisation des illustrations, p. 43.**
– Imaginer le témoignage de l'animatrice qui s'occupe des enfants.
– Commenter l'illustration présentant la bande de jeunes (origine, problèmes, espoirs et craintes) et le décor de banlieue (peinture murale, tag, destruction ou art contestataire ?). Si ces jeunes sont rejetés que vont-ils faire ? → Devenir délinquants, voler, faire des agressions, etc.

▥ Tableau, p. 46 • Les faits divers

À l'aide de faits divers connus des élèves, de petits dessins au tableau ou d'images extraites de magazines, présenter les faits divers : les événements et leurs conséquences. Introduire les questions permettant de s'informer d'un événement, les verbes indiquant qu'un événement a eu lieu.

▥ Activités 1, 2, 3 et 4, p. 46 – 47

▥ **Activité 1, p. 46-47. Nouvelles brèves.**

a. Lecture des nouvelles brèves.
• Traiter le premier exemple collectivement.

• Répartir les nouvelles par groupes. Faire remplir le tableau. Utiliser le dictionnaire pour comprendre les mots inconnus.
• Rédiger un titre pour les nouvelles lues.

b. Mise en commun au tableau. Comparaison des titres proposés.

Activité 2, p. 47. Faits divers. Exercice d'écoute. Utiliser la cassette.

• Travail collectif.
• Écoute globale : faire correspondre les documents sonores avec les photos des pages 46 et 47. Identifier le type de chaque document.
• Écoute fractionnée : faire écouter chaque document en utilisant la grille suivante au tableau. Écrire les noms propres au tableau.
• Expliquer : *le pêcheur, une importation.*

Événement	Lieu	Acteur(s)	Causes	Conséquences

c. Répartir la rédaction des nouvelles brèves par groupes. Utiliser les mots du tableau et les illustrations. Lecture des productions.

Transcription

Observez les photos p. 46-47 et écoutez les quatre documents. Faites correspondre les documents sonores et les photos.

1. La nouvelle Miss France est de la région de Bordeaux.
L'élection de Miss France 1995 a eu lieu hier soir en direct à la télévision. La plus belle Française de l'année s'appelle Mélody Vilbert. Elle a 18 ans et elle est lycéenne. Cent mille téléspectateurs ont voté pour elle.

2. J'étais à la manifestation des pêcheurs bretons, hier à Rennes. Vous savez, il faut nous comprendre. Le gouvernement ne contrôle pas les importations de poissons et nous, nous ne pouvons plus vivre. Vous trouvez ça normal, vous, de travailler pendant 15 jours et de ne pas gagner un centime ? Alors, que voulez-vous, nous sommes en colère.
Et hier, à la fin de la manifestation, certains pêcheurs sont allés mettre le feu au Parlement de Rennes. C'est le palais de justice. Je ne suis pas d'accord avec ce qu'ils ont fait parce que c'était un beau bâtiment du XVIIe siècle. Mais je les comprends.

3. – Où habitez-vous madame Barre ?
– J'habite à Aigues-Mortes. C'est un village, pas loin de Montpellier.
• Vous avez gagné 59 millions de francs au Loto. Vous jouez beaucoup ?
– Oh non, je prends juste un billet chaque semaine. Mais chaque fois je fais un numéro différent. Et cette fois, c'était le bon numéro.
• Et qu'est-ce que ça vous fait d'avoir gagné 59 millions ?
– Ah ben je suis contente, évidemment. Mais vous savez, j'ai 82 ans, qu'est-ce que vous voulez que j'en fasse de 59 millions ? Ce sera pour mon fils et ma belle-fille.

4. J'étais là quand ils ont démoli les grands immeubles du quartier des Minguettes. Tout s'est passé en 10 secondes. En 10 secondes, tous les immeubles sont tombés. Mais il faut pas le regretter. Dans cette banlieue de Lyon, la vie était devenue insupportable.

Activité 3, p. 47. Jeux de rôles.

• Travail par paires ou par trois.
• Choisir un fait divers de la page 46.
• Faire la liste des personnages participant à la scène.

- Imaginer une courte scène dialoguée.
- Mise en commun : jouer la scène devant la classe.

■ **Exercice 4, p. 47. Raconter.**

Activité d'expression libre. À faire si les étudiants ont un fait divers intéressant à raconter.

■ Prononciation, p. 47

- Exercice 1. Discrimination auditive des sons [y], [i], [u].
- Exercice 2. Discrimination sonore des sons [y], [i], [u].

1. Écoutez ces courtes phrases. Chacune se termine par un mot d'une syllabe. Écrivez ce mot dans le tableau du livre.	2. Répétez ces phrases.
C'est quelle rue ? /...	As-tu vu ? /...
Est-ce qu'elle rit ? /...	Tous les Zébus d'Afrique /...
Je n'ai pas su /...	As-tu entendu ? /...
Il n'a pas un sou /...	Au clair de lune /...
Il fait doux /...	Les musiques du Mozambique ? /...
Qu'est-ce qu'il dit ? /...	Alors, ne dis plus /...
Que fais-tu ? /...	« J'ai tout vécu. Je suis déçu » /...
Je fais tout /...	Car toute minute est unique /...

Transcription

▼ Séquence C – Civilisation, p. 48 – 49

■ Contenus

• **Civilisation**	• **Vocabulaire**
– *la France à deux vitesses*	– *l'argent*
– *les différences de revenus*	– *l'expression de la variation*
– *le chômage, l'exclusion*	– *le chômage*
– *SMIC et RMI*	– *expressions d'époque de crise*

■ Déroulement de la séquence

- La double page « Civilisation » (p. 48-49) aborde les questions des différences de revenus, du chômage et de l'exclusion. Elle complète donc le panorama des problèmes sociaux présentés lors des deux séquences précédentes, consacrées aux difficultés des banlieues.

Les documents B et C ont été traités conjointement en séquence B. On passera donc directement à l'étude de la double page « Civilisation ». Faire les activités dans l'ordre proposé.

■ Activités 1, 2, 3, 4 et 5, p. 48 – 49

■ **Activité 1, p. 48-49. Les différences de revenus.**

– Introduction : « Sur une population totale de 56 millions d'habitants... des situations professionnelles et financières très différentes ».

– Premier paragraphe : « Depuis 1960,... les différences entre les revenus sont importantes ».

– Second paragraphe : « Dix pour cent des salariés... D'autres vingt fois plus ».

a. • Lire l'introduction, dégager les informations chiffrées : population, population active.
• Faire lire les deux premiers paragraphes : leur trouver un titre.
    1. → L'amélioration du niveau de vie.
    2. → De grandes différences de revenus.
• Relevé collectif du vocabulaire relatif à l'argent. Écrire au tableau.

Noms	Verbes	Adjectifs
la richesse – le pouvoir d'achat – le niveau de vie – le propriétaire – le revenu – le salarié – le SMIC – la somme – un impôt – le salaire	consommer – profiter à – toucher – gagner – percevoir – payer	financier

• Faire le relevé du vocabulaire lié à l'idée de variation.

Noms	Verbes	Adjectifs
une augmentation – une différence – la moyenne	augmenter – améliorer – dépendre de	égal – important – considérable

b. • Travail collectif : faire la liste des causes de différences entre les revenus.
Écrire au tableau → profession, position dans l'entreprise, secteur d'activité, sexe, compétences professionnelles.
• Discussion collective : ces différences vous paraissent-elles justifiées, acceptables ?
Faire utiliser l'expression de l'accord, du désaccord. Faire justifier.
→ Je suis d'accord, c'est normal, je trouve ça normal, c'est justifié parce que…
→ Je ne suis pas d'accord, c'est anormal, c'est injustifié, c'est inacceptable, on ne peut pas accepter cela parce que…

c. Discussion collective : comparer la situation des revenus en France avec celle dans le pays des étudiants. Utiliser l'expression de la comparaison, de l'opposition, de l'étonnement.
→ C'est comme chez nous. Nous avons la même situation. C'est pareil chez nous, etc.
→ C'est différent chez nous. Chez nous, il y a une grande différence.
→ C'est curieux que + subj, c'est surprenant que + subj.

Les salaires en France (salaires mensuels nets).

• *Secteur public*
– *Agent de service : 5 800 F*
– *Policier : 10 000 F*
– *Enseignant : 12 000 F*
– *Cadre administratif : 15 000 F*

• *Secteur privé*
– *Employé : 7 000 F*
– *Ouvrier qualifié : 8 000 F*
– *Technicien : 11 000 F*
– *Cadre supérieur : 20 000 F*

• *SMIC : Salaire minimum interprofessionnel de croissance, égal à environ 6 000 F.*
Une personne ne peut être engagée et rémunérée en dessous de ce salaire.

▦ **Exercice 2, p. 49. Les situations difficiles.**

– Le dernier paragraphe : « Mais les transformations économiques… (environ 2 500 F) ».
• Lecture du dernier paragraphe : lui donner un titre :
   3. → Chômage et exclusion.
a. Travail collectif : relevé du vocabulaire de l'argent, de l'idée de variation.
– Argent → le problème financier, une indemnité, le RMI.
        → subventionner.
– Idée de variation → la transformation, diminuer, proportionnel.

b. Relevé collectif des situations professionnelles et financières difficiles.
Les écrire au tableau.
→ – 10 % de salariés ne touchent que le SMIC (6 000 F / mois), etc.
   – 7 millions de personnes ont un emploi menacé.
   – 3 millions sont au chômage.
   – 2 millions ont le RMI (2500 F / mois).

> **Le RMI** *(revenu minimum d'insertion) est une allocation accordée à certaines personnes démunies qui acceptent de s'engager dans des activités leur permettant de se réinsérer dans la vie sociale.*

• Travail de groupe. Faire imaginer les réactions ou pensées possibles dans ces situations. Mise en commun.

▦ **Exercice 3, p. 49. Situations financières et professionnelles.**

• Il s'agit de faire le portrait financier et professionnel des personnes évoquées par la phrase indice.
• Faire un exemple collectivement avant de faire travailler les étudiants en petits groupes. Puis mise en commun
→ Il achète sa voiture à crédit : Il est ouvrier. Il ne gagne que 8 000 F par mois. Il a acheté une voiture neuve. Il paie déjà un loyer de 1 500 F par mois. Alors pour payer sa voiture, il a pris un crédit.

> • **L'ANPE** *est l'Agence nationale pour l'emploi. Les chômeurs doivent s'inscrire à l'ANPE pour obtenir une allocation de chômage. L'ANPE aide les demandeurs d'emploi à se former et à retrouver un emploi.*
> • **Le Secours populaire** *est une organisation caritative qui vient en aide aux plus défavorisés. L'Armée du salut, le Secours catholique, les Restaurants du cœur poursuivent les mêmes objectifs de soutien et de solidarité avec les exclus.*

▦ **Exercice 4, p. 49. Le chômage.**

• Après avoir étudié les solutions proposées en petits groupes, on organisera un débat collectif. Chaque groupe présentera les solutions jugées les plus efficaces pour lutter contre le chômage en les justifiant.

> *Le débat* : le rôle de l'animateur. Pour bien conduire le débat, le professeur doit se limiter à être un animateur et un informateur. Il doit éviter de révéler son opinion : certains étudiants risqueraient de s'aligner sur ses positions, tuant ainsi la dynamique du débat. Le rôle de l'animateur est de solliciter la participation de tous, de distribuer la parole, de limiter les temps de parole, de veiller à la correction, de calmer les excès, de relancer le débat, de faire expliquer et approfondir et de favoriser la confrontation des idées.

■ **Exercice 5, p. 49. Nouvelles expressions.**

On donnera le sens premier des expressions à expliquer. Puis on organisera une discussion collective. Les étudiants devront expliquer pourquoi ces expressions reflètent un état de la société française.

• *Les deux France et la crise.*

La crise économique dure depuis 30 ans. Le chômage continue à augmenter régulièrement. Et aucun gouvernement, de droite ou de gauche, n'a réussi à inverser durablement la tendance. Les expressions « une France à deux vitesses », « la fracture sociale », « l'exclusion » reflètent l'état d'une société, riche et développée, qui ne parvient plus à intégrer tous ses membres, qui laisse se développer misère et pauvreté.

• *Certains hommes politiques et sociologues craignent de voir se former deux France opposées.*

L'une riche, dynamique (les secteurs de pointe par exemple) ou protégée (les fonctionnaires bénéficient d'un emploi garanti), s'opposerait à une France précaire (les salariés menacés, les chômeurs, les Rmistes). Lorsqu'on parle de fracture sociale, on fait allusion à cette situation.

L'expression « une France à deux vitesses » a un sens voisin, mais elle signifie aussi qu'il y a en France des régions plus dynamiques (région parisienne par exemple) que d'autres (le Limousin par exemple). Une France moderne et une France arriérée. Les exclus sont tous ceux que la société a rejetés, n'a pas pu intégrer : les chômeurs (sans travail), les sans-abri (sans logement), les S.D.F (sans domicile fixe) – nouvelle appellation du « clochard » – , certains jeunes (sans formation, en échec scolaire). Les gouvernements successifs se mobilisent pour lutter contre les diverses formes d'exclusion ou d'oubli.

5 Corrigés du cahier d'exercices

1. Événement.

a. Il *se passe* toujours quelque chose d'intéressant... le défilé du 14 juillet *a lieu* chaque année. De grandes manifestations et des commémorations *se déroulent* régulièrement...

Dans ces cas-là, il *se produit* de grands embouteillages. Il *arrive* aussi que ces manifestations soient très originales... un événement qui *s'est déroulé* en 1992.

b. *le curieux* : Qu'est-ce qui s'est passé ? Qu'est-ce qui est arrivé ?

la victime : Qu'est-ce qui m'arrive ? Que se passe-t-il ?

l'agent de police : Qu'est-ce qui vous arrive ? Ça ne va pas ?

la dame : Qu'est-ce qui ne va pas ? Est-ce qu'il est blessé ? Vous avez appelé un médecin ? Est-ce qu'il a besoin d'aide ?

2. Délits et délinquants.

2. un attentat (une terroriste) – 3. un incendie (un pyromane) – 4. un crime (une criminelle) – 5. de l'espionnage (une espionne) – 6. un cambriolage (un cambrioleur) – 7. un enlèvement (une kidnappeuse).

3. Constructions/Destructions – Dégradations/ Réparations.

a. ... Les bombardements *ont détruit* des quartiers. Les bombes *ont* aussi *endommagé* des monuments célèbres... il a donc fallu *réparer* les dégâts... et *reconstruire* des quartiers... C'est l'époque où on *a construit* de grands ensembles... On *a démoli* des vieilles maisons... On *a rénové* les bâtiments intéressants... Les façades des monuments étaient *abîmées*... On les a *restaurées*.

b.

ce qui a été endommagé	vocabulaire de la dégradation
– le magasin d'un caviste – des poubelles – un fast-food (Quick) : vitres, tables et chaises – vitres blindées d'une banque – nouveau restaurant « Chez Prosper » – le boulevard Louis-Blanc : feux de circulation – vitrines	éventrer – embraser – briser – jeter dans un bra-sier – partir en étoiles (se briser) – être la proie des flammes – abattre – la désolation

4. Suffixes indiquant l'acteur et l'action.

acteur / actrice	action (verbe)	action (nom)
constructeur / constructrice	construire	la construction
destructeur / destructrice	détruire	la destruction
réparateur / réparatrice	réparer	la réparation
animateur / animatrice	animer	une animation
créateur / créatrice	créer	la création
présentateur / présentatrice	présenter	la présentation
organisateur / organisatrice	organiser	une organisation
restaurateur / restauratrice	restaurer	la restauration
acteur / actrice	agir	une action

5. Situation dans le temps.

• … né *en* 1978, *le* 15 février, *à* 10 heures

• Nous prenons nos vacances *en* juillet et *en* août. Nous allons à Valras-Plage *du* 14 juillet *au* 31 août.

• *Au* mois d'août, nous partons *en* Espagne.

• … mais je ne sais plus *en* quelle année ça s'est passé. C'était *le* 22 septembre, *à* la fin de l'été.

6. Chronologie et durée.

Septembre 93 : début du stage à la banque.
Noël 93 : rencontre avec Caroline.
Mars 94 : fin du stage à la banque, début du service militaire.
Mars 95 : fin du service militaire, reprise de l'emploi à la banque.
Juillet 95 : démission de la banque, chômage.
Janvier 96 : fin du chômage, nouveau poste chez Elf Aquitaine au Koweït.
Noël 96 : voyage en France.
Fin décembre 96 : retour au Koweït.

Fin mars 97 : fin du contrat de travail au Koweït, retour en France.

7. Expression de la durée dans le futur.

P. : *Dans* quatre jours… *Pour* quinze jours… *Jusqu'au* 31 août… *Au bout de* quinze jours, j'en ai assez… visiter la ville *en* trois jours… J'y reste *jusqu'à* la fin de mon séjour…

8. Demander des informations sur le moment et la durée.

• **Questions à la grand-mère :**

– En quelle année avez-vous été condamnée ?

– Depuis combien de temps êtes-vous en prison ?

– Combien de temps devez-vous encore rester en prison ?

– Quand avez-vous commencé à aller dans les hôtels et les restaurants sans payer ? Pendant combien de temps avez-vous fait ça ?

• **Questions à l'homme de la cabine :**

– À quelle heure êtes-vous entré dans la cabine ?

– Combien de temps êtes-vous resté enfermé dans la cabine ?

– Qu'avez-vous fait pendant tout ce temps ? (Comment avez-vous passé le temps ?)

9. Sens de « en ».

• Pronom : 4-9

• Précision sur le moment : 8-10

• Précision sur la durée : 3

• Indication de lieu : 1

• Indication de matière : 12

• Indication sur le moyen : 2

• Précision sur la manière d'être et de faire : 5-6-7-11

10. Récit au passé : événements / circonstances.

a.

	Événements (principaux passés)	Circonstances des événements principaux États passés	État présent
1	Les pompiers ont réussi à éteindre le feu	le feu qui consumait une mine de charbon depuis un siècle La mine perdait 300 000 tonnes de charbon par an	La mine couvre près de 6 km²
2	– un jeune charpentier a avalé sa brosse à dents – il est quand même parti travailler – il n'a subi une opération que le lendemain – il a avalé l'objet…	il était pris d'une quinte de toux l'adolescent mâchonnait sa brosse à dents	
3	– un randonneur a été grièvement blessé – il a été emporté par une coulée – son compagnon s'est porté à son secours…	le randonneur se trouvait à une altitude de 2 000 m	

b. **Slogan d'amour.** Gérard Dufès, 35 ans, employé dans une imprimerie, a le goût de la surprise.

Pour fêter l'anniversaire de son mariage avec sa femme Annie, il a fait faire cinquante grandes affiches. Il a fait coller ces affiches dans toute la ville. Sur chaque affiche on pouvait lire : « Annie, je t'aime. »

Farce patriotique. Un pilote d'avion amateur a survolé le défilé du 14 juillet hier matin. Le petit avion volait à 50 m d'altitude. Il a jeté de la peinture bleue, blanche et rouge sur la foule qui a été saisie d'un mouvement de panique. Le pilote perturbateur a été arrêté par la police. L'homme était fier de son exploit.

11. Récit : succession d'événements.

a. • *1991* : sans abri

• *Novembre 1991* : ouvrier plombier – réparation chez un vieux chimiste.

Découverte d'un savon « révolutionnaire ».

• *Début 1993* : commercialisation du produit « révolutionnaire ».

• *1995* : entreprise prospère : 39 employés

– Importante clientèle : compagnie belge d'aviation, grandes firmes automobiles et de nettoyage.

– Projets d'implantation aux États-Unis, en Grande-Bretagne, Afrique et Asie.

b. **Exercice ouvert.**

▼ **Séquence d'introduction et de lancement projet – Étapes 1, 2 et 3, p. 50 – 51**

▮ Contenus

• **Vocabulaire** – le moniteur, la trace, le verdict, l'émerveillement – confirmer, authentifier, émerger, révéler, il s'agit de, composer • **Situation orale** – *le journal parlé à la radio*	• **Situation écrite** – *compréhension d'un article de journal (narration, description, discours rapporté, opinions)* • **Civilisation** – *la grotte Cosquer*

▮ Déroulement du projet

• L'unité 2 est constituée de deux leçons de découverte (leçons 4 et 5) qui débouchent sur une leçon projet (leçon 6). La double page d'introduction de cette leçon ne comporte plus de parties A-B-C mais suit un déroulement linéaire. Elle permet de lancer le projet de réalisation en groupe d'un journal d'information ou d'un journal parlé à la radio.

• Les acquisitions faites lors des leçons 4 et 5 ainsi que celles qui s'effectueront avec les parties « Grammaire », « Vocabulaire » et « Civilisation » de la leçon 6, convergeront toutes vers la réalisation du projet Journal.

• La réalisation du projet Journal se fera en quatre étapes successives.
– p. 50 Étape 1 : choix collectif du type de journal.
– p. 50 Étape 2 : choix des rubriques et des sujets. Constitution des équipes. Plan du journal.
– p. 51 Étape 3 : recherche de la documentation et des idées.
– p. 57 Étape 4 : rédaction des articles. Présentation du journal écrit ou parlé.

▮ Activités de la page 50

• Introduction au projet p. 50.
Mobiliser l'attention des étudiants. « Dans la leçon 6, vous devenez des journalistes. Vous allez imaginer un journal d'information ou un journal parlé à la radio. [Le choix importe peu, puisque le journal parlé nécessite aussi une préparation écrite avant d'être lu]. Tout le travail que nous allons faire vous permettra de réaliser ce journal. »

■ **Étape 1 du projet, p. 50.**

• Recherche collective des types de journaux possibles.
• Compléter la liste avec les suggestions du livre.
• Choisir collectivement le type de journal retenu.

■ **Commentaire des illustrations, p. 50.**

• Première illustration : faire la liste des tâches du journaliste.
• Seconde illustration : « Que fait-on lors d'une conférence de rédaction ? »

■ **Activité 1, p. 50. Découverte des rubriques et des sujets d'un journal.**

a. Travail de groupe : apparier rubriques et sujets. Imaginer d'autres sujets pour chaque rubrique.

b. Exercice d'écoute. Utiliser la cassette. Découverte d'un journal parlé.
• Écoute globale. Identifier qui parle et le sujet traité.
(1) Le présentateur annonce les titres.
(2) Le présentateur développe le premier sujet (tremblement de terre en Alsace).
(3) La correspondante du journal, en Alsace, prend la parole.
(4) La correspondante interviewe une personne.

• Écoute fractionnée des titres. Noter chaque information apportée.
• Réécoute globale du sujet développé, le faire résumer en quelques lignes.

Le sommet des pays francophones se déroule tous les deux ans. Le dernier a eu lieu en Afrique à Cotonou au Bénin en 1995. Il rassemble tous les chefs d'État d'une cinquantaine de pays francophones ou partiellement francophones. Ce sommet a pour but de promouvoir l'utilisation du français dans le monde et de développer entre les pays présents, la coopération linguistique, culturelle, scientifique et technique.

Transcription

Écoutez le début d'un bulletin d'information à la radio.

– Il est 19 heures. Voici les titres de notre journal.
La terre a tremblé ce matin très tôt en Alsace. Pas de victimes. Seulement quelques vitres cassées mais une belle peur pour les habitants de la région.
Le président de la République en voyage en Afrique. Il participera aujourd'hui et demain au sommet des pays francophones.
Après trois journées de discussion, les députés doivent adopter aujourd'hui les nouvelles mesures pour l'emploi proposées par le gouvernement.
Enfin, l'invité de ce journal : le metteur en scène argentin Alfredo Arias. Sa nouvelle pièce triomphe en ce moment au théâtre des Champs-Élysées.

Tout le monde se pose la question : est-ce que ça va recommencer ?
Ce matin vers 3 heures la terre a tremblé pendant quelques secondes dans l'est de la France. Dans la région de Strasbourg, les murs ont bougé et les gens, réveillés par le tremblement de terre, se sont mis aux fenêtres ou sont sortis dans la rue. À Strasbourg, notre correspondante Hélène Larrivière.
– Eh bien oui, Michel, on peut dire que les gens d'ici sont assez effrayés. Les commissariats de police ont reçu de nombreux appels de personnes qui se demandent ce qui s'est passé exactement et si ça peut recommencer. J'ai à côté de moi une habitante de la banlieue de Strasbourg. Comment avez-vous compris qu'il se passait quelque chose ?
– J'ai un chien. Alors, tout à coup, il a commencé à aboyer. Et puis j'ai vu que c'était mon lit qui bougeait. Alors, je me suis dis je rêve ou quoi ? En même temps mon mari, il a allumé la lumière. C'était 3 h 20. Et alors, on avait une petite statue dans la chambre et elle est tombée.
– Vous avez eu peur ?
– Oh oui, oui.

■ **Étape 2 du projet, p. 50.**

• Choisir collectivement les rubriques du journal. Les écrire au tableau.
• Confier chaque rubrique à une petite équipe.

• Chaque équipe recherche des sujets d'articles pour sa rubrique, puis les répartit.
• En grand groupe, organisation du plan du journal.

Découverte de l'organisation d'un article, p. 51

a. Travail collectif : lecture du titre et du sous-titre.
Écrire titre et sous-titre au tableau. Noter les informations qu'ils donnent et les questions que le lecteur se pose. L'article doit y répondre.
• Expliquer : *authentique, confirmer.*

b. Répartir les quatre tâches par équipe. Puis mise en commun.
• Expliquer : *le moniteur, la trace, l'émerveillement, émerger, révéler, rendre un verdict, composer, il s'agit de.*
Lors de la mise en commun, il s'agira de montrer aux étudiants comment, dans un article de journal, peuvent se mêler le récit (raconter un événement), la description (ici, d'un lieu), le discours rapporté (citations de personnes interviewées, témoignages), l'expression des opinions (doute ou certitude par exemple).

Étape 3 du projet, p. 51.

Pendant les séquences suivantes, les étudiants rassembleront la documentation nécessaire pour écrire leurs articles.

▼ Séquence Grammaire, p. 52 – 53

Contenus

• **Grammaire** – *présenter un fait :* . *certitude / doute* . *possibilité / impossibilité* . *probabilité / improbabilité*	• **Rapporter des paroles et des écrits au présent**

Déroulement de la séquence

Suivre l'organisation du livre.

Tableau, p. 52. Exercices 1 et 2, p. 52 – 53

Tableau, p. 52. « Présenter un fait ».

• Présenter les constructions en quatre temps selon le plan du tableau. Faire pratiquer les quatre points sous forme de micro-conversation à propos de questions d'actualité connues des étudiants. *Exemple* : **a.** On va réussir à construire l'Europe ; **b.** Je suis sûr(e) qu'on réussira à… ; **c.** Je ne suis pas sûr(e) qu'on réussisse…
• Faire l'exercice 1 de la rubrique « Entraînez-vous » p. 53.

■ **Exercice 1, p. 52. Indicatif ou subjonctif.**

a. – Il est peu probable que les gens restent calmes.
– Il est certain que les syndicats organiseront des grèves.
– Il est possible que le pays soit désorganisé.
– Il est probable que le gouvernement démissionnera.
– Il n'est pas certain qu'un nouveau Premier ministre soit nommé.

b. Exercice ouvert. *Exemple* :
– Il est peu probable que le chômage diminue. Etc.

c. Exercice ouvert. *Exemples* :
– Il est certain qu'il aura un accident. Etc.
– Il est peu probable qu'elle devienne médecin. Etc.
– Il n'est pas sûr qu'il revienne. Etc.

■ **Exercice 2, p. 53. Opinions sur le futur.**

a. Travail de groupe. Puis mise en commun.
• Faire utiliser l'expression du doute / de la certitude, de la possibilité / impossibilité, de la probabilité / improbabilité. Faire justifier les positions.

b. Faire la liste des domaines au tableau. Les répartir par groupes. Chaque groupe imagine des prévisions pour le domaine attribué. Mise en commun.

▐ Tableau, p. 53 • Exercice 3, p. 53

■ **Tableau, p. 53. « Rapporter des paroles ou des écrits au présent ».**

• Présenter les formes du tableau. Insister sur les transformations (ordre des mots, *si, ce que,* ponctuation).
• Faire pratiquer quelques transformations à partir d'une situation. *Exemple* : Elle s'informe à l'office du tourisme.
« Est-ce que vous avez un plan de la ville ? » → Elle demande s'ils ont… Etc.
• Vérifier la compréhension des verbes introducteurs du discours rapporté.
« Allons au cinéma ! » → Il lui propose d'aller au cinéma. Etc.

■ **Exercice 3, p. 53. Discours rapporté.**

Travail par paires puis mise en commun.

a. – Le maire *annonce* que la commune va construire un parking de 3000 places sous le jardin botanique.
– Un conseiller de l'opposition *demande* où il trouvera l'argent nécessaire.
– Le maire *répond* que la commune fera un emprunt.
– Le conseiller de l'opposition *propose* alors de confier la construction et la gestion du parking à une société privée.

b. – Un conseiller écologiste *interdit* qu'on touche aux arbres du jardin.
– Le maire le *rassure*. Il *affirme* que le jardin restera intact.
– Le conseiller écologiste *veut savoir* comment il fera.
– Le maire *explique* alors que le parking sera à 6 mètres au-dessous du sol.

▐ Entraînez-vous, p. 53

• Exercice 1. Emploi des modalités : doute / certitude, possibilité / impossibilité, probabilité / improbabilité.

1. Pierre et Marie font des projets d'avenir. Transformez comme dans l'exemple.

• On restera à Paris ? Tu en es sûr ? / ...
– Oui, je suis sûr qu'on restera à Paris.
• Tu n'iras pas travailler à l'étranger ? C'est exclu ? / ...
– Oui, il est exclu que j'aille travailler à l'étranger.
• Et tu auras bientôt une augmentation ? C'est possible ? / ...
– Oui, il est possible que j'aie bientôt une augmentation.
• Alors on pourra louer un appartement plus grand ? C'est probable ? / ...
– Oui, il est probable qu'on pourra louer un appartement plus grand.
• Mais on ne pourra pas acheter un appartement ? Tu en es sûre ? / ...
– Non, je ne suis pas sûre qu'on puisse acheter un appartement.

2. Le pronom y. Sylvie part en voyage. Son amie l'interroge.
a. Répondez « oui ».
• Tu vas en Inde ? / ...

– Oui, j'y vais.
• Tu t'arrêteras quelques jours en Égypte ? / ...
– Oui, je m'y arrêterai.
• Tu penseras à m'envoyer une carte postale du Caire ? / ...
– Oui, j'y penserai.
• Tu resteras combien de temps en Inde ? / ...
– J'y resterai un mois.

b. Répondez « non ».
• Tu vas dans le sud de l'Inde ? / ...
– Non, je n'y vais pas.
• Tu es déjà allée en Inde ? / ...
– Non, je n'y suis jamais allée.
• Tu t'habitueras à la cuisine indienne ? / ...
– Non, je ne m'y habituerai pas. Elle est trop épicée pour moi.
• Tu penseras à ton travail quand tu seras en Inde ? / ...
– Non, je n'y penserai pas.

▼ Séquence Vocabulaire, p. 54 – 55 (projet)

■ Contenus

• **Vocabulaire** – *description, organisation, fonction* – inaugurer, être à l'origine de – le septennat • **Situation écrite** – *décrire un édifice à vocation culturelle*	• **Situation orale** – *compréhension de la présentation d'un édifice* • **Civilisation** – *la Bibliothèque de France* – *le musée d'Orsay* – *la Cité des Sciences et de l'Industrie*

■ Déroulement de la séquence

• Dans cette double page, on approfondira un autre aspect mis en évidence lors de l'étude de l'article de la page 51 : la description (description, organisation, fonction).
Faire les exercices en suivant l'ordre proposé par le livre.

■ Tableaux, p. 55 • Exercices 1, 2, 3 et 4, p. 55

■ **Exercice 1, p. 54 – 55. Lecture rapide.**

• Lecture puis mise en commun au tableau : faire repérer les aspects traités ou non traités. Utiliser la grille suivante.

	Description extérieure	Fonction	Organisation intérieure
BIBLIOTHÈQUE DE FRANCE	Non	Non	Non
MUSÉE D'ORSAY	Oui	+ ou −	Oui
CITÉ DES SCIENCES ET DE L'INDUSTRIE	Non	Oui	Non

• Expliquer : *inaugurer, être à l'origine de, le septennat.*

■ **Tableau « Pour décrire ». Exercice 2, p. 55.**

• Tableau.

Réviser la localisation dans l'espace (voir p. 179). Introduire les verbes descriptifs.

• Exercice 2.

a. – Le musée du Louvre *se trouve* au bord de la Seine.

– La tour Montparnasse *domine* tout Paris.

– La ville de Carcassonne *est entourée* de remparts.

– Le pont Mirabeau *traverse* la Seine.

– Le parc de la Villette *s'étend* sur plusieurs hectares.

b. Travail collectif au tableau : rédaction d'une brève description de la Bibliothèque de France. Utiliser les indications de l'illustration, p. 54.

■ **Tableau « Pour parler de la fonction ». Exercice 3, p. 55.**

• Tableau.

Rappeler ou introduire le vocabulaire. Paraphraser une construction :

→ Le magnétoscope *sert à* enregistrer des émissions, etc.

Proposer aux étudiants de présenter les cinq inventions originales du célèbre professeur Tournesol en variant le vocabulaire de la fonction. *Exemples* :

→ Le régimax, c'est une pilule qui *permet de* perdre 10 Kg en une semaine. Etc.

• Exercice 3.

a. • L'ANPE *permet aux* chômeurs de trouver du travail.

• L'Office du tourisme *permet aux* touristes d'avoir des renseignements pratiques.

• Le Minitel *sert à* trouver un numéro de téléphone. Il *est aussi utile pour* faire des réservations.

b. Exercice d'écoute. Utiliser la cassette. Travail collectif de compréhension.

On travaillera les deux commentaires l'un après l'autre de la façon suivante :

– Écoute globale : identifier les grandes fonctions de l'institution.

– Écoute fractionnée : identifier, pour chaque fonction, les services proposés.

– Expliquer les mots ou expressions : *en priorité, la projection, uniquement.*

Manet (1832-1883) : *peintre français. Son tableau* Le Déjeuner sur l'herbe *fit scandale. Il est à l'origine des grandes tendances de la peinture moderne (Gauguin, Matisse, fauvisme).*

Monet (1840-1926) : *peintre impressionniste français. Son tableau* Impression soleil levant *a donné son nom au mouvement impressionniste.*

Renoir (1841-1919) : *peintre français. Il fait partie des fondateurs de l'impressionnisme.*

• Travail par paires : rédiger les informations notées. Lecture des productions.

Transcription

Écoutez. Un guide des monuments parisiens vous parle de la fonction de la Bibliothèque de France et du musée d'Orsay.
Notez les informations et rédigez-les.
• La Bibliothèque de France a trois rôles.
D'abord, elle s'adresse en priorité aux chercheurs. Elle leur permet de consulter tous les livres qui ont été publiés en France depuis le Moyen Âge, tous les livres qui ont été conservés. Ça fait 12 millions de livres et de documents.
Ensuite, son deuxième rôle, c'est de proposer au grand public, à des gens comme vous et moi, plus de 400 000 livres en libre service. En libre service, ça veut dire que vous vous promenez dans la bibliothèque ; vous choisissez le livre qui vous intéresse ; vous allez le lire à une table ; puis vous en choisissez un autre, etc.

Et enfin, la Bibliothèque de France a aussi une fonction d'animation culturelle. Sur des thèmes particuliers, selon l'actualité, elle organise des conférences, des expositions, des projections de films ou des spectacles.
• Le musée d'Orsay a une fonction particulière. Il présente surtout des œuvres françaises et uniquement des œuvres de la deuxième moitié du XIXᵉ siècle. C'est parce que la production française de cette époque est très riche, en particulier avec l'Impressionnisme... Alors vous y verrez les tableaux de Manet, de Renoir, de Monet, tous les peintres célèbres de la fin du XIXᵉ siècle.
Et puis, le musée d'Orsay fait aussi des animations culturelles. On y organise des conférences, des expositions sur des artistes. Et beaucoup d'animations pour les élèves des écoles, pour les étudiants...
Son rôle pédagogique est très important.

■ Tableau « Décrire une organisation » • Exercice 4, p. 55

• Tableau. Introduire le vocabulaire.

• Exercice 4.
a.
– La France *comporte* 22 régions.
– L'Italie *fait partie* de l'Union européenne.
• Le salon de Marie *comprend* de très beaux meubles.

b. Exercice d'écoute. Utiliser la cassette. Travail collectif de compréhension.
– Écoute globale : identifier les cinq grands services.
– Écoute fractionnée : noter des informations relatives à chaque service, au tableau.
– Expliquer les mots : *stocker, récent, un secteur, la consultation.*
– Travail par paires : rédiger les informations notées. Lecture des productions.

Transcription

Écoutez. Un responsable de la Bibliothèque de France vous parle de l'organisation de ce bâtiment.
Notez les informations demandées dans le livre.
La Bibliothèque de France comprend cinq grands services.
Le premier, c'est le service de conservation des livres. Les livres sont stockés dans deux endroits. Les livres anciens sont dans les sous-sols. Les livres plus récents sont dans les onze étages supérieurs des tours.
Ensuite, il y a l'administration. Tous les bureaux occupent les sept premiers étages des tours.
Après, il y a le service des chercheurs. Il est dans le bâtiment rectangulaire au rez-de-chaussée tout autour du jardin. Il compte quatre secteurs : littérature,

sciences, droit et économie, et histoire. Il comprend une salle de consultation des fichiers, des grandes salles de lecture et des petites salles individuelles. Ce service peut recevoir 2 000 chercheurs. La consultation des fichiers est informatisée et beaucoup de livres peuvent être lus sur écran.
Ensuite, il y a le service « grand public ». Il est situé au-dessus du service des chercheurs, au premier étage du bâtiment rectangulaire. Il peut recevoir 1600 lecteurs.
Enfin, il y a le service « animation » avec des salles de conférences, des salles de projection et d'exposition, des boutiques. Il est situé au premier étage et au sous-sol.

▼ Séquence Civilisation – Étape 4 du projet, p. 56 – 57 – 58

■ Contenus

• **Civilisation**	• **Situation orale**
– *le général de Gaulle*	– *présenter un bulletin d'information*
– *périodes de l'histoire de France*	• **Vocabulaire**
– *la Seconde Guerre mondiale (39-45)*	– *grèves et révoltes.*
– *la Résistance*	– accorder, désapprouver, menacer, avoir
– *la guerre d'Algérie (54-62)*	l'intention de, mettre en garde
– *Mai 68*	– la confiance, la stabilité, la dictature, la
• **Situation écrite**	fusion
– *rédaction d'un article de presse*	– davantage

■ Déroulement de la séquence

• L'objectif de la séquence est double :

– présenter une période de l'histoire de France contemporaine, dominée par la figure du général de Gaulle.

– faire maîtriser les moyens utiles pour rédiger le récit d'un événement (la quatrième dimension mise en évidence lors de l'étude de l'article, p. 51) afin que les étudiants puissent rédiger leur article (étape 4 du projet).

1. On commencera par la lecture du tableau des événements p. 56. Il permettra de comprendre plus facilement l'article « Le général de Gaulle rappelé au pouvoir », p. 56. Cet article servira de support à l'exercice 1, p. 56.

2. Enchaîner avec l'activité 2. Commenter d'abord les photos, affiches et titres de presse p. 57. Introduire par la même occasion le vocabulaire du tableau « Grèves et révoltes », p. 56. Faire l'exercice d'écoute 2b, p. 56.

3. Passer à l'étape 4 du projet, p. 57 : rédaction d'un article. Présentation du journal.

■ Tableau des événements. Article. Exercice 1, p. 56

■ Tableau des événements.

Situer la Deuxième Guerre mondiale dans le temps. Expliquer le rôle joué par de Gaulle dans l'organisation de la Résistance, dans la fin de la guerre d'Algérie.

En 1940, la France est vaincue par l'Allemagne. De Gaulle refuse l'armistice. Il part pour Londres d'où il lance l'appel à la résistance du 18 juin 1940. Après avoir dirigé la Résistance française, il arrive au pouvoir en 1944 et démissionne en 1946. Après son retour au pouvoir en 1958, de Gaulle mettra fin à la guerre d'Algérie. Il démissionnera en 1969, après son échec au référendum sur la « régionalisation ».

■ Exercice 1. Lecture de l'article « De Gaulle rappelé au pouvoir », p. 56.

• Lecture de l'article et exercice 1a.

– Expliquer : *accorder, désapprouver, menacer, mettre en garde, confiance, dictature.*

• Exercice 1 : travail collectif au tableau.

a. 39-45 : Défaite de la France – Occupation allemande – Résistance.

45-46 : Gouvernement provisoire du général de Gaulle.

46-58 : Période de crises ministérielles.

54 → Début de la guerre d'Algérie.

1er juin 58 : confiance accordée par l'Assemblée nationale au général de Gaulle.

2 juin 58 : vote des pleins pouvoirs à de Gaulle.

Après le 2 juin 58 : vote d'une nouvelle constitution.

62 : fin de la guerre d'Algérie.

b. Causes du rappel de De Gaulle.

– Crises ministérielles.

– Guerre d'Algérie.

– Stabilité de l'État menacée.

c. Informations qui montrent que la situation est grave :

– Les pleins pouvoirs sont votés.

– Risque de dictature.

▓ Documents p. 57. Tableau de vocabulaire. Exercice 2, p. 56

▓ **Documents p. 57. Tableau de vocabulaire « Grèves et révoltes ». Exercice 2, p. 56.**

a. Faire commenter les documents, p. 57. Introduire le vocabulaire du tableau, p. 56.

Mai 68. On désigne ainsi le vaste mouvement de contestation qui s'est exprimé par des manifestations puis par des émeutes de rues déclenchées par les étudiants. Par la suite, le mouvement s'est généralisé. Les syndicats ouvriers ont lancé une grève générale (10 millions de grévistes). Les usines et les universités ont été occupées. Les étudiants voulaient changer le monde. On lisait sur les murs les slogans « L'imagination au pouvoir », « Soyons réalistes, demandons l'impossible ». Les ouvriers, eux, voulaient des augmentations de salaires qu'ils ont obtenues. Le régime du général de Gaulle, un instant menacé, a réussi à obtenir une victoire écrasante aux élections législatives qui ont eu lieu après la dissolution de l'Assemblée Nationale.

b. Exercice d'écoute. Utiliser la cassette.

• Écouter les personnages l'un après l'autre.

• Écoute globale : noter les raisons de la révolte.

• Écoute fractionnée : préciser chaque raison ; noter le vocabulaire qui exprime le refus, la revendication.

Écoutez. En 1968, un étudiant explique pourquoi les universités se révoltent.

On se révolte parce qu'on veut changer l'université et la société. On ne veut plus que l'université fabrique des professeurs qui vont sélectionner les meilleurs ou des patrons qui vont exploiter les ouvriers... On en a assez de ces professeurs qui nous traitent comme des enfants, qui décident de tout sans nous demander notre avis. On ne veut plus d'examens qui nous sélectionnent. On veut que l'université soit ouverte à tout le monde. On veut une université qui ne soit pas seulement réservée aux enfants de la bourgeoisie. Vous comprenez ?

En 1968, un ouvrier explique pourquoi il fait grève.

On fait grève parce qu'on pense qu'on mérite un meilleur salaire. Vous savez, quand on voit les bénéfices que font les entreprises. Eh bien, on mérite d'en avoir une partie. C'est scandaleux, les salaires qu'on a ! Alors on demande une augmentation de salaire et une diminution des heures de travail. Et puis, on voudrait aussi que dans les entreprises, toutes les grandes décisions soient prises avec les syndicats, que les patrons ne prennent pas ces décisions seuls sans écouter les syndicats et sans discuter avec eux.

■ Étape 4 du projet, p. 57

• Rédaction des articles par paires.

– Rappeler les questions du journaliste : Quel événement ? Où ? Quand ? Qui ? Comment ? Pourquoi ? Quelles conséquences ?

– Rappeler les contraintes : mêler le récit (raconter un événement), la description (décrire un lieu par exemple), le discours rapporté (citer des personnes), introduire des manières différentes de considérer les faits (certitude / doute, etc.).

– Lecture des articles.

– Critiques et suggestions. Puis amélioration.

– Présentation du journal.

▼ Civilisation, p. 58 • Lecture : *Le mystère de Rennes-Le-château*

• Suivre la démarche proposée par le livre.

> *La messe est une cérémonie rituelle de la religion catholique. Le prêtre (abbé) célèbre le sacrifice du Christ. Mais à cette intention générale peuvent s'ajouter des intentions particulières. Ainsi peut-on faire dire une messe en souvenir d'une personne décédée, pour que Dieu soit clément, pour un malade, pour les victimes d'une catastrophe, pour une guérison, etc. Ces messes payantes ont pu, dans certains cas, donner lieu à un véritable commerce.*

6 Corrigés du cahier d'exercices

1. Les verbes descriptifs.

a. S'élever (↗) – dominer (⌒≶) – entourer (⊙) – se dresser (↑) – longer (⇢) – s'étendre (↖↑↑↗) – border (⇢⇢⇢) – cotoyer (⁝)

b. Nous *avons longé* la rivière – Le château *domine* la vallée – ... il faut *traverser* la vieille ville – Des arbres *bordent* la rivière.

2. Présenter une organisation.

... une maison d'édition qui *fait partie* du groupe de presse CEP Communication. Nos bureaux *sont situés* à Paris ... nous *possédons* plusieurs antennes... Cette maison d'édition *comporte* (*possède – compte*) plusieurs services..., *il existe* aussi un service d'accueil. Notre entreprise *compte* environ trente salariés.

3. Histoire.

a. – changement de gouvernement : c – 7 – 10
– une révolution : c – e – g – 1 – 2 – 8 – 9
– une révolte populaire : e – 1 – 2
– un coup d'état : a – e – 1 – 3
– une guerre de conquête : d – 4 – 5
– une guerre de défense : b – 2
– une guerre coloniale : f – 4 – 5 – 6

b. Exercice ouvert.

4. Forme impersonnelle (expression des sentiments et des jugements).

a. Il est possible que nous ayons du mauvais temps. Il est nécessaire que tout le monde emporte un imperméable. Il est dommage qu'on ne puisse pas reporter l'excursion. Il est absolument impossible de la reporter. Il est probable que je ne viendrai pas avec vous.

b. Il est très bon de travailler régulièrement. Il est utile d'écouter des cassettes. Il est facile d'apprendre vingt mots par jour. Il vous est possible de vous réunir entre étudiants pour vous entraîner. Il est souhaitable de lire des journaux et des livres.

5. Rapporter des paroles et des écrits au présent.

« … Elle demande comment je vais. Elle dit que ça fait longtemps qu'elle n'a pas eu de mes nouvelles. Elle demande aussi ce que nous devenons, toi et moi, et si nous connaissons la nouvelle. Elle m'a dit qu'ils viennent d'avoir une petite fille, qu'elle s'appelle Faustine et qu'elle est adorable. Elle m'a dit enfin qu'elle nous invite à la petite fête qu'ils organisent le 30 juin, si nous sommes libres. »

6. Verbes introducteurs du discours rapporté.

Le P.D.G. *déclare* que la situation de notre entreprise est préoccupante. Il *révèle* que notre déficit est catastrophique. Il *annonce* que nous allons licencier 20 % du personnel. Il *interdit* de le dire. Il *avoue* ne pas voir l'avenir d'une manière optimiste. Il nous *demande* de faire des économies dans le fonctionnement de nos services. Il nous *conseille* de mieux étudier les marchés. Et il nous *suggère* de nous inspirer des méthodes de la concurrence.

7. Expression de la certitude, du doute, de la possibilité, de la probabilité.

• P. : Jérémy travaille mal au collège. Je suis sûre que l'école ne l'intéresse pas.
O. : Mais non, je suis persuadée que ce n'est que passager. Il est possible qu'il ait des problèmes d'adolescent. Hum, il doit avoir une petite amie ! Mais il se peut aussi que ses professeurs ne soient pas très sympathiques…
P. : Je n'en suis pas sûre. Je crains qu'il finisse gardien de musée.
O. : Tu sais, il se pourrait également que Jérémy soit un surdoué…
• P. : Mon directeur a été très froid avec moi, ce matin. Je crois qu'il n'apprécie pas mon travail. Ou alors, il est possible que j'ai dit quelque chose qui l'a fâché. Ou encore, il n'est pas exclu que ma nouvelle robe ne lui plaise pas.
O. : Tu exagères. Il a peut-être tout simplement des problèmes personnels. Ou bien, il se pourrait qu'il soit amoureux de toi.
P. : Non, je suis sûre qu'il va me changer de service et peut être de me licencier !
O. : Mais il n'est pas impossible aussi qu'il veuille te cacher ta future promotion !

8. De la BD au récit.
a. (1) ☐ (2) ☒ (3) ☐ (4) ☐ (5) ☐
☒ ☐ ☒ ☒ ☒
b. – Titres de presse.
– **Mystère de la nature** : Un bébé avec une dent en or !
– **Mystère de la dent en or** : Interrogations et perplexité chez les savants.
– **Dent d'or** : Débat télévisé sur l'origine de la dent d'or.
– **Mystère de la dent d'or** : Vérification et explication du professeur Schtroll : une dent habilement plaquée.
c. Exercice ouvert.

9. Lettre non prononcée.
• absent (absente) – le bras (embrasser) – un enfant (enfantin) – le bord (border).
• gros (grosse) – achat (acheter) – séduit (séduite) – un coup (cou) – un fusil (fusiller).

10. Consonnes doublées.
a. assistant, accident – **b.** fillette, assise, coussin – **c.** prison, empoisonné, cousin – **d.** Patronne, offert – **e.** élève, calmement, savamment – **f.** suggéré, amener, Isabelle – **g.** Je me rappelle, appeler, technicienne, affaire – **h.** désert, accompagné.

11. Un mot, plusieurs sens.
a. une pièce (partie d'un tout) – **b.** (le) bas (couvre le bas) – **c.** le cours – **d.** le vol – **e.** le bureau (rapport de voisinage : tout / partie) – **f.** le cœur (organe central) – **g.** le livre / la livre (monnaie) – **h.** la classe.

12. Emplois figurés du vocabulaire du corps.

a. • *arriver en tête* : arriver premier – *être au front* : tout près des lignes de l'ennemi – *avoir un œil sur...* : surveiller – *avoir les dents longues* : avoir de l'ambition.

• *prendre un doigt de Porto* : un peu – *le bras du fleuve* : à certains endroits le fleuve peut se diviser en plusieurs cours d'eau – *Il a été à deux doigts de...* : il a failli... – *avoir une affaire sur les bras* : la lourde responsabilité d'une affaire.

• *on respire* : on est tranquille – *resté sur l'estomac* : ne pas oublier, ni pardonner – *le sang froid* : le calme – *un coup au cœur* : un choc psychologique.

b. • La partie du lit où repose la tête : *la tête du lit* – L'entrée d'une station de métro : *la bouche de métro* – C'est le chef de l'entreprise : *Il est à la tête de l'entreprise.*

• La partie basse d'une lampe : *le pied de la lampe* – L'envers d'un papier : *le dos* – Il y a un virage : *la route fait un coude* – Pouvez-vous m'aider : *Pouvez-vous me donner un coup de main.*

• Le centre : *le cœur* – Il a eu des nausées : *Il a eu mal au cœur* – c'est lui qui organise et dirige tout : *c'est le cerveau de l'entreprise* – La forêt amazonienne : *... est le poumon du monde.*

BILAN 2

1. La forme passive.

• Bordeaux *a été battu* par Marseille 4 à 2.
• La pyramide du Louvre *a été construite* par l'architecte américain Pei.
• Un nouveau virus *est découvert* par un biologiste anglais.
• Le nouveau stade *sera inauguré* par le ministre des Sports demain soir.
• Trois personnes *ont été tuées* dans un accident de la route sur la route nationale 7.

2. (Se) faire et forme pronominale à sens passif.

• Le président Jacques Chirac *a fait aménager* un nouveau bureau.
• Actuellement, la minijupe *se porte* beaucoup.
• Alain Prost *a fait contrôlé* sa voiture à la 20ᵉ minute.
• François Mitterrand *a fait construire* la Bibliothèque de France.
• En France le vin *se boit* pendant le repas, rarement à l'apéritif.

3. Description et forme passive.

Le roi Louis XIV *a fait construire* le château de Versailles au XVIIᵉ siècle. Les travaux *ont été dirigés* par l'architecte Mansart. Les jardins *ont été aménagés* par le jardinier Le Nôtre. Le roi et la cour *s'y sont installés* en 1682.

4. Expression de la durée.

a. • ... *il y avait* 4 ans qu'il faisait du piano.
• ... *pendant* trois ans.
• ... *jusqu'en* 1830.
• *À partir de* 1837,... au bout de 10 ans.
• *Ça faisait* deux ans...
• ... *depuis* 19 ans.

b. • *Il y avait combien de temps* que Chopin faisait du piano quand il a eu son premier succès ?
• *Pendant combien de temps* est-il resté au conservatoire de Varsovie ?
• *Jusqu'en quelle année* a-t-il vécu en Pologne ?

• *À partir de quand* a-t-il une liaison avec George Sand ?
• *Au bout de combien de temps* se séparent-ils ?
• *Cela faisait combien de temps* que Chopin était malade quand il a rencontré George Sand ?
• *En quelle année* est-il mort ?
• Il vivait en France *depuis combien de temps* ?

5. Doute, certitude, possibilité, etc.

• Il est probable qu'il fera mauvais temps demain.
• Il faudra faire attention. C'est sûr.
• Il est possible qu'il y aura des avalanches.
• Je ne suis pas sûre que les skieurs débutants puissent sortir.
• Il est impossible que tous les télésièges fonctionnent.

6. Discours rapporté.

« Ce matin, je rencontre Ernest. Il me demande ce que je fais cet après-midi. Je lui dis que je vais voir Toulouse-Lautrec. Il me dit que cela l'intéresse et me demande s'il peut venir avec moi. J'accepte. Il veut savoir où cela se passe. Je lui réponds que c'est au musée d'Orsay. Il est très surpris qu'on organise des matchs de football dans les musées maintenant ! »

7. Du doute à la certitude.

Ils y croient.	Ils y croient un peu.	Ils n'y croient pas beaucoup.	Ils n'y croient pas du tout.
• J'en suis persuadé.	• Ça se peut – Sans doute – C'est possible.	• Ça m'étonnerait – C'est peu probable.	• C'est exclu – C'est impossible.

8. Vocabulaire.

a. • Toulouse a perdu le match.
• Défaite de Guy Forget.
• Le skieur a raté sa descente.
• Le boxeur a manqué de courage.

b. • La pluie → une inondation.
• Le feu → un incendie.
• Le vent → un ouragan, une tempête.
• L'air → la pollution, une avalanche.

c.• Bernard a pris des objets dans un apparte-
ment.
• Il a tué un de ses amis.
• Il a enlevé le fils de son patron.
• Il a empoisonné le café de son amie.

d. • Les enfants ont cassé une vitre de la
fenêtre.
• Ils ont sali leurs vêtements.
• Une bombe a détruit la maison.
• La tempête a endommagé le toit de la
maison.

9. Test culturel.

a. • Laurent Jalabert (coureur cycliste).
• Bruno Masure (présentateur).
• Charles de Gaulle (chef de la Résistance).

• La grotte Cosquer (site préhistorique).
• La Bibliothèque de France (un des grands
travaux de François Mitterrand).

b. • ... mais il y a des exclus (chômeurs,
Rmistes).
• ... mais ils ne gagnent jamais les grandes
compétitions internationales.
• ... mais il y a beaucoup de scènes de
violence.
• ... mais il y a eu la guerre d'Algérie et
Mai 68.
• ... mais il y a eu les grands travaux de
François Mitterrand.

Histoire

Au mois d'août, lors d'une fête dans son village natal, Jean-Michel, un comédien parisien, retrouve Sabine, une ancienne petite amie. La jeune fille est institutrice mais s'ennuie. Elle rêve d'organiser un festival pour redonner vie à son village. Justement, elle a écrit une pièce de théâtre... Avec l'aide de Jean-Michel, Sabine va essayer de réaliser son projet : créer une association pour restaurer le vieux château de Souvigny. Avec quelques subventions et en montant la pièce de théâtre de Sabine, ils espèrent rassembler les fonds nécessaires à l'opération. Sabine va entraîner les jeunes du village, Jean-Michel ses amis comédiens. Tout se passe bien. Mais un jour, la rivalité éclate entre Sabine et Estelle : elles sont toutes deux amoureuses de Jean-Michel. Après une dispute, Sabine disparaît. Reviendra-t-elle ? Estelle va-t-elle s'en aller ? La troupe survivra-t-elle aux inévitables heurts entre professionnels parisiens et amateurs de village ?

Objectifs

	7	**8**	**9**
Grammaire	– le conditionnel présent	– les pronoms interrogatifs – les pronoms possessifs – les pronoms démonstratifs	– le plus-que-parfait – le discours rapporté au passé
Vocabulaire	– le budget – les monuments	– le théâtre – le mouvement et les actions – le décor	– sentiments et réactions face à une réalité agréable ou désagréable – le cinéma
Situations orales	– exprimer une supposition – faire une hypothèse – suggérer de faire quelque chose	– exprimer la possession – choisir – donner des instructions – s'indigner, se disputer	– demander des informations sur des faits passés – poser un cas de conscience, regretter, approuver, désapprouver
Situations écrites	– formuler une demande officielle	– raconter une suite d'actions	– féliciter, complimenter – lettres de félicitations
Civilisation	– la fête au village – monuments célèbres	– le théâtre actuel (satire des comportements)	– aspects du cinéma – la nuit des Césars
Prononciation	– le son [j]	– prononciation de pronoms démonstratifs et possessifs	– articulation des consonnes

---

▼ Séquence A – Grammaire, p. 62 – 64 – 65

■ Contenus

• **Grammaire** – *le conditionnel présent* • **Situation écrite** – *faire des hypothèses* • **Situations orales** – *conseiller, suggérer* – *faire une demande polie*	• **Vocabulaire** – un rôle, une animation, un festival – confier – de temps en temps, d'ailleurs • **Civilisation** – *la fête au village* – *relations entre jeunes gens*

■ Déroulement de la séquence

• L'apprentissage des formes du conditionnel présent et une initiation à ses principales valeurs (expression de l'hypothèse, conseil ou suggestion, demande polie) constituent l'objectif de la séquence.

1. On commencera la séquence par l'étude du document A, p. 62, de façon à extraire l'objectif principal.

2. Puis, à partir du tableau de la page 64, on examinera la formulation du conditionnel présent et ses principales valeurs. Faire les exercices 1 et 2 de la rubrique « Entraînez-vous ».

3. Poursuivre en faisant les exercices 1, 2, 3 et 4, de la double page « Grammaire » (64-65).

■ Découverte du document A, p. 62

• **Situation** : C'est le mois d'août et les vacances. Jean-Michel est revenu dans son village natal. C'est la fête. Il retrouve Sabine, une ancienne petite amie…

• **Identification de la situation**. Sans aucune indication, faire observer les illustrations. Faire lire l'introduction du dialogue. Faire écouter les quatre premières répliques (« Bonsoir Sabine… on ne te reverrait plus »), et identifier la situation : lieu, époque, personnages.

• **Construction progressive du portrait des personnages**. Faire écouter les répliques suivantes l'une après l'autre. Après chaque réplique, faire des hypothèses sur les deux personnages. Qui sont-ils ? Que font-ils ? Quel caractère ont-ils ?

Tracer deux colonnes au tableau. Compléter progressivement les deux portraits avec les informations dégagées.

Sabine	Jean-Michel
...	Comédien Né au village

• Expliquer :
– *de temps en temps* = parfois.
– *un rôle* : Dans les films, Belmondo a souvent un rôle de policier.
– *une animation* : activité, culturelle par exemple, qui attire les gens.
– *confier un secret* = dire un secret.
– *d'ailleurs* : introduit une autre idée. Ici équivalent de « et puis tu sais… ».
• Apprentissage, au choix, d'une moitié de dialogue. Jeux de rôle.
• Relever les verbes au conditionnel (verbes en *-erais / -erait*).
• Classer les constructions utilisant le conditionnel dans le tableau.

Faire une hypothèse	Imaginer un fait	Faire une demande polie
...	...	...

▇ Tableau « Le conditionnel présent », p. 64

• Présenter la conjugaison du conditionnel présent (radical du futur + terminaisons de l'imparfait).
• Présenter les valeurs du conditionnel et les autres constructions.
• Faire pratiquer sous forme de micro-conversations.
→ Supposons que Miguel soit président. Que ferait-il ?
    Il diminuerait les impôts, etc.

▇ Exercices 1, 2 et 3, p. 64

▇ Exercice 1, p. 64. Expression de l'hypothèse.

• À faire collectivement.
→ Je quitterais… J'irais… Je montrerais… Ils me remarqueraient… Je serais publiée… J'aurais… Jean-Michel s'intéresserait… Nous vivrions… nous ferions… si tu voulais… nous pourrions… J'écrirais… tu monterais… Jamais Jean-Michel ne s'intéressera à moi.

▇ Exercice 2, p. 64. Hypothèse et conséquence.

• À faire collectivement. Exercice ouvert. *Exemple* :
→ Jean-Michel : « Si je réussissais à entrer à la Comédie-Française, je travaillerais avec de grands metteurs en scène. Je ferais des progrès. J'interpréterais des rôles célèbres. On me connaîtrait. On me proposerait peut-être de faire du cinéma. Alors je plairais peut-être à Sabine… »

▇ Exercice 3, p. 65. Rêves.

• Travail à faire par paires. Puis mise en commun. Exercice ouvert. Veiller à la formation correcte des conditionnels présents. Se reporter à la partie conjugaison en fin de livre, p. 182 et suivantes. Faire varier l'emploi des personnes.

▪ Exercices 4 et 5, p. 65

▪ Exercice 4, p. 65. Conseiller. Suggérer.

• Répartir les scènes par paires. Employer le conditionnel à valeur de conseil / suggestion.
• Traiter un exemple collectivement :
La secrétaire : Il y a 20 ans que je fais le même travail. Je m'ennuie. C'est tous les jours la même chose. Je tape du courrier. Toujours du courrier. C'est insupportable…
L'ami(e) : Tu devrais demander un congé. On pourrait partir en vacances ensemble. Ça te ferait du bien. Tu aurais du temps pour réfléchir. Il faudrait peut-être que tu changes de métier…
• Mise en commun : faire jouer quelques scènes.

▪ Exercice 5, p. 65. Demande polie.

• Exercice à faire collectivement.
– *Il faudrait* davantage de manifestations culturelles.
– Nous *souhaiterions* participer à la programmation des spectacles.
– Vous *devriez* organiser un festival.
– Nous *voudrions* que le budget de la culture soit augmenté.
• Prolongements possibles. Travail par paire. Donnez la consigne suivante :
« Vous allez participer à un sommet international sur l'avenir du monde. Vous représentez le pays de votre choix. Faites la liste des changements que vous souhaitez. Présentez vos propositions. »
– Idées : passer en revue les grands domaines : démographie – économie – société – politique – armement – éducation – culture – etc.
– Utiliser le conditionnel d'atténuation (demande polie) : *Nous pourrions, on pourrait, les pays riches devraient, il faudrait, il serait utile de…, nous aimerions bien faire…*, etc.
• Mise en commun : nommer le pays représenté et présenter ses propositions.

▪ Entraînez-vous, p. 65

• Exercice 1. Emploi du conditionnel pour exprimer une hypothèse.
• Exercice 2. Emploi du conditionnel pour exprimer une suggestion.

Transcription

1. L'hypothèse. Elle affirme quelque chose. Vous en doutez. Posez-lui des questions comme dans l'exemple.

• Moi, quand j'ai de l'argent, je m'arrête de travailler /…
– Si tu avais de l'argent, tu t'arrêterais de travailler ?
• Oui, et quand je m'arrête de travailler, je pars en voyage /…
– Si tu t'arrêtais de travailler, tu partirais en voyage ?
• Oui, et quand je pars en voyage, je vais dans des pays exotiques /…
– Si tu partais en voyage, tu irais dans des pays exotiques ?
• Quand je voyage dans ces pays, je fais de l'auto-stop /…
– Si tu voyageais dans ces pays, tu ferais de l'auto-stop ?
• Quand je suis en Chine, je vis comme les Chinois /…
– Si tu étais en Chine, tu vivrais comme les Chinois ?
• Quand je vais en Inde, je mange comme les Indiens /…
– Si tu allais en Inde, tu mangerais comme les Indiens ?

2. Suggérer. Un mari fait des suggestions pour l'année prochaine. Sa femme souhaite que tout se fasse cette année.

• L'année prochaine, il faudra repeindre le salon /…
– Si on le repeignait cette année ?
• L'année prochaine, il faudra changer notre voiture /…
– Si on la changeait cette année ?
• L'année prochaine, on devrait partir en voyage /…
– Si on partait cette année ?
• L'année prochaine, on pourrait aller au festival d'Avignon.
– Si on y allait cette année ?
• L'année prochaine, il faudra acheter un nouveau téléviseur /…
– Si on en achetait un cette année ?
• L'année prochaine, il faudra faire une grande fête avec tous nos amis /…
– Si on la faisait cette année ?

▼ Séquence B – Vocabulaire, p. 63 – 66 – 67

■ Contenus

• **Vocabulaire** – *le budget, les recettes et les dépenses* – une association, un figurant – monter (un spectacle), mettre en scène – rassembler, faire appel à, parrainer – bénévole, détaillé, ci-joint	• **Situations écrites** – *comprendre et rédiger une lettre de demande* • **Situations orales** – *négocier, marchander* – *signaler une erreur dans un compte*

■ Déroulement de la séquence

• Le but principal de la séquence est de faire acquérir le vocabulaire du budget (*dépenses et recettes*). Un second objectif consistera à découvrir et à apprendre à rédiger une lettre de demande.

1. On débutera donc par l'étude du document B, p. 63, qui introduira aux contenus de la séquence (lettre de demande et vocabulaire du budget).

2. Utiliser le tableau p. 66 pour présenter le vocabulaire du budget. Faire les exercices 1, 2, 3, 4, 5, de la double page 66-67.

3. Consacrer la fin de la séquence aux exercices de prononciation, p. 67.

■ Découverte du document B, p. 63.

• **Situation :** Au mois d'août, à la fête du village, Jean-Michel a retrouvé Sabine. La jeune femme s'ennuie au village et rêve de lui redonner vie, de créer un festival. Justement, elle a écrit une pièce de théâtre et Jean-Michel est comédien à Paris…

• **Livres fermés. Faire rappeler la situation et faire des hypothèses sur la suite.**

→ Jean-Michel va monter la pièce, s'occuper de la mise en scène…

Ils vont chercher des comédiens, des figurants…

Ils ont besoin d'argent, de fonds… Ils vont demander de l'argent à la mairie, au conseil général, aux entreprises, etc.

– Introduire le vocabulaire nouveau : *monter (une pièce), mettre en scène, le figurant, bénévole, faire appel à, parrainer, un budget détaillé.*

• **Observations des illustrations et lecture de l'introduction. Vérification des hypothèses.**

• **Lecture silencieuse et compréhension de la lettre.**

– Demander aux étudiants de répondre aux questions suivantes écrites au tableau :

a. Qui écrit à qui ?

b. Dans quel but ?

c. Parmi les arguments, quels sont ceux qui sont convaincants ?

d. Quels mots et formules traduisent une demande polie ?

– Faire relever les mots associés à l'idée d'argent, de but.

■ Tableau « Recettes et dépenses », p. 66

• Introduire le vocabulaire sous forme de conversation dirigée.

→ Mme X a donné de l'argent pour la recherche contre le Sida. Elle a fait… *un don.*

L'État donne aussi de l'argent à cette association. C'est… *une subvention.*

M. X est au chômage. Chaque mois, il touche… *une allocation.* Etc.

■ Exercices 1, 2, 3 et 4, p. 66 – 67

■ Exercice 1, p. 66. Compter (jeux de rôles).

• Travail par paires. Puis mise en commun. Réemploi des opérations de calcul, du vocabulaire de l'erreur (voir leçon 3, p. 26). *Exemple* :

→ La note d'hôtel :

– *Client* : Excusez-moi, madame, mais je crois qu'il y a une erreur dans la note. Regardez :

  2 fois 230 égalent 460

  mais 4 fois 25 font 100

  ce qui fait un total de 560

  Vous pouvez vérifier.

– *Réceptionniste* : Oh, excusez-moi, monsieur. Je vais refaire votre note.

■ Exercice 2, p. 66. Le budget.

• Exercice de réemploi. À faire par paires. Puis mise en commun.

→ … Nous avons fait des *économies*. Les *placements* que nous avons faits à la banque nous ont rapporté un bon *bénéfice*. Ensuite, le conseil général nous a promis une *subvention* de 200 000 F… Une dame âgée et sans enfants nous a fait *don* de sa maison… Pour le reste, nous allons faire un *emprunt* à la banque.

■ Activité 3, p. 66. Le sens des affaires (jeux de rôles).

• Travail par paires. Puis mise en commun.

• Il s'agit de placer les étudiants en situation de marchandage ou de négociation.

Faire réemployer le vocabulaire de l'argent spécifique pour chaque scène.

(Scène 1 : faire un prix, une remise, une réduction – Scène 2 : demander un crédit, faire crédit. Scène 3 : rembourser, crédit trop important, payer moins – Scène 4 : emprunter, prêter de l'argent).

Faire utiliser le conditionnel (expression de la demande polie, du conseil, de la suggestion. *Exemple* :

→ Scène 3 :

Cliente : J'ai des problèmes d'argent en ce moment. Est-ce que vous pourriez revoir les conditions de mon crédit ? Est-ce que je pourrais rembourser seulement 500 F par mois ? Si c'était possible, vous m'aideriez beaucoup.

Banquier : Nous allons faire un petit effort. Mais il vous faudra rembourser 700 F par mois. Je ne peux pas faire plus. Je regrette.

■ Exercice 4, p. 67. Êtes-vous débrouillard ?

• Travail en équipe. Puis mise en commun.

• Réemploi du vocabulaire du tableau, p. 66. Voir aussi la lettre de Sabine, p. 63. Créativité. *Exemples* :

1. Limiter les dépenses :

– Le personnel : Nous recruterons des bénévoles, des amis nous aideront, etc.

– Les costumes : Nous utiliserons de vieux vêtements, achèterons du tissu, etc.

– Les décors : Ils seront gratuits. Le spectacle aura lieu devant le château, etc.

2. Augmenter les recettes :

– Billets d'entrées : La moitié sera vendue par des associations locales. Les commerçants du voisinage en vendront aussi, etc.

– Programmes : Sur les programmes, nous ferons de la publicité pour les commerces et les entreprises. L'espace publicitaire coûtera… Nous devrions faire un bénéfice de… Etc.

■ **Exercice 5, p. 67. Rédiger une lettre de demande.**

• Faire la liste des lettres de demande au tableau. « À qui peut-on adresser une lettre de demande ?... »

Par paires les étudiants choisissent une lettre à rédiger.

• Relecture de la lettre de Sabine, p. 63. Faire dégager le plan :

– présentation – situation.

– projet – but (arguments 1 et 2).

– demande.

– argument 3 : budget détaillé joint.

– formule finale.

• Examen de la lettre de demande de poste, p. 174-175.

• Présentation des formules utiles : voir tableau, p. 67.

• Rédaction des lettres : faire le plan ; rédiger.

• Lecture des quelques productions.

■ Prononciation, p. 67

• Exercice 1. Discrimination auditive du son [j] associé à une voyelle.

• Exercice 2. Discrimination du son [j] et orthographe.

• Exercice 3. Le son [j] = trait distinctif du conditionnel opposé au futur.

Transcription

1. Dans quel ordre entendez-vous les mots suivants ? **a.** habillé /... un abbé /... **b.** fier /... fer /... **c.** les /... lié /... **d.** fille /... file /... **e.** il sait /... il sciait /... **f.** pâle /... paille /... **2. Écrivez les mots que vous entendez dans la colonne du livre qui convient.** un voyage /... un billet /... hier /... une feuille /... du papier /...	j'ai payé /... j'ai essayé /... un dossier /... la taille /... **3. Répétez ces phrases.** Audace /... • Vous le feriez ? /... – Je le ferai /... • Vous oseriez ? /... – Oui, j'oserai /... • Vous lui parleriez ? /... – Je lui parlerai /... • Vous lui diriez quoi ? /... – Je lui dirai tout /...

▼ Séquence C – Civilisation, p. 63 – 68 – 69

■ Contenus

• **Civilisation**	• **Vocabulaire**
– *monuments célèbres (arènes d'Arles, abbaye de Fontenay, château de Tiffauges, château de Chenonceaux)* – *histoire de France* – *histoire de la langue*	– *l'architecture* – *l'histoire* • **Situations orales** – *compréhension d'une visite guidée* – *présenter un projet d'animation*

■ Déroulement de la séquence

• L'objectif de la séquence est de découvrir quatre monuments célèbres appartenant à des époques historiques différentes : les arènes d'Arles (époque gallo-romaine), l'abbaye de Fontenay (début du XIIe siècle), le château de Tiffauges (XIIe, XIVe et XVe siècle), le château de Chenonceaux (XVIe siècle).

1. Aborder directement la double page « Civilisation ». Faire les exercices 1, 2, 3, p. 69.

2. L'exercice 4, p. 69, propose de tracer les grandes lignes d'un projet d'animation pour l'un des monuments découverts. Cette activité pourra aussi s'appliquer au château de Souvigny. Dans ce cas, on pourra s'inspirer des illustrations C, p. 63, et préciser le projet d'animation et d'aménagement de Sabine et Jean-Michel.

■ Découverte des commentaires et exercices 1 et 2, p. 68 – 69

• Lecture et compréhension des quatre commentaires de monuments. Travail de groupe.

– Répartir la lecture des commentaires en quatre groupes. Chaque groupe recherche :

  – ce qu'on apprend sur l'histoire de France ;
  – ce qu'on apprend sur l'architecture ;
  – les mots nouveaux dans le dictionnaire.

– Lors de la mise en commun on pourra :

1. • **Faire la chronologie des moments de l'histoire de France dégagés (de l'Antiquité au XVIe siècle).**

• Faire rappeler et ajouter les événements historiques évoqué dans *Panorama I* (leçon 14, p. 132) : rôle de Vercingétorix, de Jeanne d'Arc, guerre de Cent ans.

• Compléter la chronologie avec les connaissances personnelles des étudiants.

Exemple :

– Xe siècle avant J.-C. : Installation des Celtes.

– IIe siècle avant J.-C. : Début de la conquête romaine.

– Ier siècle avant J.-C. : Résistance et défaite de Vercingétorix, etc.

– Ier siècle après J.-C. : 450 : La Gaulle gallo-romaine.

– Ve siècle après J.-C. : Invasions barbares de l'Est (Germains), etc.

2. • **Mettre en commun les éléments architecturaux dégagés.**

– Compléter avec la liste proposée par l'exercice 2.

Exemple : les arènes → des vestiges, bien conservés, des gradins, une piste de sable, assister à un spectacle (combats d'animaux sauvages ou de gladiateurs).

– Compléter avec les informations proposées par les étudiants. « Avez-vous visité la France ? Quel monument avez-vous vu ?... »

– Comparer avec la pays des étudiants. « Connaissez-vous des monuments comparables dans votre pays ? »

• Traiter collectivement la question de l'origine de la langue française. Montrer que le vocabulaire français est l'héritier des mots des envahisseurs successifs. Donner des exemples.

La langue française. La plupart des mots français proviennent du latin. Après leur conquête, les Romains ont imposé leur langue : un latin populaire, différent du latin classique. Au cours des siècles suivants, cette langue, essentiellement parlée, sera très déformée. Voici quelques exemples :

Latin	Moyen Âge	Français actuel
amare	amer	aimer
panem	pan	pain

• À ce fonds latin se sont mêlées la langue celtique parlée par les Gaulois et la langue germanique parlée par les Francs. Ce fonds primitif subira encore d'autres influences : arabe (VIIIe siècle), normande (IXe siècle), italienne (XVe siècle), espagnole (XVIIe siècle), allemande (XIXe et XXe siècle) et anglaise et américaine (XIXe et XXe siècle).

Origine	Domaines	Exemples
– gauloise	végétation, agriculture	chêne, bouleau, sapin (arbres) – sillon, soc, charrue, blé (agriculture)
– germanique (franque)	vocabulaire de la guerre	guerre, bannière (drapeau), haïr, trêve (arrêt des combats), garder
– arabe	calcul, chimie	algèbre, chiffre, zéro, alcool
– scandinave	navigation	drakkar (bateau vicking), agrès (équipement du bateau)
– italienne	commerce, vocabulaire militaire, artistique, etc.	banque, solde (banque), concerto, adagio (musique), caporal, cavalier (armée)
– espagnole	musique, littérature, corrida, découverte du Nouveau Monde	flamenco, fandango, boléro (musique), romance (littérature), matador (corrida), tomate, cigare, tabac (découvertes)
– anglaise	nourriture	steack, hamburger
– américaine	commerce, informatique	marketing, mailing, software (logiciel), bug (bogue)

• Le français comporte aussi de nombreux mots formés à partir de racines grecques. Les savants et les scientifiques ont créé de nombreux mots nouveaux à partir d'éléments grecs.
Exemples : chronologie (XVIe siècle), cosmonaute, technologie (XXe siècle).

■ Activités 3 et 4, p. 69

■ Exercice 3, p. 69. Exercice d'écoute. Utiliser la cassette.

a. Travail collectif au tableau.
• Expliquer : *moine, règle, strict, dur, prier, méditer, entretien, cloche, sonner.*
• Noter la grille horaire des moines de Fontenay au tableau.
• Écoute globale : noter les indications comprises.
• Écoute fractionnée : vérifier et compléter.
→ 7 h du soir : *coucher.*
    2 h du matin : *réveil* (au son de la cloche), etc.

b. • Travail collectif au tableau.
• Préparer l'écoute :
« Nous allons examiner l'histoire du château de Chenonceaux du XVIe au XIXe siècle. Différents rois de France seront cités. Le premier roi cité, vivant à l'époque de Catherine Briçonnet, est François Ier. Henri II est le fils de François Ier. Henri III est l'un des fils de Henri II. »
Écrire le nom de ces personnages au tableau.

• Observer l'illustration représentant Chenonceaux, p. 69. Signaler que le gros donjon, isolé, de forme arrondie, à gauche, ne concerne pas l'exercice d'écoute. C'est une partie d'un ancien château médiéval, détruit.

L'exercice d'écoute s'applique aux constructions situées sur la rivière. (Le bâtiment à base carrée, aux quatre tourelles d'angle, situé entre les deux ponts, est dû à C. Briçonnet. Diane de Poitiers a fait construire le pont aux cinq arches, reliant le château à l'autre rive. Catherine de Médicis fera construire deux étages sur ce même pont).

• Écoute : procéder par étapes (chaque intervention féminine constituant une étape).

– Écoute globale : faire des hypothèses.

– Écoute fractionnée : vérifier et compléter.

– Expliquer : *la dette, consoler, abandon(ner)*.

– *Exemple* : C. Briçonnet (XVIᵉ) : épouse du ministre des Finances de François Iᵉʳ.
construction du petit château.

Transcription

a. Le guide de l'abbaye de Fontenay raconte la journée des moines au Moyen Âge. Notez leur emploi du temps de la journée.

Au Moyen Âge, les moines de l'abbaye de Fontenay suivaient des règles très strictes et très dures. Ils se couchaient très tôt, vers 7 h du soir, et ils dormaient tout habillés, tous ensemble dans une même grande salle. Vers 2 h du matin, la cloche sonnait et la journée commençait.

De 2 h du matin à 5 h, ils passaient leur temps à prier, à méditer et à suivre la messe. Puis, après un repas rapide, ils allaient travailler… Chacun en fonction de sa spécialité : travail des champs, entretien de l'abbaye, cuisine, etc. Ils travaillaient jusqu'à 10 h.

De 10 h à midi, lecture. Puis, repas. Puis repos jusqu'à 2 h de l'après-midi. Mais chaque fois qu'ils changeaient d'activité, il y avait une messe ou un moment de prière en groupe.

Ils travaillaient jusqu'à 17 h. Puis, après l'office du soir, ils dînaient et allaient se coucher. En tout, ça faisait 7 heures de sommeil, 7 heures de travail, 7 heures de prières. Le reste était pour les repas et la lecture.

b. Le guide du château de Chenonceaux raconte l'histoire de la construction du château.

Il faut savoir que le château de Chenonceaux ne s'est pas fait d'un seul coup. Il s'est construit progressivement et, ce qui est original, c'est que ce sont six femmes qui ont dirigé cette construction.

La première c'est Catherine Briçonnet. Elle vivait au début du XVIᵉ siècle et son mari était le ministre des Finances du roi. C'est elle qui va diriger la construction d'un petit château sur les bords de la rivière qu'on appelle le Cher. C'est la partie du château avec ses tours et ses cheminées que vous voyez à gauche du bâtiment. En 1524, Catherine Briçonnet et son mari meurent. Mais ils laissent des dettes. Alors le château est donné au roi de France pour payer les dettes.

Quelques années plus tard, le roi de France Henri II fait cadeau du château à sa maîtresse la belle Diane de Poitiers. C'est une femme qui a 20 ans de plus que le roi mais qui est très intelligente et qui a beaucoup de goût. Elle fait construire un pont entre le château et l'autre bord de la rivière.

Mais Henri II va mourir et bien sûr sa femme, Catherine de Médicis, qui est jalouse de Diane de Poitiers, va reprendre le château. Elle s'y installe et, sur le pont, elle fait construire un bâtiment de deux étages. Le château est alors presque comme vous le voyez aujourd'hui.

À la fin du XVIᵉ siècle, c'est une quatrième femme qui fait transformer le château. C'est Louise de Lorraine, la belle-fille de Catherine de Médicis, la femme du roi Henri III.

Le roi a été assassiné et Louise de Lorraine ne se console pas. Alors elle refait toute la décoration intérieure en blanc et noir : rideaux noirs, tapis noirs, chaises et lits couverts de tissus noirs, plafonds blancs et noirs. Pendant tout le XVIIᵉ siècle et la première moitié du XVIIIᵉ, le château de Chenonceaux est abandonné.

Mais après cette période d'abandon, c'est encore deux femmes qui vont le restaurer. D'abord Mme Dupin qui le protégera pendant la période de la Révolution. Puis au XIXᵉ siècle, Mme Pelouze qui lui donne l'aspect qu'il a aujourd'hui et qui fait aménager de beaux jardins avec des statues.

■ Activité 4, p. 69 • Projet d'animation

• Travail en petits groupes. Puis mise en commun.

• Il s'agira de faire réemployer le vocabulaire des spectacles.

On pourra imaginer un projet d'animation pour l'un des quatre monuments présentés p. 68-69, ou imaginer le projet d'animation et d'aménagement de Sabine et Jean-Michel (voir l'illustration C, p. 63). Attention, tout projet doit être en accord avec le lieu choisi. Il prendra la forme d'une liste de propositions.

Exemple : projet d'animation de l'abbaye de Fontenay

– proposer des visites guidées

– aménager un musée de la vie monacale

– organiser un festival de musique religieuse

– organiser des conférences sur l'art roman

– organiser des séjours d'études (initiation à l'art roman, ateliers d'écriture, etc.)

– organiser un spectacle son et lumières sur l'histoire régionale et labbaye

---

7 Corrigés du cahier d'exercices

1. Budget familial.

b. 1c – 2d – 3g, h – 4f – 5i – 6a, e – 7b, j.

c. Les dépenses de logement ont augmenté : les conditions de logement se sont améliorées. Les dépenses de santé sont aussi en hausse : les dépenses sont à la charge de la collectivité, ce qui entraîne des abus ; la population âgée, forte consommatrice de soins, augmente.

• La part des dépenses concernant l'alimentation, les meubles et l'habillement est en baisse : le niveau de vie des Français a augmenté, les prix de ces articles ont baissé.

• La part accordée aux dépenses d'équipement, de transport et communication, de loisirs et de culture est restée presque stable.

2. Opérations mathématiques.

b. $12 - 3 = 9$ – **c.** $25 + 4 = 29$ – **d.** $20 : 4 = 5$

e.
$$\begin{array}{r} \overset{1}{3}5 \\ +\ 79 \\ \hline 114 \end{array}$$

f.
$$\begin{array}{r} 80 \\ -\ 6\overset{1}{5} \\ \hline 15 \end{array}$$

3. Problèmes d'argent.

b. Je les place à la banque. **c.** Je fais un emprunt de 400 000 F. **d.** Je demande un prêt pour faire des études. Je rembourserai la somme empruntée quand je travaillerai. **e.** Je négocie le prix. **f.** J'emprunte l'argent nécessaire à mon ami. Je lui rendrai la somme plus tard.

4. Théâtre.

5. Monuments.

a.

logement	défense	religion	commémoration	loisirs	urbanisme et vie quotidienne
abbaye	château	abbaye	arc de triomphe	arènes	aqueduc
château	donjon	autel	statue	théâtre antique	pont
donjon	rempart	cathédrale			thermes
hôtel	tour	chapelle			
particulier		pierre levée			
palais		statue			
		temple			

b. s'amuser (théâtre antique) – se baigner (thermes) – se battre (arènes) – célébrer un culte (temple) – combattre (remparts) – se défendre (tour) – se distraire (arènes) – dire une messe (cathédrale) – se divertir (théâtre) – honorer quelqu'un (statue) – prier (chapelle) – se protéger (donjon) – se loger (hôtel particulier) – méditer (abbaye).

6. Conditionnel : temps du rêve et de l'imaginaire.

a. « Ah, si je vivais au XVIIIe siècle, je *posséderais* un château... Je *fréquenterais* les philosophes... Ensemble, nous *travaillerions* à l'avenir... et nous *préparerions* la révolution... Mes enfants *étudieraient* avec des précepteurs... Ma femme ne *ferait* plus les travaux ménagers. Nous *aurions* une vingtaine de domestiques... Elle *s'intéresserait* aux sciences... et les plus beaux esprits du siècle *viendraient* dans son salon. Et toi, chère collègue... tu *serais* ma maîtresse, car il était normal d'avoir une maîtresse au XVIIIe siècle...

7. Relancer la conversation par une hypothèse.

• Si un jour vous adoptiez un animal, quel animal prendriez-vous ?
• Si un jour tu changeais de voiture, quelle voiture achèterais-tu ?
• Si tu quittais ton poste actuel, qu'est-ce que tu ferais ?
• Si tu commençais à lire, quel livre choisirais-tu ?
• Si vous aviez des enfants, comment les appelleriez-vous ?

8. Petits problèmes quotidiens.

a. Si j'étais invité chez des gens que je ne connais pas, j'arriverais 5 mn après l'heure convenue et j'apporterais des fleurs pour la maîtresse de maison.

b. Si nous travaillions en France, tous les deux, nous mettrions nos enfants à la crèche.

c. Si je n'avais plus de papiers, je m'adresserais au consulat de mon pays.

d. Si mon voisin faisait trop de bruit, j'irais le voir pour régler le problème (à l'amiable). S'il continuait à faire du bruit, je porterais plainte contre lui.

9. Les prépositions « à » et « de ».

→ • Ce train vient *de* Paris. Il va *à* Marseille. Il est parti *de* Paris *à* 8 h 25.
• Le matin, je travaille *de* 9 heures *à* midi. L'après-midi, je commence *à* travailler *à* 14 heures et je m'arrête *de* travailler à 18 heures.
• Michel vient *de* partir. Il amène ses enfants *à* l'école. À midi, il reste *au* bureau.
→ • Elle a téléphoné *à* ses parents. Elle leur a parlé *de* ses difficultés...
• Un courrier *du* ministère a été adressé par erreur *à* mon voisin.
→ • Damien fait partie *de* l'équipe *de* hand-ball...
• ... elle boit un verre *de* lait
• ... Est-ce que vous avez des coupes *à* champagne ?
• Je meurs *de* faim. Je vais manger un morceau *de* pain... Où est passé le couteau *à* pain ?
• Il connaît *de* mémoire plusieurs poèmes...
• Elle a traversé la rivière *à* la nage.
• Il est accusé *de* vol.
→ • Les parents interdisent *à* leurs enfants *de* sortir... mais ils les autorisent *à* jouer dans le jardin.
• Pierre pense souvent *à* Marie. Il est toujours heureux *de* la voir. Il aimerait arriver *à* l'inviter *au* restaurant mais il a peur *de* l'ennuyer.
• Mon directeur m'oblige *à* faire des heures supplémentaires. Je suis bien obligé *de* les faire.

10. Lettres de demande.

	Qui écrit ?	À qui ?	Motif de la lettre (objet de la demande)	Type de lettre	Parties manquantes
1	une secrétaire	à son directeur	rappel de promesse d'augmentation demande d'entretien	officielle	expéditeur – destinataire – date – objet – formule d'appel – signature
2	Lucie (étudiante, secteur de la santé)	un ami (étudiant)	récupérer des notes de cours	familier	lettre complète
3	un étudiant	au secrétariat de l'université	formulaire de demande de bourse	officielle	présentation personnelle – formule de politesse – signature
4	le propriétaire d'une maison	à un automobiliste (sans gêne)	ne plus garer la voiture devant le garage	familier	message complet
5	le titulaire d'un compte bancaire	à sa banque	erreur de compte	officielle	expéditeur – destinataire – date – formule d'appel – présentation et numéro de compte – description de l'erreur – demande de rectification – formule de politesse – signature
6	employé	à l'employeur	justification pour une demande de congés	officielle	expéditeur – destinataire – date – formule d'appel – objet – présentation – demande – formule de politesse – signature
7	étudiant	à un professeur	demande de participation à un stage	officielle	expéditeur – destinataire – date – demande et précisions sur le stage – remerciements et formule de politesse – signature

11. Exercice ouvert.

▼ **Séquence A – Grammaire, p. 70 – 72 – 73**

■ **Contenus**

• **Grammaire**	• **Vocabulaire**
– *l'expression du choix*	– la tâche, la vaisselle, le talent
– *l'expression de l'appartenance*	– camper
– *l'expression de la possession*	– domestique, coloré
• **Situations orales**	• **Civilisation**
– *questionner pour choisir*	– *la vie associative et culturelle en France*
– *indentifier des personnes, des choses*	

■ **Déroulement de la séquence**

• Cette séquence grammaticale sera consacrée à l'emploi des pronoms interrogatifs, démonstratifs et possessifs. On examinera aussi différents moyens pour exprimer la possession.

1. Pour dégager ces objectifs, on débutera la séquence par l'étude du dialogue A, p. 70.
2. On examinera plus attentivement les pronoms interrogatifs et démonstratifs à partir du tableau « Pour désigner, pour choisir », p. 72. Faire l'exercice 2 de la rubrique « Entraînez-vous », p. 73. Puis passer aux exercices 1 et 2, p. 72.
3. Présenter les moyens pour exprimer la possession à l'aide du tableau p. 73. Faire l'exercice 1 de la rubrique « Entraînez-vous » p. 73, ainsi que l'activité 3, p. 73.

■ **Découverte du document A, p. 70**

• **Situation** : Le projet de Sabine et Jean-Michel est lancé. Les amis de ce dernier sont arrivés au village. Tout se passe bien avec les jeunes du village. Un jour, Jean-Michel doit choisir entre deux projets d'affiche publicitaire : celle de Sabine et celle d'Estelle.
• **Préparation de l'écoute** : Observer la première illustration. Lire l'introduction. Observer la seconde illustration : identifier le lieu, les personnages, les raisons de la scène (choisir entre deux affiches publicitaires), les sentiments des personnages : Estelle (contente), Sabine (déçue, jalouse).
Faire imaginer ce que disent les personnages. Faire utiliser :
– l'expression du choix : *choisir, préférer, plaire, aimer mieux*,
– l'expression de la comparaison : *plus / moins frappante, attirer plus / moins l'attention*,
– l'expression du compliment : *Bravo ! Je te félicite ! Quel talent ! Elle est vraiment extra(ordinaire) !*

On en profitera pour introduire les pronoms interrogatifs, démonstratifs et possessifs ainsi que le vocabulaire nouveau pour favoriser la compréhension du dialogue :
– *coloré* = qui a beaucoup de couleurs.
– *le talent* : Tu dessines bien. Je ne te connaissais pas ces talents d'artiste.
• Écoute du dialogue : vérifier les hypothèses émises.
• Apprendre la scène : la faire jouer.
• Lecture de la scène : relever :
– les pronoms interrogatifs, démonstratifs, possessifs,
– les mots et expressions exprimant le choix (verbes, comparatifs).

> *Vie culturelle et associative*. La vie associative et culturelle est très développée en France. Elle existe non seulement dans les villes où elle propose de très nombreuses activités propres à satisfaire tous les goûts (de la poésie à la numismatique en passant par la minéralogie) mais aussi dans les villages. L'instituteur joue alors souvent le rôle de ferment culturel. Il peut animer la fanfare municipale, le club de danse folklorique, l'école de dessin ou peinture, ou la troupe de théâtre. D'autre part, un peu partout se sont créées des associations dont le but est de défendre ou promouvoir le patrimoine local (cadre naturel ou architectural) ou d'animer la vie régionale (festival, fêtes et animations). Les responsables politiques régionaux encouragent et soutiennent ces initiatives (subventions) qui contribuent à l'image touristique de la région ou du département.

▊ Tableau • Exercices 1 et 2, p. 72

■ **Tableau, p. 72. « Pour désigner, pour choisir ».**

• Présenter les pronoms interrogatifs et démonstratifs. Utiliser des situations faisant intervenir un choix :
→ Dans un magasin de chaussures, une femme et son mari :
La femme : Alors lesquelles tu choisis ?
Le mari : J'aime bien celles-ci. Mais celles-là…
→ Deux amies choisissent un roman pour l'offrir à Sabine :
Anne : À ton avis, lequel on lui offre ?
Béatrice : Celui de Tournier ou celui de Sollers ?
Anne : Celui que tu veux, celui qui te plaît le plus.
Béatrice : J'ai lu celui de Sollers, mais ce n'est pas celui que je préfère.
Anne : Moi, je n'aime pas ce qu'ils font, Tournier et Sollers.
Béatrice : Et ça tu connais ? C'est de Colette.
Anne : Celle-là, elle écrit toujours bien. Alors on prend ça ?

■ **Exercice 1, p. 72. Les pronoms interrogatifs.**

• À faire collectivement.
– Lesquels sont les meilleurs ?
– Lesquelles sont les moins chères ?
– Vous me conseillez laquelle ?
– Lequel est le meilleur (le plus parfumé) ?
– Laquelle est fausse ?

■ **Exercice 2, p. 72. Pronoms démonstratifs et constructions relatives.**

• Faire par paires. Puis mise en commun.
Béatrice : *Ce que* tu veux. Je ferai comme toi.
Anne : …

Béatrice : Éric Rochant ! *Celui qui* a fait « Un monde sans pitié » ? Ah non, pas ce soir ! Ses films sont trop déprimants. Ce qu'il me faut, c'est un film amusant.

Anne : ... Tu sais, *celle qui* jouait dans « Le Père Noël est une ordure »...

Béatrice : *Ceux qui* travaillent dans la publicité...

Anne : Non, je connais deux copines de Patrick, *celles que* j'ai rencontrées chez Nathalie.

Béatrice : *Celles qui* sont hôtesses de l'air ?...

Béatrice : *Ce qui* te plaît.

■ Tableau • Activité 3, p. 73

■ Tableau, p. 73. « Pour exprimer la possession ».

• Introduire les différents moyens pour exprimer la possession. Utiliser les situations de classe ou de la vie courante.

→ – C'est ton livre.

   – Non, il n'est pas à moi. C'est le sien.

→ – Tu possèdes une voiture, Julia ?

   – Oui, je conduis une voiture. Mais elle appartient à mon père.

■ Activité 3, p. 73. Jeux de rôles.

a. Travail par paires. Répartir les thèmes par paires (*exemple* : Paire 1 → le mari).

Faire imaginer un micro-dialogue de 5-6 lignes. Utiliser adjectifs et pronoms possessifs. Mise en commun.

Exemple : *thème « le mari »*

• Mon mari est un homme extraordinaire ! Il sait tout faire.

– Le mien aussi. Il fait même la cuisine. Et le vôtre sait-il cuisiner ?

• Mais bien sûr. Tous nos amis disent qu'ils préfèrent sa cuisine à la mienne, etc.

b. Travail par paires.

Trouver d'autres situations nécessitant un choix (choix d'un parfum, d'une robe, d'un chapeau, etc.).

Répartir les objets. Faire imaginer un micro-dialogue de 5-6 lignes. Utiliser les pronoms interrogatifs et démonstratifs. Mise en commun.

Exemple : *thème « la bague »*

• J'aime bien celle-ci. Mais celle-là lui plairait aussi. Je ne sais pas laquelle choisir... Et puis, j'aimerais aussi voir celle à 2 500 F. Oui, celle qui est à côté de la petite en argent.

– Ah oui, celle-là est vraiment très belle. Elle est en or.

• À votre avis, laquelle plairait le plus à une femme ?

■ Entraînez-vous, p. 73.

• Exercice 1. Réemploi du pronom possessif.

• Exercice 2. Réemploi du pronom démonstratif + complément.

1. Sabine range la salle de classe où campent les filles du groupe. Répondez comme dans les exemples.	• Estelle, ces stylos feutres sont à nous ? Oui ? /...
• Estelle, cette valise est à toi ? Oui ? /...	– Oui, ce sont les nôtres.
– Oui, c'est la mienne.	• Estellle, ce stylo rouge est à toi ? Non ? /...
• Estelle, ces livres sont à Nathalie ? Non ? /...	– Non, ce n'est pas le mien.
– Non, ce ne sont pas les siens.	• Estelle, ces affaires de toilette sont à Nathalie ? Oui ? /...
	– Oui, ce sont les siennes.

Transcription

• Et cette serviette ? Elle n'est pas à Jean-Michel ? Non ? /... – Non, ce n'est pas la sienne. **2. Jean-Michel vous donne des ordres. Demandez confirmation comme dans l'exemple.** • Prends le costume d'Estelle ! /... – Celui d'Estelle ? • Oui, et mets-le dans le carton à côté de la porte ! /... – Celui qui est à côté de la porte ? • Oui, et range aussi les costumes des garçons ! /...	– Ceux des garçons ? • Oui, et mets-les dans les cartons qui sont derrière toi ! /... – Ceux qui sont derrière moi ? • Oui, et regarde l'affiche de Sabine ! /... – Celle de Sabine ? • Oui, compare-la avec l'affiche que Fabien a dessinée ! /... – Celle que Fabien a dessinée ? • Oui, et admire les robes que Sabine a faites ! /... – Celles que Sabine a faites ?

▼ Séquence B – Vocabulaire, p. 71 – 74 – 75

■ Contenus

• **Vocabulaire** – *le théâtre :* . *la tragédie, la comédie* . *le décor* . *la mise en scène* – *les mouvements et les actions* – étrangler, réagir – furieux, mou – tout à fait	• **Situation orale** – *situations contraignantes : ordre et interdiction* • **Situation écrite** – *le script d'une scène de cinéma* • **Civilisation** – *Ionesco :* La Leçon – *Sartre :* Huis clos

■ Déroulement de la séquence

L'objectif lexical de la leçon est double : on étudiera d'une part le vocabulaire de la mise en scène et du décor, d'autre part le vocabulaire du mouvement et des actions.

1. On commencera la séquence par l'étude de la double page « Vocabulaire » en effectuant les activités dans l'ordre proposé. Toutefois après l'exercice 1, p. 74, on présentera, en l'animant, le tableau de vocabulaire « Mouvements et actions », p. 74, avant de passer aux exercices 2, 3, 4, p. 75.

2. On passera ensuite aux exercices de prononciation, p. 75.

3. On introduira le dialogue B, p. 71, en fin de séance, de façon à favoriser l'enchaînement avec la suite de l'histoire (dialogue 8C) qui sera abordée en début de séance suivante. Le dialogue B sera traité comme un exercice d'écoute.

■ Activité 1, p. 74

a. *La Leçon*, de Ionesco.

• Révision de la localisation dans l'espace, du vocabulaire de la maison et de l'ameublement.
Deux procédures possibles :

1. Constituer des petits groupes (3 ou 4 étudiants). Chaque groupe comporte un étudiant sachant un peu dessiner. Chaque groupe doit produire un dessin de la mise en scène. Mise en commun : afficher les dessins, commenter.

2. Isoler quelques étudiants qui savent un peu dessiner. Leur demander d'imaginer chacun un décor de pièce de théâtre. Pendant ce temps, lecture et compréhension du texte, collectivement avec le reste de la classe.

Constitution des petits groupes. Sans regarder le texte, chaque petit groupe va donner des instructions à un dessinateur. Affichage et commentaire des dessins.

Chaque dessinateur montre ensuite et commente le décor de théâtre qu'il a conçu.

> **La Leçon**. *Drame comique de Eugène Ionesco (1912-1994).*
> *Une jeune fille enthousiaste et sotte veut passer le « doctorat total ». Un professeur lui donne un cours particulier d'arithmétique puis de philologie. La leçon qui a commencé dans un climat euphorique se dégrade vite et tourne en un duel inégal où le professeur, piètre pédagogue, dominateur et sadique, écrase son élève sous son savoir encyclopédique. L'élève résiste à cet acharnement magistral par l'apathie, le gémissement. Le professeur, exaspéré, devient fou et finit par la tuer d'un coup de couteau. La fin de la pièce nous apprend qu'il en est à son quarantième meurtre.*
> *Ionesco, à travers le couple professeur/élève, montre le pouvoir terrifiant du langage associé au pouvoir et au savoir même faux.*
> *Les jeux avec les conventions et les stéréotypes de la scène ainsi que les trouvailles loufoques du dialogue ont largement contribué au succès de cette courte pièce jouée sans interruption depuis 1957 au théâtre de la Huchette. Elle est devenue un classique du théâtre de l'absurde.*

b. *Huis clos*, de Sartre.
- Présenter la pièce.
- Faire décrire le décor de l'illustration, p. 74. Réemploi des localisateurs, du vocabulaire de la maison, des meubles. Les indications de décor sont données sous forme de phrases nominales en général.
→ Un salon bourgeois. À droite des fenêtres cachées par de longs rideaux…
- Comment le metteur en scène a-t-il représenté l'enfer. L'enfer n'est pas un lieu hors de l'ordinaire. C'est le monde de tous les jours. L'enfer véritable, c'est les autres. Ils sont toujours présents. Ils nous jugent, posent des questions indiscrètes, cherchent dans notre passé les véritables raisons de nos actes. Ils nous obligent à avouer nos secrets.
- Travail individuel ou par paires. Puis mise en commun.
Imaginer un autre décor pour la pièce. Le justifier par une interprétation de l'enfer. *Exemple* :
→ Pour nous l'enfer, c'est le vide et l'ennui. Les personnages se trouveront donc dans une pièce vide. Les murs seront peints en blanc. La pièce sera très éclairée. Il y aura aussi trois chaises blanches, comme dans un hôpital. Les personnages seront habillés comme des infirmiers…

> **Huis clos**. *Pièce de Jean-Paul Sartre (1905-1980).*
> *Dans un salon, trois morts sont réunis pour l'éternité. Ils sont condamnés à vivre ensemble. Voilà leur enfer. L'un est un lâche qui a été fusillé. L'autre a tué son enfant et la troisième, lesbienne, s'est suicidée. Chacun juge les deux autres et se trouve jugé par eux. Chacun voudrait supprimer l'autre qui le juge. Mais cela est impossible. Chacun est un bourreau pour l'autre, un véritable interrogateur de police qui oblige aux aveux du secret intime. « Huis clos », terme juridique désignant une séance au tribunal dont le public est exclu, montre ainsi comment les autres organisent notre procès permanent.*

Tableau p. 74. Exercices 2, 3 et 4, p. 74 – 75

Tableau, p. 74. « Mouvements et actions ».

Faire une présentation animée du vocabulaire du tableau. Utiliser des situations montrant des personnages en mouvement : les sportifs (l'alpiniste, le boxeur, le pilote de course, etc.), les professions (le jardinier, le photographe, le mineur, le concierge, etc.). Ne pas hésiter à mimer les actions.

Exercice 2, p. 75. Ordres et interdictions.

• Travail collectif.

a. – « *Attachez* vos ceintures ! »

– « *Avancez* jusqu'à la ligne jaune… »

– « … *Éloignez-vous* de la bordure du quai. »

– « *Il est interdit de marcher* sur les pelouses. »

– « Prière de *jeter* les papiers dans les poubelles. »

– « *Entrez* sans frapper. »

– « … *Appuyer* sur le bouton rouge. »

b. Exercice ouvert. *Exemples* :

« Ne te retourne pas ! » → On rencontre une personne qu'on ne veut pas saluer.

Exercice 3, p. 75. Mise en scène. Exercice d'écoute. Utiliser la cassette.

• Travail collectif.

• Préciser la situation de départ : prénoms des comédiens et rôles, rappeler les éléments du décor. On peut utiliser le plan fait dans l'exercice 1, p. 74.

• Première écoute : noter les jeux de scène et déplacements demandés à chaque personnage.

• Expliquer : *sursauter, se précipiter*.

• Seconde écoute (fractionnée) : vérifier et compléter.

• Mimer la scène en classe, après avoir reconstitué un décor sommaire (table et chaises).

Transcription

Écoutez. Le metteur en scène de *La Leçon* donne des directives à ses deux comédiens. Michel (le professeur) et Sylvie (l'élève).

Bon, on va travailler la scène de la leçon sur les langues étrangères… Asseyez-vous à la table… Sylvie face au public. Michel à gauche… Voilà… Alors, Michel, tu commences à donner ta leçon et pendant que tu parles, tu te lèves et tu vas vers la fenêtre… Tu regardes par la fenêtre… Toi, Sylvie, tu te retournes pour le regarder… deux ou trois fois… Puis tu commences à rêver et petit à petit tu t'endors. D'accord ?

Pendant ce temps, toi, Michel, tu ne fais pas attention à ton élève. Tu vas vers la porte qui mène au couloir de l'appartement. Elle est ouverte. Tu la pousses brusquement. Le bruit fait sursauter Sylvie et elle fait tomber son livre. À ce moment-là, Michel, tu te précipites, tu te baisses et tu le ramasses… Puis, tu continues à parler et tu te mets à tourner autour de la table. Tu ne regardes jamais ton élève sauf quand tu passes derrière elle… À ce moment-là, tu te penches vers elle comme pour lui parler dans l'oreille… Tu fais trois fois le tour de la table, puis tu vas vers la bibliothèque… Ça va ? On essaie de faire ça ! On y va !

Exercice 4, p. 75. Script de film.

• Répartir les scènes par paires.

• Rédiger le script de la scène. Faire un exemple collectif. Utiliser l'illustration.

• Mise en commun. *Exemple* :

Billy the Kid vient d'entrer dans le saloon → Il s'avance, lève la tête, regarde à droite et à gauche. Tout s'arrête, même la musique. Il s'approche d'une table, éteint sa cigarette dans le verre d'un petit vieux. Il s'éloigne. Quelqu'un l'appelle. Il se retourne. L'homme lui jette le contenu du verre au visage. Duel…

Le Bossu. *Film adapté d'après le roman de Paul Féval (1857).*
Film d'aventures (Cape et Épée). Le chevalier de Lagardère est un héros courageux et généreux. Il va défendre Aurore de Nevers contre Philippe de Gonzague qui a assassiné le père de celle-ci pour s'approprier ses biens en épousant sa veuve. Pour parvenir à démasquer Philippe de Gonzague, Lagardère se fait passer pour un bossu.

■ Prononciation, p. 75 • Prononciation des pronoms démonstratifs et possessifs

- Exercice 1. Opposition [ui] / [ɥi].
- Exercice 2. Opposition [ɛ̃] / [jɛ̃].

Transcription

1. Répétez ces phrases. Opposez les sons.	Celui-là, c'est le tien
Lui, c'est Louis /…	Il t'appartient /…
Oui, ça fait huit francs /…	Et ceci est à moi
Tu viens goûter ce vin ? /…	Je m'en souviens /…
Aujourd'hui, c'est son tour. Demain, c'est le mien /…	Et cela est à toi
	Ça te revient /…
2. Répétez.	Le mien, le tien
Partage /…	Tout ça, c'est bien /…
Celui-ci, c'est le mien	Mais lui, il n'a rien ? /…
J'y tiens /…	

■ Découverte du document B, p. 71

- **Situation** : Jean-Michel, devenu metteur en scène, teste ses futurs comédiens. Sabine va essayer d'interpréter le rôle de la reine…
- Traiter la scène comme un exercice d'écoute.
- Introduire les mots nouveaux : *étrangler* (mimer), *la comédie, la tragédie* (exemples), *furieux* (très en colère), *mou* (pas dynamique).
- **Écoute globale** : Qui parle ? À qui ? Pourquoi ?
→ Jean-Michel, metteur en scène, conseille et critique Sabine dans le rôle de la reine. Puis il complimente Estelle.
- **Écoute fractionnée** : faire la liste des critiques adressées à Sabine ; relever le compliment adressé à Estelle.
- Prolongements : imaginer les réactions des deux jeunes femmes.

▼ Séquence C – Civilisation, p. 71 – 76 – 77

■ Contenus

• **Civilisation**	• **Situations orales**
– *une scène de café-théâtre*	– *s'indigner*
– *le café-théâtre*	– *se disputer*
• **Vocabulaire**	• **Situation écrite**
– *les étapes de la dispute*	– *la scène de ménage : vision satirique*

■ Déroulement de la séquence

• Le thème dominant de la séquence sera la scène de dispute dont on examinera diverses modalités à travers l'histoire (dialogue 8 C, p. 71 : dispute de Sabine et Estelle), à travers une scène de théâtre (scène de ménage, p. 76), à travers les activités proposées (étapes de la dispute, sujets de dispute, p. 77).

1. Démarrer la séquence par l'étude du dialogue 8 C, p. 71 ; les formules indignées de Sabine seront réutilisées dans l'exercice 3, p. 77.

2. Faire les exercices de la double page « Civilisation » dans l'ordre proposé.

■ Découverte du document C, p. 71

• **Situation** : Pour réaliser le projet de Sabine, Jean-Michel a fait venir ses amis comédiens de Paris. À deux occasions, ce dernier a préféré le travail d'Estelle (affiche publicitaire, interprétation du rôle de la reine). Comment Sabine va-t-elle réagir ?

• **Observation de l'illustration. Identifier la situation et les personnages.**

Faire trouver les sujets de dispute possible (avouables et non avouables).

Faire imaginer ce que les deux jeunes femmes se disent (reproches, plaintes).

• **Introduire le vocabulaire** : *La répétition, prendre pour, se rendre compte, accrocher, le projecteur, exaspérant.*

• Écoute du dialogue. Comparer avec les phrases proposées par les étudiants.

• Apprendre et jouer le dialogue.

■ Activités p. 76 – 77

■ Exercice 1, p. 77. Le déroulement de la dispute.

Introduire la scène de théâtre en précisant la situation des personnages.

Elle et Lui vivent ensemble sans être mariés. Lui vit chez Elle.

a. • Faire le portrait du couple, des deux personnages. Utiliser la grille.

Le couple	Elle	Lui
– un couple ancien (*années 70, relique, résidu, vieilles rancœurs*) – ils se disputent souvent – ils aiment les conflits verbaux – ils conservent de l'humour	– la théière lui appartient – l'appartement (ou la maison) lui appartient – provocatrice (*tu n'oseras pas*) – ironique et méchante (*alors tu devrais te jeter par la fenêtre*) – des déceptions passées (*allumer les vieilles rancœurs*)	– difficile, autoritaire, égoïste (*elle me gêne*) – se met facilement en colère, violent (*il jette et casse les objets*) – fier (*tu me traites de relique*) – il veut peut-être se venger sur la théière ?

• Expliquer les mots :

– *elle me gêne* : Je ne la supporte pas.

– *monsieur les Gros Muscles* : provocation ironique.

– *objection* : expression utilisée pour signifier le désaccord au tribunal.

– *refusée* : expression utilisée au tribunal.

– *un résidu* = un reste.

b. Les étapes de la dispute :
• Présenter le vocabulaire du tableau. Travail par paires. Puis mise en commun.

c. Suite de la scène.
• Travail collectif. Exercice ouvert. *Exemples* :
→ Ils se réconcilient ; il s'en va et revient quelques heures après ; il s'en va et ne revient plus jamais ; elle le tue ; il la tue ; il la frappe ; elle le frappe.

> *Le café-théâtre est en partie à l'origine du renouveau comique en France. Le théâtre de boulevard était enfermé dans des schémas très conventionnels. On y retrouvait toujours le même trio adultérin : le mari / l'épouse / l'amant ou la maîtresse, et ses quiproquos comiques.*
> *Avec le café-théâtre s'opère une renaissance de la veine comique. À l'origine, comme son nom l'indique, il associait un lieu de spectacle à un lieu de consommation. Puis le café-théâtre évolue progressivement vers le petit théâtre de poche où quelques passionnés de spectacle viennent, avec des moyens réduits, essayer leur talent comique face au public. Les années 1970-1980 seront l'âge d'or du café-théâtre. Son succès est dû à l'introduction de nouveaux thèmes, à sa langue sans tabous, à son mélange d'humour et de critiques sociales. Un café-théâtre, comme le Café de la Gare à Paris, a été une pépinière de talents non conformistes. Et ses anciens comédiens sont parfois devenus de véritables vedettes nationales au cinéma (Depardieu) ou dans le spectacle humoristique (Coluche).*

■ **Exercice 2, p. 77. Sujets de disputes.**

• Lire les vignettes et trouver collectivement les étapes de la dispute.
• Répartir les thèmes (voiture, maison, enfant, travail, rue). Pour chaque thème chercher les sujets de dispute possibles.
• Mise en commun.

■ **Exercice 3, p. 77. Jeux de rôles.**

• Travail par paires ou groupe.
• Choisir une scène de dispute.
• Faire la liste des étapes de la dispute.
• Rédiger la scène.
• Jouer la scène. *Exemples* : Dispute entre deux personnes dans la rue :
A. Mais regardez donc où vous marchez !
B. Et vous, vous ne pouvez pas faire attention ? Regardez devant vous !
A. Ah, vous n'êtes pas content ?
B. Vous êtes stupide et en plus violent…

8 Corrigés du cahier d'exercices

1. Création d'une pièce de théâtre.
1 d – 2 b – (3 g – 4 a) – (5 f – 6 i) – 7 c – 8 e – 9 h.

2. Mise en scène.
a. Distribution : Carmen → une jeune comédienne, beauté méditerranéenne, allure féline, séduisante, yeux vifs et intelligents – Don José → jeune homme, visage naïf – Deux dragons (gardiens) – Figurants : commères du quartier, gens dans la rue.

b. Accessoires : Carmen : robe de gitane – foulard pour tenir les cheveux – grosses boucles d'oreilles – Don José et les deux dragons : uniformes de militaires espagnols du XIXe siècle, sabres, lances, bottes à éperons – costumes du peuple pour les figurants.

c. **Décor** : vieux quartier populaire d'une ville espagnole : ruelle étroite, balcons, fenêtres.

d. **Déplacements et gestes** : Don José met Carmen entre deux dragons. Il marche derrière le groupe. Ils se mettent en route. Ils passent devant une ruelle étroite. Carmen parle à Don José, le charme. Tout à coup elle se retourne et lui lance un coup de poing. Il se laisse tomber. Elle saute par-dessus lui et se met à courir. Don José se relève, met sa lance en travers de la ruelle. Ses camarades s'arrêtent, Don José se met à courir. Carmen a disparu, les commères se moquent des soldats.

3. Mouvements et actions – Exercice ouvert.

4. Emplois figurés.

• … les prix des logements *ont grimpé*… Les affaires des promoteurs immobiliers *marchent* bien. Ils viennent de *lancer* une grande opération publicitaire.

• Antoine est très *attiré* par le mystère des extraterrestres… Il y a vingt ans qu'il *se penche* sur ce sujet… et ne peut *se détacher* de cette préoccupation.

• … Elle s'est vraiment *accrochée*… elle a travaillé dix heures par jour sans *relâcher* son attention.

• … ou *évitez* de sortir ! Vous risquez *d'attraper* froid.

5. Pronoms interrogatifs – Choisir.

a. Lesquelles *choisissez-vous* ? b. Lequel *préfères-tu* ? e. Lesquels *sélectionnez-vous* ? d. Lesquelles *désignez-vous* ? e. Laquelle *retenez-vous* ?

6. Pronoms possessifs et démonstratifs.

– … Patrick ! C'est *la tienne* ? – Non, ce n'est pas *la mienne*. C'est *celle* de François.

– … Ce ne sont pas *les nôtres*… – Ce sont *ceux* de Frédéric et Alexandre…

Il y a deux casques ici. Ce sont *les vôtres* ? – Oui, ce sont *les nôtres*… – Cette robe de servante est à Bénédicte, et *celle*-ci c'est *celle* de Sabine… Ce sont *celles* de Marianne et Estelle. Oui, ce sont *les leurs*.

7. Définir un objet ou une personne.

– *le trou du souffleur* : c'est un endroit situé à l'avant de la scène, qui est caché, et où le souffleur est assis. (Il peut rappeler le texte à l'acteur qui a un trou de mémoire.)

– *les projecteurs* : ce sont des appareils qui permettent d'éclairer la scène.

– *les machinistes* : ce sont des techniciens qui s'occupent des changements de décor.

– *la maquilleuse* : c'est la personne qui maquille les comédiens (modifie l'apparence de leur visage).

– *table tête-à-tête* : c'est un meuble qui est conçu pour favoriser le dialogue entre deux personnes.

– *couteau-à-tarte* : c'est un couteau qui permet de découper une tarte (un gâteau) en parts toujours égales.

– *porte-plume-fourchette* : D'une part il permet d'écrire cinq lignes à la fois. D'autre part on peut manger tout en écrivant puisqu'il permet de piquer un morceau dans l'assiette.

« **Table tête à tête** : par sa forme très étudiée elle permet aux convives d'être très près l'un de l'autre.

Couteau à tarte : plus de jaloux dans les familles ! avec ce couteau, vous couperez des parts de tarte rigoureusement égales. La vis permet de régler l'angle et de faire des parts plus ou moins grandes. (Il est livré avec notre couteau une table permettant de calculer instantanément l'angle de réglage par rapport au nombre de portions désirées.)

Porte-plume-fourchette : permet aux employés de bureaux de prendre leur repas de midi sur les lieux de leur travail. »

8. Expression de la possession.

« Monsieur King, vous *êtes à la tête* de plusieurs sociétés… 200 000 employés *dépendent* de vous. Vous *possédez* une immense fortune... Les dix voitures garées dans la cour vous *appartiennent*. Vous *détenez* dans votre coffre-fort une importante collection... Vous *disposez* aussi de trois passeports...

9. Propositions relatives.

• *les cendriers* qui ne sont pas vidés.
• *les clés* qu'on prend ou qu'on oublie.
• *la vaisselle* qu'on ne fait pas.
• *les stylos* qu'on emprunte sans les rendre.
• *le couvert* que personne ne veut mettre.
• *la note* téléphonique qui dépasse 2 000 F.
• *la musique* qu'on écoute à tue-tête.
• *la télévision* qui fonctionne toute la journée.
• *les lampes* qui restent allumées dans une pièce vide.

10. • **Extension des jambes.** Allongé sur le ventre, les mains derrière la tête, soulevez la jambe gauche. Gardez la jambe droite étirée et la jambe gauche à l'horizontale pendant cinq seconde. Posez. Soulevez la jambe droite... etc.

• **Élévation alternative des jambes.** Couché sur le dos, les bras étirés derrière la tête. Soulevez les genoux vers la poitrine. Gardez un genou dans cette position pendant que vous étirez l'autre jambe et que vous la faites descendre, pointes des pieds vers l'extérieur. Descendez lentement, posez puis ramenez la jambe en position initiale. Recommencez avec l'autre jambe.

11. Exercice ouvert.

▼ Séquence A – Grammaire p. 78 – 80 – 81

■ Contenus

• **Grammaire** – *le plus-que-parfait* – *le discours rapporté au passé* • **Civilisation** – *Isabelle Adjani*	• **Vocabulaire** – être passé, abandonner, en vouloir à… – un embêtement – correct • **Situations orales** – *regretter* – *approuver / désapprouver*

■ Déroulement de la séquence

• Le travail de la séquence sera axé sur deux objectifs : la formation et l'emploi du plus-que-parfait, le discours rapporté au passé.

1. Pour introduire ces deux objectifs, on commencera par aborder le dialogue A, p. 78.

2. On passera ensuite à l'étude du tableau « Passé et futur dans le passé », p. 80.
On y examinera tout d'abord la formation et l'emploi du plus-que-parfait. Puis faire l'exercice de fixation n° 1 de la rubrique « Entraînez-vous » p. 81. Passer ensuite aux exercices d'application n° 1, p. 80, et 2 et 4, p. 81.

3. On reviendra au tableau de la page 80 pour traiter la transposition du discours rapporté au passé. Faire l'exercice 2 de la rubrique « Entraînez-vous », p. 81, pour renforcer l'appropriation. Terminer par l'exercice 3, p. 81.

■ Découverte du document A, p. 78

• **Situation** : Jean-Michel a choisi l'affiche d'Estelle et lui a aussi donné le rôle de la reine. Sabine avait l'impression d'être inutile et d'être au service des « Parisiens ». Elle s'est disputée avec Estelle.

• **Observation de l'illustration**. Lecture de l'introduction. Écoute de la première réplique de Jean-Michel : identifier les personnages, la situation, le sujet de discussion. Imaginer les explications d'Estelle, d'autres personnages, la réaction de Jean-Michel.

• **Introduire le vocabulaire** : *être passé, abandonner, en vouloir à* (être déçu et en colère), *correct*.

• **Écoute et vérification des hypothèses**.

• **Lecture du dialogue** : relever les verbes et les situer sur un axe temporel.

▇ Tableau p. 80 • Exercices 1, 2 et 4, p. 80 – 81

▇ Tableau, p. 80. Le plus-que-parfait.

Présenter le plus-que-parfait en refaisant le schéma au tableau. Montrer comment ce temps est formé : analogie avec le passé composé, l'imparfait.

> ▶ **Grammaire. On se limitera aux deux valeurs suivantes du plus-que-parfait :**
> – il exprime une action antérieure à une autre exprimée au passé composé,
> – il exprime une action accomplie par rapport à une action exprimée à l'imparfait (action en train de se faire).
> (voir exemples dialogue 9 A, p. 78).
> – il sert à transposer le passé composé au discours rapporté au passé (voir ci-dessous).

▇ Exercice 1, p. 80. Formes du plus-que-parfait.

• À faire collectivement.

→ ... elle *avait* tout *fait*. Elle *était entrée* à la Comédie-Française. J'*avais joué* avec elle... Les spectateurs l'*avaient applaudie*... Elle *avait* aussi *joué* dans le film « La Gifle » où elle *avait été* formidable... Non, je *n'avais pas* encore *été engagé*, mais j'*avais rencontré* Isabelle sur le tournage d'un film où elle *avait eu* un tout petit rôle... elle *était devenue* un star.

La Comédie-Française : *théâtre français officiel, situé à Paris.*

Les Femmes Savantes : *comédie de Molière.*

La Giffle : *film de Claude Pinoteau (1974). Premier grand rôle au cinéma d'Isabelle Adjani.*

Camille Claudel : *film français relatant la vie de l'artiste sculpteur Camille Claudel, amie et collaboratrice du sculpteur Rodin.*

▇ Exercice 2, p. 81. Emploi du plus-que-parfait.

• À faire collectivement.

– *Sylvie* : ... Pierre *avait balayé*... Il *avait* aussi *fait* la vaisselle. Et enfin, il *était allé faire* les courses.

– *Réunion de famille* : ... ils *étaient devenus* charmants... Ils s'*étaient mariés* et *avaient eu* des enfants.

– *Tourisme express* : ... nous *avions visité*... nous *avions vu*... nous *étions montés*... nous *étions allés voir* Versailles.

▇ Exercice 4, p. 81. Suppositions.

• À faire collectivement. Exercice ouvert. Utiliser le plus-que-parfait.

→ ... L'inauguration n'a pas eu lieu parce que la construction n'était pas terminée. Etc.

   ... Il n'est pas parti pour Paris parce qu'il avait rencontré une jeune fille. Etc.

▇ Tableau, p. 80. Exercice 3, p. 81

▇ Tableau, p. 80. Discours rapporté au passé.

Présenter le système des transpositions permettant le passage du discours direct au discours rapporté au passé. L'imparfait remplace le présent. Le plus-que-parfait remplace le passé composé. Le conditionnel devient futur dans le passé.

■ **Exercice 3, p. 81. Discours et pensées rapportés.**

a. Travail collectif.

« Elle m'a dit qu'*elle ne supportait* plus Jean-Michel et ses amis. *Je lui ai demandé ce qu'ils lui avaient fait. Elle m'a répondu qu'elle avait tout organisé, qu'elle était allée* rencontrer les chefs d'entreprise et que, maintenant, *on la considérait* comme une domestique. Alors, *je lui ai demandé ce qu'elle allait faire. Elle a dit qu'elle rentrait chez elle* et que, si *on ne lui faisait* pas d'excuses, *elle abandonnerait* tout, et *partirait* chez des amis dans le Midi. »

b. Travail par paires puis mise en commun.

■ Entraînez-vous, p. 81

• Exercice 1. Emploi du plus-que-parfait : antériorité par rapport au passé composé.
• Exercice 2. Transposition du discours direct au discours rapporté au passé.

Transcription

1. Répondez comme dans les exemples.	**2. Rapportez ces phrases comme dans l'exemple.**
• Pourquoi n'avez-vous pas déjeuné avec eux ? /... – J'avais déjà déjeuné. • Pourquoi n'êtes-vous pas allé voir ce film avec eux ? /... – Je l'avais déjà vu. • Pourquoi n'êtes-vous pas allé dans cette disco-thèque avec eux ? /... – J'y étais déjà allé. • Pourquoi n'avez-vous pas parlé de votre voyage aux États-Unis ? /... – J'en avais déjà parlé. • Pourquoi n'avez-vous pas invité Sylviane ? /... – Je l'avais déjà invitée.	• Je suis allé au cinéma hier /... → Il m'a dit qu'il était allé au cinéma. • J'ai vu un bon film /... → Il m'a dit qu'il avait vu un bon film. • J'étais avec Sylviane /... → Il m'a dit qu'il était avec Sylviane. • Nous nous sommes bien amusés /... → Il m'a dit qu'ils s'étaient bien amusés. • J'achèterai la cassette du film /... → Il m'a dit qu'il achèterait la cassette du film. • Je te la prêterai /... → Il m'a dit qu'il me la prêterait.

▼ Séquence B – Vocabulaire, p. 78 – 82 – 83

■ Contenus

| • **Vocabulaire**
 – *sentiments liés à une situation agréable / désagréable*
 – se conduire, avertir, il vaut mieux…
 – un embêtement, un imbécile

 • **Situation orale**
 – *expression des sentiments* | • **Situation écrite**
 – *compréhension d'un article*

 • **Civilisation**
 – *Georges de la Tour, Manet*
 – *les gens bien et les imbéciles*

 • **Prononciation**
 – *articulation des consonnes* |

■ Déroulement de la séquence

• La séquence est principalement consacrée à la découverte du vocabulaire des sentiments.

1. On démarrera la séquence par l'étude du dialogue B, p. 78. Les relations entre personnages permettront de rappeler ou d'introduire le vocabulaire des sentiments du tableau, p. 82.

2. Faire les exercices de la double page « Vocabulaire » p. 82-83, dans l'ordre proposé.

3. Terminer la séquence par les exercices de la rubrique « Prononciation » p. 83.

▪ Découverte du document B, p. 78. Tableau, p. 82

• **Situation** : Après sa dispute avec Estelle, Sabine a disparu. Estelle propose de continuer sans elle. Fabien pense que ce n'est pas réaliste. Jean-Michel comprend qu'il a été trop autoritaire et pas assez coopératif. Il le regrette. Mais Estelle lui demande de choisir entre le retour de Sabine ou sa défection.

• **Observation de l'illustration.** Écoute du dialogue. Identifier la situation, les personnages, le sujet de discussion, les intonations et les sentiments.

• **Représenter les relations des personnages selon le schéma ci-dessous.**

Expliquer leurs sentiments. Faire apparaître les sentiments éprouvés lors de la scène B et des situations précédentes. Utiliser le vocabulaire du tableau p. 82. Présenter les diverses constructions pour parler d'un sentiment.

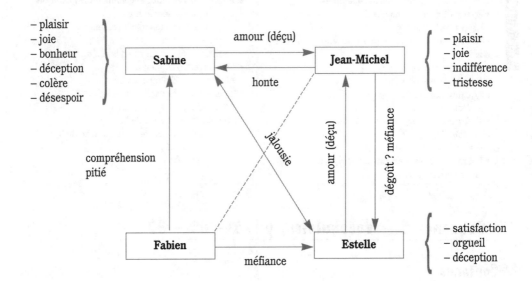

• Expliquer les mots : *un embêtement, se conduire, un imbécile.*
• Écoute fractionnée : vérifier les hypothèses.
• Lecture et apprentissage de la scène. Jouer le dialogue.

▪ Exercices 1 et 2, p. 82, et 3 p. 83

▪ Exercice 1, p. 82. Sentiments.

• Travail collectif. Varier les constructions. *Exemple* :
→ *Médaille d'or* : « D'abord on est très heureux. Et ça vous rend joyeux. Après on éprouve de la fierté. Et quelque temps plus tard, on est simplement content. »

▪ Exercice 2, p. 82. Réactions.

• Travail collectif.
→ a4 – b6 – c1 – d2 – e3 – f5

• Trouver d'autres situations d'emplois pour ces formules :

→ *J'en ai assez* : Elle ne supporte plus son travail. Elle ne supporte plus son mari.

■ **Exercice 3, p. 83. Regards et sentiments.**

• Travail collectif préparatoire : décrire les attitudes et actions des personnages. Imaginer ce qui vient de se passer.

→ *Le Tricheur* : le tricheur cache des cartes derrière son dos. Il regarde sur le côté. La dame croit comprendre ce qui se passe. Elle veut faire respecter les règles du jeu. Le personnage de droite n'a rien vu.

• Travail par paires : imaginer les sentiments et les pensées des personnages.

→ Le tricheur a l'air indifférent. Il a honte de regarder la dame dans les yeux.

→ La dame au centre est mécontente. Elle a un regard plein de méfiance.

→ La jeune fille de droite est sérieuse. Elle n'a pas compris ce qui se passe.

■ Activité 4, p. 83 • Les gens bien et les imbéciles

a. Lecture et compréhension des deux articles, p. 83.

• Travail par paires. Puis mise en commun. Remplir la grille.

Acteur principal	Lieux	Action	Bénéficiaire	Victime
un restaurateur…	restaurant lyonnais…	a offert 200 repas…	sans domicile fixe…	riverains…

– Expliquer : *en vogue, isolé, une aubade, le riverain.*

• Travail collectif. Imaginer ce qu'on peut dire aux personnages.

→ *Au patron du restaurant* : « Bravo ! Je vous félicite pour votre générosité ».

b. • Travail de groupe.

Demander à une moitié de la classe de présenter des « gens bien » (adorables) et à l'autre moitié de présenter des « imbéciles » (gens critiquables, contestables). Faire dire les sentiments qu'ils inspirent.

■ Prononciation, p. 83

• Articulation des consonnes.

Transcription

Les acteurs de théâtre répètent ces phrases pour avoir une bonne articulation.	**4.** Tonton, ton thé t'a-t-il ôté ta toux ? /…
1. Pierre porte le pot de peinture /… pour peindre la porte du parc /…	**5.** Le fisc fixe exprès chaque taxe / … C'est excessif /…
2. Combien ces six saucisses-ci ? /… C'est six sous ces six saucisses-ci /…	**6.** *Et la plus difficile :* Chasseurs, sachez chasser ! /… Sachez chasser, chasseurs ! /…
3. Qu'a bu l'âne au lac ? /… L'âne au lac a bu l'eau /…	

▼ Séquence C – Civilisation, p. 79 – 84 – 85 – 86

■ Contenus

• **Civilisation**	• **Vocabulaire**
– *aspects du cinéma actuel*	– *le cinéma*
– *la Nuit des Césars*	– *le cadre*
– *Alain Resnais*	– *amener à…*
	– *prévu / imprévu*
• **Situation écrite**	
– *rédiger une lettre de félicitation*	• **Situation orale**
	– *féliciter, complimenter*

■ Déroulement de la séquence

• La séquence se fixe comme objectifs : la découverte du cinéma français (cinéma d'invention, Nuit des Césars) ainsi que l'apprentissage du vocabulaire de la récompense et de l'expression de la félicitation.

• On abordera d'abord la double page « Civilisation » (p. 84-85) dont on fera les activités dans l'ordre proposé.

• L'activité 2, p. 85, se fera en liaison avec les documents C de la page 79. Les étudiants auront ainsi la possibilité d'imaginer la fin ou différentes fins pour clore l'histoire de Sabine et Jean-Michel.

■ Activités 1 et 2, p. 85 • Utilisation des documents C, p. 79

■ Exercice 1, p. 85. Les films *Smoking / No Smoking*.

• Lecture et exploitation de l'article p. 84.

a. Titre et sous-titre : faire dégager collectivement l'information principale.

b. et c. Le projet de lecture consistera à relever toutes les caractéristiques originales du film :

– 2 films qui partent d'une même situation ;

– 2 acteurs qui jouent tous les rôles ;

– pas d'histoire unique mais à chaque scène plusieurs propositions d'histoires ;

– un décor artificiel (théâtre).

d. Expliquer : *la tentation, provoquant, un régal, la récompense, mériter.*

César : *récompense cinématographique décernée chaque année en France. La forme des trophées (compression) est due à l'artiste César qui leur a aussi donné son nom.*

Alain Resnais (1992). Avec Eric Rohmer et Christian Vincent (niveau I) nous avions un aperçu du cinéma psychologique français. Alain Resnais représente, quant à lui, le cinéma de recherche et de création.
Hiroshima mon amour (1959) et L'Année dernière à Marienbad (1961) lui ont valu une renommée mondiale immédiate.

■ **Utilisation des documents C, p. 79. Activité 2, p. 85.**

• Expliquer : *amener à, le cadre, prévu / imprévu.*

• Travail de groupe : donner la consigne de l'activité, donner un exemple, puis laisser chaque groupe explorer ses voies. *Exemple* :

→ 14 juillet. Bal sur la place du village. Un jeune villageois veut danser avec Estelle. Elle refuse. Un comédien intervient. C'est la bagarre.

15 juillet. Estelle fait de l'auto-stop…

■ Tableau. Activité 3, p. 85

■ **Tableau p. 85. « Féliciter – Récompenser ».**

Présenter le vocabulaire du tableau. Utiliser des situations de réussite.

■ **Activité 3, p. 85. Félicitations.**

a. Faire la liste des artistes et visiteurs possibles au tableau : (chanteur(se), musicien(ne), comédien(ne), etc.) et (admirateur/trice, imprésario, etc.).

• Travail par paires. Puis mise en commun.

→ *Visiteurs* : Bravo pour votre spectacle ! C'était extraordinaire !

Je vous félicite. Quelle énergie sur scène !

Je peux vous parler ? Je peux avoir un autographe ?

b. Rédiger une brève lettre de félicitations.

• Demander aux étudiants : « Qui peut écrire à qui pour le/la féliciter ? »

• Noter les propositions au tableau. Ne pas exclure la fantaisie :

→ Leonardo / à son amie Roxane / pour le succès de son premier disque.

• Donner la formule de départ.

→

> Ma chère Roxanne,
>
> Je viens d'apprendre par la presse que…

• Travail par paires. Lecture de quelques productions.

■ **Activité 4, p. 85. Organiser la Nuit du cinéma.**

• En petit groupe, on constituera une sélection de trois films qu'on primera.

– Constituer la liste.

– Décerner les récompenses.

– Les justifier.

▼ **Civilisation, p. 86 • Lecture : Quand la banlieue rencontre l'université**

- Présenter Lucien.
- Suivre la démarche proposée par le livre. Montrer que les différences sociales apparaissent dans les projets des deux jeunes gens.
- Expliquer : *une nana* (familier) = une fille ; *se blottir* ; *auto-tamponneuses* = petites voitures qui s'entrechoquent sur une piste.

> *Lucien est le personnage fétiche du dessinateur F. Margerin. Lucien est un jeune de banlieue. Il aime la moto, le rock et le flipper. Habituellement, il porte la « banane », mèche de cheveux gonflée sur le front. Mais, ici, Lucien vient de terminer son service militaire. Il incarne une certaine jeunesse des années 1980-1990.*
>
> *La Foire du Trône : fête foraine qui a lieu à Paris.*

9 Corrigés du cahier d'exercices

1. Sentiments.

b. Je suis découragé(e) : « Ah, non je n'ai vraiment pas de chance ! »

c. J'éprouve de la fierté : « Bravo ! Félicitations ! »

d. J'éprouve de la joie : « Je suis vraiment content(e) pour vous. »

e. J'éprouve de la surprise : « Tiens ! Quelle bonne surprise ! »

f. Je suis mécontent(e) : « Il se moque de moi ! »

g. J'éprouve de la déception, de la colère : « Ils exagèrent ! »

b. 1 c – 2 e – 3 a – 4 f – 5 d – 6 g – 7 b – 8 a, f, g.

2. Cinéma, trucages et effets spéciaux.

a. • *Willow* → avec la technique du morphing, on peut métamorphoser les personnages.

• *Forrest Gump* → l'acteur est intégré dans des images d'archives.

• → on sait modifier le mouvement des lèvres d'un personnage et lui faire dire des paroles jamais prononcées.

• → on saura bientôt faire faire au personnage des gestes inventés.

• *Jean de Florette* : on a ajouté un orage à la post-production.

b. • **idée de changement** → métamorphoser, transformation, maquillage, manipulation, modifier, inventer, rajouter.

• **idée de faux et d'illusion** → image numérique, qui n'a pas d'existence réelle, effets spéciaux, maquillage, truquer, manipulation, indécelable, invisible, rajouté, artificiel, vrai/faux, postiche…

c. Exercice ouvert.

3. Plus-que-parfait.

a. Au repas de midi, *j'avais trop mangé.* – **b.** *Nous avions voyagé* une partie de la nuit. *Nous nous étions couchés tard.* – **c.** …, *tu étais déjà parti(e).* – **d.** …, *ils s'étaient fréquentés et avaient fait des voyages ensemble.* – **e.** *Il avait été allumé par un client mécontent.*

4. Avant (que)/après (que).

a. • Je t'ai téléphoné une première fois après mon arrivée au bureau.

• Puis je t'ai rappelée après que le directeur a réuni le personnel.

• Enfin j'ai encore essayé après avoir déjeuné avec mes collègues (après le déjeuner).

b. • Je dois savoir mon rôle avant la répétition, avant de répéter, avant que nous répétions.

• Je dois préparer le repas avant l'arrivée des enfants, avant qu'ils (n')arrivent de l'école.

• Les enfants doivent faire leurs devoirs avant le dîner, avant de dîner, avant qu'ils (ne) dînent.

5. Rétrospective.

a. Année 30 : pionnier de la recherche polaire Séjour de quatorze mois chez les Inuits.
1947 : fondation et direction des Expéditions polaires françaises.
1976 : retraite sur l'archipel de Bora-Bora.
1995 : décès.

• **Temps** : il est mort, a dirigé (passé composé) – Il s'était retiré, avait été, avait fondé (plus-que-parfait) – avoir passé (infinitif passé).

b. Exercice ouvert.

6. Discours rapporté.

Marie : Est-ce que tu voudrais te marier avec moi ?
Meursault : Ça m'est égal. On le peut si tu le veux.
Marie : Mais est-ce que tu m'aimes ?
Meursault : Ces mots, ça ne veut rien dire ! Mais je crois que non…
Marie : Pourquoi m'épouser alors ?
Meursault : Cela n'a aucune importance. Mais si tu le désires, on peut se marier.
Marie : Tu sais, le mariage est une chose grave.
Meursault: Non.
Marie : Tu accepterais la même proposition venant d'une autre femme à qui tu serais attaché de la même façon ?
Meursault : Naturellement.
Marie : Finalement, je me demande si je t'aime…
Tu es bizarre et je t'aime sans doute à cause de ça. Peut-être qu'un jour tu me dégoûteras pour les mêmes raisons… Je veux me marier avec toi.
Meursault : On se mariera quand tu le voudras.

7. Exprimer des sentiments.

a. mort(4) – parents (5) – bébé (1) – réussite (3) – prêt (6) – santé (2).

c. courage (2-4) – joie (1) – bonne continuation (3) – bienvenue au monde (1) – vie heureuse (1-5) – succès pour l'avenir (3) – guérison (2) – que la situation s'arrange (6) – se voir bientôt (tous les documents).

d. je te rassure (2-5) – Toutes mes félicitations (1-3) – Gardez le moral (2-6) – Bravo (1-3) – Condoléances (4) – Ne t'inqiète pas (2-5-6).

b. Exercice ouvert.

8. Gestes et expressions du visage.
a. 1 e – 2 a – 3 f – 4 b – 5 j – 6 g – 7 d – 8 i – 9 c – 10 h.
b. Manière courante : 1 b – 2 d – 3 c – 4 a – 5 e – 6 j – 7 g – 8 f – 9 i – 10 h.
Manière familière : 1 c – 2 g – 3 d – 4 b – 5 a – 6 i – 7 e – 8 h – 9 j – 10 f.

• **Entracte**
1. Drapeau français : b – Coqs sur les clochers : b – La Marseillaise : b – À vos souhaits : a – Les fourchettes pointes vers le bas : b.

2. Défauts et qualités révélés par les citations
Belfour : goût parfois excéssif pour la discussion et les débats.

Daninos : individualisme.

De Gaulle : individualisme – multiplicité des groupes d'intérêts politiques, culturels.

Heine : raffinement gastronomique – allusion à l'influence de la Révolution française et de la Déclaration des Droits de l'Homme en Europe au XIXe siècle.

Meredith et De la Harpe : attitude des Français face aux problèmes de tout ordre. Goût pour les grandes révolutions, les grands projets conçus dans l'enthousiasme. Mais la mise en place des solutions qui exigent du temps, de la ténacité et du travail ne se fait pas toujours. Mentalité frivole et inconséquente.

Bilan 3

1. Conditionnel présent.

• « Si j'*étais* une star, je *serais* riche. Les journaux *publieraient* ma photo. On m'*admirerait*. »

• « Si j'*étais* quelqu'un d'important, tu m'*aimerais* davantage. Nous *partirions* faire le tour du monde. »

2. Demande polie et suggestions.

a. • « Je voudrais ce livre. »

• « Vous pourriez m'écouter ! »

• « Voudriez-vous fermer la fenêtre ! »

• « On pourrait aller au cinéma ! »

• « On devrait chercher un nouvel appartement. »

b. • « Je vous serais très reconnaissant de bien vouloir m'accorder une augmentation de salaire. »

• « Mon collègue de bureau fume. Je souhaiterais donc changer de bureau. »

• « Vous serait-il possible de vérifier mon compte ? »

3. Pronoms interrogatifs, démonstratifs, possessifs.

A – Regarde les nouveaux modèles de Peugeot. Lequel tu préfères ?

B – J'aime bien celui-ci. Mais celui-là ne me déplaît pas non plus.

A – Et les nouvelles Renault, tu les as vues ? Laquelle est la meilleure d'après toi ?

B – Celle-là est vraiment bien. Elle est aussi rapide que la mienne.

A – Oui, mais moi, je ne cherche pas une voiture comme la tienne. Je cherche une petite voiture sympa. Laquelle tu me conseillerais ?

4. Ce qui / que – celui qui / que – etc.

Ariane : C'est *celle qui* a interrogé Myriam…

Lucie : … C'est justement *ce que* j'avais révisé… Mais *ce qui* m'embête…

Lucie : Celui qui est en jean et en chemise…

Ariane : … choisissez *ce que* vous voulez. Parlez-moi de *ce qui* vous a intéressée…

5. Le plus-que-parfait.

« … Des habitants *étaient partis* pour la banlieue. On *avait construit* des immeubles de standing. On *avait aménagé* un parc. Une population bourgeoise *était arrivée*. Le petit café *avait été transformé* en grand restaurant. »

6. Rapporter des paroles ou des pensées au passé.

a. Patrick a demandé à Charlotte *si elle avait vu* le dernier film de Resnais. *Elle lui a répondu qu'elle ne l'avait pas encore vu* et *qu'elle irait* le voir la semaine prochaine. *Patrick lui a conseillé d'aller le voir* parce *qu'il était* très amusant.

b. « … *J'ai pensé que tu n'étais* pas très beau mais *que tu étais* intelligent. *Je me disais que tu avais* déjà eu des aventures et *que tu ne t'intéresserais* pas à moi. »

7. Vocabulaire.

• Pièce de théâtre : *de la mise en scène, des décors, de l'histoire, des dialogues, des costumes.*

• Moyen Âge : *des tours, du donjon, des cloîtres, des fossés, des abbayes.*

• Dépenses : *de logement, d'habillement, de chauffage, de déplacement, de loisirs.*

• Histoire : *l'occupation, la résistance, la stabilité, le développement, la prospérité.*

8. Mouvements.

• Il *s'est allongé* sur le lit.

• … Elle *s'est retournée*.

• Il a glissé. Il *a fait une chute*. Sa tête *a heurté* le sol…

• … il faut *pousser* ou *tirer* très fort.

• … *évitez* le quartier Bastille.

• Je te lance le ballon. *Attrape*-le !

9. Les sentiments.

• Admiration. Amour. Plaisir. Joie. Bonheur. Jalousie. Colère. Déception. Tristesse.

10. Test culturel.

Adjani (cinéma) – Charlemagne (histoire) – Chenonceaux (architecture) – Fontenay (histoire, architecture) – Ionesco (théâtre) – Jeanne d'Arc (histoire) – Normands (histoire) – Resnais (cinéma) – Romains (histoire) – Sartre (théâtre – littérature – philosophie) – Manet (peinture).

• Sud : arènes d'Arles. Bourgogne : abbaye de Fontenay. Région de la Loire : château de Chambord, de Chenonceaux. Bretagne : palais de justice de Rennes.

Projet

Cette unité est organisée comme l'unité 2. Les leçons 10 et 11 permettront de préparer le travail effectué lors de la leçon 12 consacré à la réalisation d'un recueil de poésies.

• **La leçon 10** : introduira notamment la vie du couple, l'amour et l'amitié, les sujets de conversation annuels.

• **La leçon 11** : présentera un mini-dossier sur la chanson française, initiera au vocabulaire des sensations et de la perception et abordera les rêves qui ont marqué les trente dernières années.

• **La leçon 12** : proposera aux étudiants de réaliser un recueil de poésies qui sera conduit progressivement en cinq étapes.

Objectifs

	10	**11**	**12**
Grammaire	– les adverbes – le gérondif – la proposition participe	– les adjectifs et pronoms indéfinis – l'expression de la quantité	– les propositions relatives avec *qui, que, où, dont*
Vocabulaire	– l'amitié, l'amour, la haine – les impôts	– la chanson – sensations et perceptions	– les objets et les actions de la vie domestique
Situations orales	– décrire une évolution – décrire un comportement – séquences d'actes de paroles dans des situations quotidiennes	– expression de l'indifférence – expression des sensations.	– négocier – prendre une décision en groupe
Situations écrites	– caractériser des actions – décrire une évolution	– exprimer un idéal, un rêve passé ou présent	– réalisation de textes poétiques à partir de structures grammaticales fixes
Civilisation	– les relations entre hommes et femmes (comportements) – sujets de préoccupations au cours de l'année (cartes de vœux, impôts, etc.)	– la chanson française – les idéaux et comportements dans les années 70-80-90	– quelques poètes contemporains (Queneau, Prévert, etc.) – les Français et l'humour
Prononciation	– le son [ə] muet – les sons [ɑ̃], [ɔ̃], [ɛ̃]	– prononciation de phrases poétiques avec allitération	– quelques sons difficiles (-*gne, ur, our*, etc.)

Remarque préliminaire

La double page d'introduction (p. 90-91) nous présente l'évolution d'un couple saisi à travers trois situations de la vie commune (A : retour du travail, B : projet de vacances, C : lecture du courrier) à des époques différentes de la vie (un mois après le mariage, 10 ans après, 25 ans après). Chacune des neuf scènes est illustrée par une vignette.

Représentation synthétique de la double page 90-91.

		SITUATIONS		
		Retour du travail	Projets de vacances	Lecture du courrier
ÉPOQUES	1 mois après le mariage	A		
	10 ans après le mariage		B	
	25 ans après le mariage			C

Mais seules trois situations sont traitées sous forme de dialogue. Cette double page, qui ne fait pas partie d'une unité histoire, se clôt sur elle-même. Elle a donc son unité et son autonomie. En conséquence, il serait tout à fait possible de présenter et d'exploiter les documents A – B – C en une seule fois, lors d'une première séance. Une fois les dialogues étudiés, on pourrait les faire jouer et faire utiliser les illustrations de mise en situation pour faire imaginer d'autres dialogues en tenant compte des changements intervenus dans le couple (sentiments passant de la passion à l'indifférence, éloignement physique, rapports de domination, préoccupations matérielles absentes puis constantes, etc.). Dans ce cas, on passerait ensuite à l'étude des trois doubles pages suivantes. Mais on pourra aussi utiliser un schéma d'approche plus rassurant que nous développons ci-dessous.

▼ Séquence A – Grammaire, p. 90 – 92 – 93

Contenus

• **Grammaire**	• **Vocabulaire**
– *caractérisation et circonstances de l'action :*	– le placard, la boîte, le saumon
. *les adverbes*	– remplacer
. *le gérondif*	– vacant
. *la proposition participe*	– absolument
• **Situation écrite**	• **Civilisation**
– *note pour évaluer un membre du personnel*	– *les relations entre hommes et femmes*

▤ Déroulement de la séquence

• Les documents A, p. 90, introduisent aux contenus grammaticaux de la séquence : la caractérisation et les circonstances de l'action : adverbes, participes présents et propositions participes.

1. On pourra donc débuter la séquence par l'étude des documents A, p. 90.
2. Approfondir les constructions dégagées en utilisant le tableau p. 92. Faire l'exercice 1 de la rubrique « Entraînez-vous ».
3. Passer aux exercices d'application 1, 2, 3, 4, 5, p. 92-93.
4. Terminer la séquence par l'exercice 2 de la rubrique « Entraînez-vous », p. 93.

▤ Découverte des documents A, p. 90

• **Lecture et compréhension de la note d'appréciation du supérieur hiérarchique.** Qui parle ? de qui ? à qui ? Bruno Crémieux va bénéficier d'une promotion. Quelle est sa profession ? Quelles sont ses qualités professionnelles ?
• **Approche du dialogue A.**
Observation de l'illustration. Écoute du dialogue. Faire identifier la situation, les personnages, leurs sentiments, leurs préoccupations. Que vont-ils fêter ?
• **Expliquer** : *absolument, le placard, la boîte, le saumon fumé.*
• Apprendre et faire jouer le dialogue. Faire jouer les deux autres scènes représentées sur vignette p. 90 (10 ans après le mariage, 25 ans après le mariage).
• **Relecture du dialogue.** Faire relever :
– les expressions permettant de caractériser les personnes (relative, participe passé, participe présent),
– les mots et expressions caractérisant les verbes (adverbes, gérondifs).

▤ Tableau. Exercices 1, 2, 3, 4 et 5, p. 92 – 93

• Présenter chaque partie du tableau en relation avec l'exercice d'application correspondant.

▥ Exercice 1, p. 92. Les adverbes.

• À faire collectivement.
→ Il parle *parfaitement* l'anglais. Il se conduit *gentiment* avec ses collègues. Il est toujours habillé *élégamment*. Mais il sait aussi donner *patiemment* des explications aux clients, et faire *intelligemment* des suggestions. Et surtout, il peut négocier *efficacement*.

▥ Exercice 2, p. 93. Le gérondif.

• À faire collectivement.

▥ Exercice 3, p. 93. Trouvez des solutions.

• À faire collectivement :
a. Faire employer le gérondif. *Exemple* : « J'ai perdu ma clé. Comment rentrer chez moi ? »
→ en passant par la fenêtre du balcon, en cassant une vitre, etc.
b. Suivre la démarche du livre. Exercice ouvert.

■ **Exercice 4, p. 93. Utilisation de la proposition participe.**

• À faire collectivement.

– Notre travail terminé, nous pouvons nous reposer.

– Connaissant bien la région, je peux servir de guide à ces étrangers.

– Le conférencier ayant fini de parler, nous pouvons lui poser des questions.

– Des amis étant venus chez moi pour passer quelques jours, je ne peux pas accepter votre invitation.

■ **Activité 5, p. 93. Exercice de style.**

Le participe présent étant facile à utiliser, les étudiants ont souvent tendance à en faire un emploi abusif. Or, à l'école, en France, on apprend à éviter la répétition de cette construction considérée comme lourde et peu élégante.

→ À 9 heures, tout le monde était prêt. Nous sommes donc partis. Nous avons fait une pause à 11 heures parce que les enfants avaient faim. En début d'après-midi, un orage a éclaté et nous nous sommes réfugiés dans une vieille ferme. Puis, comme la pluie s'était arrêté et que tout le monde s'était reposé, nous avons repris notre marche.

■ Entraînez-vous, p. 93

• Exercice 1. Emploi du gérondif.

• Exercice 2. Révision : emploi des pronoms (*m', le, l', les, y, en*).

Transcription

1. Pouvez-vous faire deux choses à la fois ?
Répondez oui ou non comme dans l'exemple.

• Vous pouvez travailler et écouter la radio en même temps ? /...

– Oui, je peux travailler en écoutant la radio.

– Non, je ne peux pas travailler en écoutant la radio.

• Vous aimez dîner et regarder la télé en même temps ? /...

– Oui, j'aime dîner en regardant la télé.

– Non, je n'aime pas dîner en regardant la télé.

• Vous pouvez discuter avec vos amis et lire en même temps ? /...

– Oui, je peux discuter avec mes amis en lisant.

– Non, je ne peux pas discuter avec mes amis en lisant.

• Vous aimez lire le journal quand vous prenez votre petit déjeuner ? /...

– Oui, j'aime lire le journal en prenant mon petit déjeuner.

– Non, je n'aime pas lire le journal en prenant mon petit déjeuner.

• Vous savez nager le crawl et respirer correctement ? /...

– Oui, je sais nager le crawl en respirant correctement.

– Non, je ne sais pas nager le crawl en respirant correctement.

• Vous pouvez vous mettre en colère et sourire en même temps ? /...

– Oui, je peux me mettre en colère en souriant.

– Non, je ne peux pas me mettre en colère en souriant.

2. Marie aime beaucoup le cinéma. Répondez pour elle, affirmativement.

• Tu es allée au cinéma récemment ? /...

– Oui, j'y suis allée.

• Tu as vu le dernier film de Chabrol ? /...

– Oui, je l'ai vu.

• Tu l'as aimé ? / ...

– Oui, je l'ai aimé.

• Tu avais vu d'autres films de Chabrol ? /...

– Oui, j'en avais vu.

• Tu avais apprécié ces films ? /...

– Oui, je les avais appréciés.

• Les films d'Alain Resnais t'intéressent ? /...

– Oui, ils m'intéressent.

• Tu as vu tous les films de Resnais ? /...

– Oui, je les ai tous vus.

▼ Séquence B – Vocabulaire, p. 91 – 94 – 95

■ Contenus

• **Vocabulaire** – *l'amitié, l'amour, la haine* – l'odeur, la vache – coller • **Civilisation** – *les différences entre hommes et femmes*	• **Situations orales / écrites** – *décrire une évolution* – *lecture d'une page de roman* • **Prononciation** – *le son* [ə] *muet* – *les sons* [ã], [ɔ̃], [ɛ̃]

■ Déroulement de la séquence

• La séquence est consacrée au thème de l'amitié, de l'amour et de la haine.

1. On pourra donc débuter la séquence par l'étude de la double page « Vocabulaire », p. 94-95. Faire les exercices dans l'ordre proposé par le livre.

2. Poursuivre par les exercices « Prononciation », p. 95.

3. Présenter le document B, p. 91, en fin de séquence par souci de liaison avec la partie C (B et C pouvant d'ailleurs être traités et exploités au cours de la même séance).

■ Tableau et exercice 1, p. 94

a. Associer utilisation du tableau et exercice 1 (exercice d'apprentissage).

• On pourra présenter le vocabulaire du tableau, sous forme d'animation de classe, en développant les scénarios présentés dans l'exercice 1.

Exemple : Ils sont tous les deux ambitieux. Ils sont tous les deux héritiers d'une riche famille.

→ **1.** Ils se sont rencontrés au club de tennis. Elle était très belle. Il est tout de suite tombé amoureux. Elle le trouvait sérieux et gentil et éprouvait de la sympathie pour lui. De l'amitié pas de l'amour. Mais un jour elle lui a présenté son amie Dorothée…

b. Exercice ouvert.

■ Activité 2, p. 95 • Elle et lui : Les différences

a. Lire le scénario de la conversation entre amis. Examiner la durée de la communication téléphonique. Comparer avec la durée de la communication féminine.

• Travail de groupe : rédiger un scénario de conversation féminine.

• Mise en commun : Que pensez-vous de cette caricature ?

b. • Travail de groupe. Suivre la démarche du livre.

• Mise en commun. Organiser un débat :

→ – Il y a de grandes différences entre hommes et femmes…

– Non, ces différences n'existent pas…

■ Activité 3, p. 95 • Sentiments et comportements

a. • Travail par paires. Puis mise en commun. Suivre la démarche du livre.

• Expliquer : *la relation, figurer, un vœu.*

• Le personnage adopte des comportements magiques pour conjurer (surmonter) l'absence de la personne aimée.

• Autres comportements possibles :

→ Elle écoutait son disque préféré. Elle avait fait agrandir des photos où elle était avec lui. Elle priait la nuit, rêvait qu'il frappait à la porte, etc.

Annie Ernaux (1940). *Romancière d'inspiration autobiographique. Dans* La Place, *elle relate, dans une langue simple et dépouillée, le décalage social entre un père et une mère de condition modeste et leur fille qui a fait des études. Dans* Passion simple, *elle décrit le comportement et les pensées d'une femme qui vient de perdre son amour.*

b. Travail par paires. Mise en commun.

Faire réemployer le vocabulaire du tableau p. 94.

Exemple : Julien a eu un coup de foudre pour Armelle.

→ Il écrit des poèmes pour elle, il imagine être le héros d'une histoire avec Armelle, il passe devant sa maison en espérant la voir, etc.

Prononciation, p. 95

• Exercice 1. Prononciation des adverbes en *-(e)ment*.

• Exercice 2. Répéter le poème.

        Travail collectif au tableau : continuer le poème.

Transcription

1. Adverbes en *-(e)ment*. Transformez comme dans l'exemple et corrigez votre prononciation.

• Quand il court, il est rapide /...
→ Il court rapidement.

• Mais quand il travaille, il est lent /...
→ Il travaille lentement.

• Quand il parle, c'est toujours avec calme /...
→ Il parle calmement.

• Quand il explique quelque chose, il est toujours patient /...
→ Il explique les choses patiemment.

• Quand il fait quelque chose, c'est toujours avec efficacité /...
→ Il fait les choses efficacement.

• Et quand il parle italien, c'est toujours parfait /...
→ Il parle parfaitement italien.

2. Écoutez et répétez ces phrases.

Je voudrais vivre /...
En écoutant le vent /...
En parcourant le monde /...
En lisant des romans /...
En répétant ton nom /...

Découverte des documents B, p. 91

• Traiter le dialogue B comme un exercice d'écoute.

– Expliquer : *(se) coller, l'odeur, la vache*.

– Écoute globale : identifier la situation, personnages, sujet de conversation, intentions, désaccord, sentiments.

– Écoute fractionnée : relever les expressions ou formules traduisant :

  . le désir de parler de Marianne, sa déception ;

  . l'indifférence, le désintérêt de Bruno.

• Faire jouer la scène. Préparer et jouer les deux autres scènes.

▼ Séquence C – Civilisation, p. 91 – 96 – 97

■ Contenus

• **Civilisation**	• **Vocabulaire**
– *le cycle des conversations de l'année :*	– *les impôts*
. les impôts en France	– *la propriété, le palace, le balcon*
. les prix littéraires	– *arroser, fleurir, fertile*
	– *salir, s'indigner, perturber*
• **Situations orales**	– *impérativement*
– *saisir le sujet de conversation*	

■ Déroulement de la séquence

• Lors de la séquence seront passés en revue les sujets de conversation qui rythment l'année.

1. Si le document C, p. 91, n'a pas encore été traité, on le traitera rapidement en début de séquence.

2. Passer au travail sur la double page « Civilisation » (p. 96-97).

■ Découverte du document C, p. 91

• Observation de l'illustration correspondant au dialogue C, p. 91.

• Faire des hypothèses sur :

– le courrier de Bruno (journaux, factures, relevé bancaire, etc.) et les commentaires qu'il fait

– le courrier de Marianne (lettre des enfants, d'un(e) ami(e), invitation, etc.) et ses remarques

• Expliquer : *la facture, une propriété, le palace.*

• Écouter et vérifier les hypothèses. Qui s'intéresse aux questions d'argent ? aux relations familiales et amicales ? Pourquoi cette spécialisation ?

• Travail par paires. Imaginer les deux autres dialogues :

– 1 mois après le mariage : Marianne vient de recevoir une lettre d'un ancien admirateur ;

– 10 ans après le mariage : Marianne vient de recevoir une lettre du même admirateur.

■ Activité 1, p. 96 • Les sujets de conversation annuels

• Travail par petits groupes. Suivre la démarche du livre. Faire utiliser les dictionnaires.

Le Paris-Dakar. Célèbre rallye qui conduit les concurrents de Paris jusqu'à Dakar au Sénégal, après une longue traversée du Sahara occidental. Sujet à controverse, cette épreuve a ses défenseurs et ses adversaires. Les uns critiquent ce qu'ils considèrent comme un coûteux gaspillage, une fantaisie inutile ou la profanation d'un espace vierge. Les autres y voient un visage de l'aventure moderne.

Les impôts. En France, on distingue les impôts directs et indirects.

• *Les impôts directs comprennent :*

– *les impôts sur le revenu : ils sont payés à l'État ;*

– *les impôts fonciers (propriétaire d'habitation) et la taxe d'habitation sont payés aux communes, aux départements et régions ;*

– la CSG (contribution sociale généralisée) et le RDS (remboursement de la dette sociale) sont prélevés à la source sur le salaire brut.
• Les impôts indirects comprennent : la TVA (taxe sur la valeur ajoutée), la vignette automobile, et sont payés à l'État.
• Chaque année, tous les contribuables doivent établir leur déclaration d'impôt sur le revenu avant le 1er mars. Cet impôt sur le revenu se paie par tiers : un premier tiers pour le 15 février, un second pour le 15 mai et le dernier en fin d'année. Taxe d'habitation, impôt foncier, vignette automobile se paient en fin d'année.
• Comme toujours en matière d'argent, les Français sont très discrets. Ils ne révèlent pas volontiers le montant de leurs revenus ni de leurs impôts.

En avril ne te découvre pas d'un fil ; en mai fais ce qu'il te plaît.
Proverbe sur les saisons. Avril peut être froid. Mai est généralement clément.
• Le mois de mai est le mois des « ponts ». La succession des fêtes occasionne des week-ends prolongés : 1er mai (fête du Travail), 8 mai (fête de la Victoire, fin de la Seconde Guerre mondiale), jeudi de l'Ascension (fête religieuse), Fête des mères, communion (fête religieuse et familiale, le jeune catholique engage sa foi).

Le numéro d'immatriculation. Il permet d'identifier l'origine géographique du propriétaire d'une voiture. En effet, deux chiffres indiquent son département de résidence. Exemple : 2347 TS 13 : 13 indique le département des Bouches-du-Rhône (Marseille).

Les prix littéraires. Ce sont des événements médiatiques qui permettent de relancer chaque année le commerce du livre.
• Le prix Goncourt est le plus prestigieux. Il récompense un roman de l'année.
• Le prix Fémina est décerné par un jury de femmes pour encourager une œuvre nouvelle.

Activité 2, p. 97 • Exercice d'écoute. Utiliser la cassette

Traiter les cinq documents sonores l'un après l'autre. Suivre la démarche proposée dans le manuel.

Écoutez ces cinq documents sonores.

Transcription

1. Ambiance rue – trottoir
– Attends…
• Qu'est-ce que tu regardes ?
– Ben, les prix littéraires de cette année. J'ai envie de m'acheter un roman.
• Eh ben je te conseille pas le Goncourt, il est nul !
– Tu l'as lu ?
• Non, mais Séverine m'a dit que son copain l'avait acheté et… il n'a pas pu aller plus loin que la trentième page…

2. Ambiance intérieur voiture – sur la route
– Pff ! C'est pas possible ! Ça fait un quart d'heure qu'on n'avance pas… Et regarde-moi cet imbécile ! Il me dépasse et il se colle devant moi !
• C'est quoi comme immatriculation 05 ?
– Les Alpes… C'est pas vrai ! Il se croit dans ses montagnes ce type ou quoi ?

3. Ambiance intérieur maison
– Dis donc, tu la fais quand la déclaration d'impôts ?
• Ouais, je la ferai.
– Je t'avertis, c'est dimanche soir la date limite.
• Ouais, mais ils vont prolonger, comme chaque année.

4. Information à la radio
– Victoire de Citroën dans le Paris-Dakar.
Sur les pistes africaines, la ZX de Citroën pilotée par Lartigue a bien résisté aux Nissan et aux Mitsubishi.

5. Ambiance intérieur maison
– Ah tiens, j'ai vu Sylviane Girard. Elle nous a invités pour le réveillon du jour de l'An.
• Ah non, pas question d'aller chez les Girard cette année. Je me suis trop ennuyée l'an dernier. D'ailleurs, lui, je ne le supporte plus. Tu te souviens ? Il n'a pas arrêté de parler de son boulot.

10 Corrigés du cahier d'exercices

1. Comportements amoureux.

b. Soyez patiente – Ne soyez pas déçue par ses hésitations – Comprenez son goût de la perfection – Multipliez les petites attentions.

c. Ne soyez pas toujours avec elle – Conseillez-lui de sortir avec ses amies, d'avoir des activités personnelles – Mais stimulez-la et montrez-lui que vous avez confiance en elle.

d. Votre femme a besoin de rencontrer d'autres personnes – Ne soyez pas jaloux – Intéressez-vous à la culture – Montrez à votre femme qu'elle est libre de faire ce qu'elle veut.

e. Vous êtes en harmonie avec vous-même. Vous attirez les autres – Soyez franche avec vos amis. Parlez-leur ouvertement – Méfiez-vous des Sagittaires. Ils sont inconstants – Soyez compréhensive avec les Capricornes – Appréciez les qualités réelles des Poissons – Etc.

2. Le portefeuille des Français.

1. → e, l – **2.** → k – **3.** → i – **4.** → a, h – **5.** → b – **6.** → c (attestation d'assurance), g (attestation du règlement de la taxe automobile) – **7.** → f – **8.** → j – **9.** → d

3. Recettes et dépenses.

a. (salaire – traitement) – **b.** (bourse) – **c.** (allocation – indemnité) – **d.** (allocation familiale) – **e.** (pension) – **f.** (intérêts) – **g.** (subvention) – **h.** (loyer) – **i.** (impôt) – **j.** (cotisation) – **k.** (taxe) – **l.** (pourboire) – **m.** (acompte)

4. Adverbes en -(e)ment.

a. Buvez de l'eau *abondamment* (fréquemment) – Faites du sport *régulièrement* – **b.** Sors de la voiture *calmement* – Parle *poliment* (gentiment) à l'autre automobiliste – Remplis le constat *complètement* et *lisiblement* – **c.** Ne lui parle pas *sèchement* ni *méchamment* – Parle-lui *gentiment* – Expliquez-vous *franchement* – Sortez ensemble plus *fréquemment*.

5. Adverbes et difficultés d'emplois.

a. ... de manger *beaucoup*. Il a *trop* mangé... il a été *très* malade... de *beaucoup* marcher... il fait *trop* mauvais...

b. Moi, j'aime *bien* aller manger... Quand on est pressé, on peut manger *vite*.

... ce qu'on y sert n'est pas *bon*. Je ne suis pas un amateur de restauration *rapide*.

... on mange très *bien*... Le service est peut-être moins *rapide*... Mais tant pis ! *Vite et bien* ne vont pas ensemble.

c. *doucement* = lentement – *absolument* = oui, bien sûr – *précisément* = exactement – *dernièrement* = récemment – *précisément* = justement – *vraiment* = gravement.

6. Gérondif.

a. 51 % en étant bloqué dans un embouteillage, 16 % en regardant la télévision, 10 % en prenant les transports en commun, 8 % en dormant, 4 % en téléphonant et 1 % en se promenant.

b. Exercice ouvert

7. Sens et emploi du gérondif.

P. : Je suis tombé en panne *en traversant* Beauvais.

H. : *En faisant* vérifier ta voiture plus souvent, tu ne tomberais pas en panne.

P. : ... *En oubliant* de mettre du « super », elle bouche le carburateur.

H. : Et tu t'es débrouillé comment ? *En appelant* un garagiste ?

P. : ... trois personnes qui passaient m'ont aidé *en poussant* la voiture.

8. Rechercher des informations dans un texte.

a. (2)

b. 1 à 9 : *primer* = occuper la première place – *éphémère* = très bref – *en péril* = en danger – *un gage* = garantie.

10 à 19 : *paradoxalement* = d'une manière contradictoire – *banaliser* = rendre banal, ordinaire.

20 à 33 : *abonder* = produire en grande quantité

– *en couches* = pendant un accouchement – *se solder par* = avoir pour résultat, pour conséquence – *trouver des aménagements* = s'adapter, accepter des compromis.

c.

Causes	Explications
Le divorce	Les enfants de divorcés ne veulent pas faire revivre à leurs enfants leur expérience négative. À la rupture, ils préfèrent la double vie qui assure la stabilité du couple.
Le coût du divorce	Le divorce est une solution coûteuse en temps de crise : la fortune familiale est partagée, divisée.
La médiatisation du sujet	La télévision, les magazines traitent souvent du thème de l'infidélité. Ce comportement est présenté comme banal et ordinaire.
L'accroissement de la durée de vie	Vivre quarante à cinquante ans avec la même personne c'est long. Aussi trouve-t-on des remèdes anti-routine.

9. Donner une opinion sur un fait de société.

a.

	Caractérisation du comportement	Arguments
1	– compréhensible – acceptable dans certains cas	– Dans la double vie, on cherche ailleurs ce qu'on n'a pas trouvé dans la vie de couple. – C'est une solution acceptable lorsqu'il y a des enfants.
2	– compréhensible – normal	– Chacun est libre de faire ce qu'il veut. – Personne n'appartient à personne. – Les comportements ont évolué. On s'attache moins. – Certains se sentent prisonniers du mariage.
3	– inconcevable – inacceptable – choquant	– Le mariage est un engagement sérieux. – En cas d'incompréhension, le divorce est une solution préférable aux complications d'une double vie.

b. Exercice ouvert

▼ **Séquence A – Grammaire, p. 98 – 100 – 101**

■ **Contenus**

• **Grammaire** – *adjectifs et pronoms indéfinis* – *expression de la quantité* • **Situation orale** – *expresion de l'indifférence* • **Civilisation** – *panorama de la chanson française*	• **Vocabulaire** – *la chanson* – faire le point sur, se porter (bien/mal), étouffer, convenir, entraîner – la génération – nostalgique, précédent – surtout

■ **Déroulement de la séquence**

• L'objectif principal de la séquence est la maîtrise des adjectifs et pronoms indéfinis.
Deux objectifs complémentaires y sont associés : l'expression de la quantité indéfinie et de l'indifférence.
1. L'interview A, p. 98, servira de support introducteur à ces objectifs grammaticaux.
2. On fera les exercices des pages 100-101 en les faisant précéder ou en les combinant à la présentation des éléments correspondants du tableau p. 100.
3. Faire les exercices de fixation grammaticale (« Entraînez-vous », p. 101).

■ **Découverte du document A, p. 98**

• Traiter l'interview p. 98 comme un exercice d'écoute.
– Expliquer : *se porter (bien / mal), convenir, étouffer, entraîner, la mélodie, la génération, précédent, nostalgique, surtout.*
– Écoute globale : indiquer qu'il s'agit de l'interview d'un animateur de café-théâtre par un journaliste. Faire identifier les thèmes de la conversation.
– Écoute fractionnée : faire noter : les goûts des jeunes, les goûts des gens âgés, les remarques sur la musique anglo-américaine.
• Lecture de l'interview. Faire relever :
– les verbes exprimant le goût et la préférence ;
– les adjectifs et pronoms indéfinis.

– Représenter les indéfinis par un diagramme :

tout le monde	la plupart	quelques-uns	certains	chacun	n'importe qui

Petit panorama de la chanson française.

Depuis trente ans, des courants très divers ont marqué la chanson française. On peut néanmoins distinguer quelques orientations fortes.

• La chanson à texte, très en vogue dans les années 60-70. Elle a surtout été représentée par Brel (critique du conformisme), Ferrat (chanson engagée), Brassens (chanson satirique et tendre), Gainsbourg (fantaisie verbale).

• La chanson rock, privilégiant le rythme, est dominée par la présence constante depuis trente ans de Johnny Halliday.

• La nouvelle chanson française est d'une richesse foisonnante. Renaud est le descendant d'une veine contestataire et populiste. Certains explorent une voie néo-romantique. C'est le cas de Maxime Le Forestier toujours déchiré entre utopie et réalité, de Francis Cabrel qui mêle les émotions au rythme du folk song à la française, de Jean-Jacques Goldman où l'amour et l'amitié, les préoccupations humanistes côtoient le rock. MC Solaar, enfant de l'immigration, a su, quant à lui, renouveler la chanson à texte en l'associant à la musique rap. La chanson féminine aussi est très présente. Patricia Kaas interprète des chansons nostalgiques et sentimentales. Enzo Enzo chante les illusions perdues.

▉ Tableau et exercices 1, 2, 3 et 4, p. 100 – 101

▉ Tableau et exercice 1, p. 100. Sens des indéfinis de quantité.

• Les points utiles du tableau seront introduits à partir de l'exercice 1 qu'on traitera comme un exercice d'apprentissage.
• À faire collectivement :
100 % → tous ; 96 % → la plupart ; 70 % → beaucoup ; 60 % → beaucoup ; 10 % → certains ; 3 % → peu ; 0 % → aucun.
• Insister sur le caractère très approximatif et relatif de ces quantificateurs.

▉ Tableau, p. 100 et exercice 2, p. 101. Construction des indéfinis.

• Présenter à partir du tableau les constructions comportant un pronom indéfini complément direct. Après cette présentation, on pourra utiliser l'exercice 1 de la rubrique « Entraînez-vous ».
• Faire collectivement l'exercice 2.
→ – Oui, *je les ai tous pris.*   – Oui, *j'en ai laissé la plupart…*
    – Si, *j'en emporte quelques-uns…*   – *…J'en ai plusieurs dans ma valise.*
    – Oui, *j'en ai pris certains…*   – *Je n'en mettrai aucune…*

▉ Tableau, p. 100, et exercice 3, p. 101. Expression de l'indifférence.

• Introduire les composés de *n'importe…* à partir du tableau, p. 100 (partie 5).
• Après cette présentation, on pourra utiliser l'exercice 2 de la rubrique « Entraînez-vous », p. 101.
• Puis faire collectivement l'exercice 3, p. 101.
a. → Dans l'ordre : N'importe quoi… N'importe où… N'importe lequel… N'importe quel film me conviendra… N'importe quand.

b. Préparer la scène par paire. La faire jouer :

→ – On se marie quand ?

     – N'importe quand. Ça m'est égal, etc..

■ **Tableau, p. 100, et exercice 4, p. 101. Présenter des personnes.**

• Présenter les points 3 et 4 du tableau avant de passer à l'exercice 4.

• Traiter le début d'un exemple collectivement au tableau.

• Travail par paires. Lecture de quelques productions.

■ Entraînez-vous, p. 101

• Exercice 1. Réemploi des constructions comportant un pronom indéfini complément direct.

• Exercice 2. Réemploi des composés de *n'importe…*

Transcription

1. Vos goûts musicaux correspondent exactement au sondage de l'exercice 1, p. 100. Répondez à ces questions. • Vous aimez les disques de rock ? /... – Oui, je les aime tous. • Les chansons françaises vous plaisent ? /... – La plupart me plaisent. • Vous écoutez des disques de jazz ? /... – Oui, j'en écoute beaucoup. • Les disques de musique classique vous plaisent ? /... – Beaucoup me plaisent. • Vous aimez les chansons anciennes ? /... – J'en aime quelques-unes. • Vous écoutez des disques d'opéra ? /... – J'en écoute très peu. • Vous avez vu des opérettes ? /... – Je n'en ai vu aucune.	**2. Votre amie veut faire avec vous des projets de vacances. Mais tout vous laisse indifférent. Répondez-lui comme dans l'exemple.** • Où est-ce qu'on va ? /... – N'importe où. • Quand est-ce qu'on part ? /... – N'importe quand. Ça m'est égal. • Quelle voiture on prend, la tienne ou la mienne ? /... – N'importe laquelle. Comme tu voudras. • Avec qui on part ? Pierre et Françoise ? Hélène et Jean ? /... – N'importe lesquels. Ça m'est égal. • J'ai envie d'aller dans un pays d'Europe ? Lequel tu préfères ? /... – N'importe lequel. • On ira à l'hôtel ? Dans les auberges de jeunesse ? On fera du camping ? Comment on se logera ? /... – N'importe comment. Comme tu voudras.

▼ Séquence B – Vocabulaire, p. 98 – 99 – 102 – 103

■ Contenus

• **Vocabulaire** – *sensations et perceptions* – *collectionner, s'endormir, capter* – *l'impro(visation), le phénomène* – *balaise, doré* • **Situation écrite** – *lire un texte d'information*	• **Civilisation** – *extraits de chanson :* . *de Francis Cabrel* . *de MC Solaar* – *le symbolisme des couleurs* • **Prononciation** – *allitérations et rythme en poésie*

■ Déroulement de la séquence

• Au cours de cette séquence, on se proposera de faire maîtriser le vocabulaire des sensations et de la perception.

1. Démarrer par les documents B, p. 98-99, qui introduisent aux thèmes de vocabulaire de la séquence.

2. Présenter les contenus du tableau, p. 102, en relation avec les exercices d'apprentissage 1 et 3, p. 102.

3. Poursuivre avec les activités 2, p. 102, et 4, p. 103. Terminer la séquence avec les exercices de prononciation, p. 102.

■ Découverte du document B, p. 98-99

• **Lecture de l'introduction B, p. 98.** Faire trouver des chansons connues pour illustrer les thèmes évoqués.

• **Lecture et compréhension de l'extrait de la chanson de Francis Cabrel, p. 98.**

Le texte (authentique) de la chanson n'est pas ponctué. On travaillera donc phrase par phrase en aidant les étudiants. Dans chaque phrase, faire relever :

– les sensations et perceptions directement évoquées,

– les sensations évoquées indirectement,

– les effets poétiques.

Exemple : « Elle écoute… bruit des moteurs »

– Sensation directe : le bruit des moteurs.

– Sensation indirecte : le parfum, la couleur des fleurs.

– Effets poétiques : *écouter* ne signifie pas que l'on *entend*. La phrase signifie donc : elle essaie d'oublier le bruit des moteurs pour porter toute son attention sur les fleurs.

Noter toutes ces sensations dans un tableau (voir / écouter / entendre / toucher / sentir / goûter.) Tout en expliquant cette chanson, introduire une partie du vocabulaire de la page 102.

• **Lecture et compréhension de l'extrait de la chanson de MC Solaar, p. 99.**

Dans ce court passage, MC Solaar parle de lui-même. MC Solaar n'écrit pas les textes de ses chansons à l'avance, il les improvise en studio pendant l'enregistrement. C'est donc un *pro* (professionnel) de l'*impro* (l'improvisation). Il est d'origine africaine (*je suis du Sud*) mais a grandi dans les banlieues (*les quartiers nord*). Il traite les problèmes des banlieues sans haine (*sans être brutal*), en utilisant les rythmes musicaux de la culture des banlieues (*sur ce tempo*). Il touche tous les publics (*phénomène, phénoménal*).

• **Expliquer** : *le pro* (professionnel) *de l'impro*(visation), *capter* (= recevoir), *balaise* (fam. = qui a du talent), *le phénomène* (= personne originale), *phénoménal* (= extraordinaire).

• **Écrire le texte au tableau.** Faire identifier les sons répétés : rimes finales et intérieures (assonances et allitérations).

■ Tableau p. 102. Exercices 1 et 3, p. 102 – 103

Présenter le vocabulaire en liaison avec les exercices 1 et 3 qu'on traitera collectivement comme des exercices d'apprentissage.

■ **Exercice 1, p. 102. La vue.**

→ ... on *distinguait* mal le petit chemin... et nous *avons aperçu* le sommet de la montagne. ... Nous *remarquions* les plantes et les arbres... nous *scrutions* les pentes rocheuses pour *observer* les chamois... Il faut *fixer* un point noir sur la pente grise... et nous avons pu *contempler* un magnifique paysage...

■ **Exercice 3, p. 102-103. Sensations et perceptions.**

• À faire collectivement au tableau. Suivre la démarche proposée.
• Utiliser les illustrations des pages 102 et 103.

■ **Exercice 2, p. 102 • Les sons et les bruits. Exercice d'écoute. Utiliser la cassette.**

• Travail collectif.
a. Écouter les atmosphères sonores l'une après l'autre. Identifier : le lieu d'enregistrement, les bruits, leur origine, les activités ou actions qui peuvent accompagner chaque scène.
b. Écoute globale de chaque extrait. Identifier la scène, les bruits. Imaginer les actions qui les accompagnent.

α. Écoutez ces 6 atmosphères sonores :	**5.** L'orage.
1. Feu d'artifice.	**6.** Salle de concert, avant le début du concert.
2. Chaîne de montage dans une usine.	
3. En montagne : le vent, le ruisseau, les oiseaux.	**b. Écoutez la bande sonore des deux scènes de cinéma où l'on n'entend que des bruits. Imaginez et rédigez ces histoires.**
4. Dans un bar.	

Transcription

■ **Activité 4, p. 103 • Les couleurs**

a. Suivre la démarche proposée dans le livre.
Expliquer : *la pureté, la lessive, l'aristocratie, la virginité, le réprouvé, sanctionner.*
b. Exercice à faire à l'aide du dictionnaire bilingue. Faire un exemple au tableau.

Le symbolisme des couleurs.
Le vert est la couleur de la végétation. On parle d'« espaces verts » pour désigner les parcs d'une ville. C'est aussi la couleur du printemps et de l'espoir. Mais la langue verte est l'argot. Les petits hommes verts sont les extraterrestres. Et on peut devenir vert de peur.
Le noir est la couleur de la mort, du deuil et de la tristesse. Pour un enterrement, on s'habille souvent de noir. « Voir tout en noir », c'est être pessimiste. Et le drapeau noir est le drapeau de l'anarchie.
Le bleu évoque la mer, le ciel, mais aussi l'idéal. C'est aussi la couleur du froid. On peut avoir une peur ou une colère bleue. Enfin, « avoir du sang bleu » signifie être d'origine aristocratique.

■ **Prononciation, p. 103**

A. Suivre la consigne du livre.
b. Écoute et répétition de vers de poèmes célèbres.

Écoutez ces extraits de poèmes célèbres.

Paysage biblique
Un frais parfum sortait des touffes d'asphodèles /...
Les souffles de la nuit flottaient sur Galgala /...

Après la mort d'Ophélie
Sur l'onde calme et noire où dorment les étoiles /...
La blanche Ophélia flotte comme un grand lys /...

Atmosphère d'automne
Les sanglots longs /...
Des violons de l'automne /...
Blessent mon cœur /...
D'une langueur /...
Monotone /...

▼ Séquence C – Civilisation, p. 99 – 104 – 105

■ Contenus

• Civilisation – *idéaux et comportements dans les années 70-80-90* **• Situation écrite** – *page de roman : exprimer un idéal, un rêve passé, présent*	**• Vocabulaire** – l'angoisse, l'illusion, l'espoir, le discours, la théorie, le sang – la vedette, le cordonnier – échapper à, mettre du cœur à – si... que, tant

■ Déroulement de la séquence

• Cette séquence nous donnera un aperçu des idéaux qui ont dominé dans les années 70-80-90.
1. On abordera la séquence par les extraits de chanson de Enzo Enzo et Jean-jacques Goldman.
2. Passer à la double page « Civilisation » et suivre l'ordre des activités proposé.

■ Découverte des documents C, p. 99

• Lecture et compréhension de l'extrait de la chanson de Enzo Enzo, p. 99.
– Expliquer : *une illusion, un espoir, une vedette.*
– Faire les portraits passé / actuel de la jeune femme. Compléter par des exemples.

Avant	Aujourd'hui
elle avait des illusions elle voulait changer le monde	plus rien ne la dérange elle veut simplement être quelqu'un de bien

• Lecture et compréhension des extraits de chanson de Jean-Jacques Goldman, p. 99.
1. *Il changeait la vie.* La chanson raconte une histoire. De quel personnage s'agit-il ? Quel travail faisait-il ? Comment le faisait-il ? Comment a-t-il aidé les autres ? Quelles étaient les qualités du cordonnier ?

Le cordonnier nous donne une leçon de modestie, de patience. Qui Goldman critique-t-il ?
– Expliquer : *le cordonnier, échapper* (ici, *oublier*), *la tâche, la théorie.*

2. *Vivre cent vies.* Le rêve « pluriel ». Quels sont les souhaits du chanteur ? Faire donner des exemples.

■ Activités 1 et 2, p. 104 – 105

■ **Exercice 1, p. 104. Lecture rapide.**

• Suivre la démarche proposée par le livre.
• Expliquer : *fréquenter, guetter, tendre la main, la pollution, la vitre, les initiales, l'air conditionné, la poussière, le néon.*

Les années 70. Le « rêve américanisé » des années 70 a été surtout diffusé par la télévision et le cinéma. En fait, il s'agit plutôt de l'idéal proposé par la société de consommation. Ce rêve donne l'impression que le bonheur se trouve dans la possession ou la consommation des biens matériels (palace, voyage en avion, voiture et objets de luxe). Pour signaler sa réussite, le possesseur peut imposer sa marque personnelle aux objets (téléphone personnel avec les initiales de ses nom et prénom). »

Le mouvement hippie (de l'américain hip « dans le vent »). Venu lui aussi des États-Unis, il a eu son origine dans le refus de cette même société de consommation et des ses valeurs. Il célébrait la vie nomade et marginale, la recherche de valeurs nouvelles fondées sur la vie contemplative. D'où la poursuite, par certains adeptes, d'une quête mystique qui les conduisait jusqu'en Inde ou au Népal.
Herman Hesse (1877-1962), écrivain suisse d'origine allemande, est l'un des inspirateurs de ce mouvement. Dans son roman Siddhartha (1922), on retrouve la déception engendrée par les valeurs matérielles et l'itinéraire d'une quête spirituelle.

Guerlain : maison parisienne qui fabrique et vend des parfums et produits de beauté.

Armée du Salut : organisation caritative protestante qui s'occupe des pauvres dans la rue.

Woodstock : localité de l'État de New York. En 1969 s'y est tenu un grand rassemblement de jeunes et de groupes de musiciens pop « pour trois jours de musique et de paix ».

■ Activité 2, p. 105 • Les deux rêves de vie

• Travail collectif.
a. Faire distinguer les deux rêves au tableau. Faire relever les souhaits propres à chaque rêve. En imaginer d'autres.

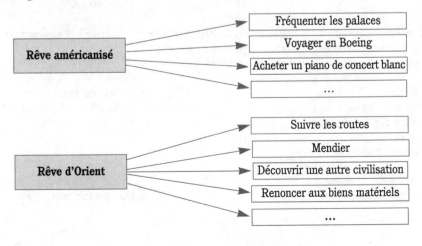

Rêve américanisé	→	Fréquenter les palaces
	→	Voyager en Boeing
	→	Acheter un piano de concert blanc
	→	…

Rêve d'Orient	→	Suivre les routes
	→	Mendier
	→	Découvrir une autre civilisation
	→	Renoncer aux biens matériels
	→	…

b. et **c.** Suivre la démarche proposée.

■ Activité 3, p. 105 • Changer de vie

a. Travail par paires puis mise en commun.

b. Animation collective. Suivre la démarche proposée. On pourra aussi utiliser les illustrations : faire raconter ou imaginer les sujets des films (*Le Magnifique, Wall Street*) ou du roman (*Madame Bovary*).

> **Le Magnifique.** *Un écrivain se met à rêver qu'il est le héros de ses romans. Il se prend pour une sorte de James Bond.*
>
> **Wall Street** *représente les idées qui triomphent dans les années 80. Avec leurs fortunes construites rapidement et facilement, les golden-boys sont les héros de cette période.*
>
> **Madame Bovary** *raconte l'histoire d'une femme déçue par la vie où elle ne retrouve pas le monde rêvé de ses lectures de jeunesse.*

c. Travail individuel. Lecture de quelques productions.

11 Corrigés du cahier d'exercices

1. Chanson.

Informations sur le chanteur (la chanteuse) ou le groupe	Informations sur le type de musique	Informations sur les paroles, sujets, thèmes abordés
Alain Bashung : beaucoup de présence scénique – carrure du personnage	un des meilleurs représentant du rock français	vient d'enregistrer un disque *live* (en public)
Mano Solo : chanteur (il) Une des grandes voix de la décennie.		nouveau disque – « *Les Années sombres* ». Il chante les aspects tragiques de la vie (sombre, grave, révolte).
Mylène Farmer : chanteuse. Absente de la scène depuis longtemps – Personnalité mystérieuse.	Chansons accompagnées à la guitare – Rythmes et sonorités fortes (« en cotere »)	Libertinage – Sentiments tristes
Maurane : chanteuse Retour après une absence de quatre ans. Mais elle a enregistré un disque *live* (en public) – Charme de sa voix (magicienne).		chansons enflammées – voix profonde, tremblante d'émotion
Maxime le Forestier : chanteur, toujours déchiré entre utopie et réalité.		un des plus sûrs poètes de la chanson française

2. Changement.

a. ... Olivier *s'est* complètement *transformé*... Il *a perdu* du poids... Ensuite, il *a modifié* sa coiffure... Maintenant, il *change* souvent de vêtements... La présence de Céline *l'a rendu* plus gai. Il *est devenu* plus sociable... Il *a pris* de l'assurance...

b. et **c.** *rougir* – *bouleverser* → le bouleversement – *transformer* → la transformation – *perdre du poids* → la perte de poids – *mincir* → la minceur (fait d'être mince) – (se) *modifier* → la modification – *moderniser* → la modernisation – *rajeunir* → le rajeunissement –

changer → le changement – (se) *métamorphoser* → la métamorphose – *devenir* → le devenir – *révolutionner* → la révolution.

3. Suffixes – ir – iser – ifier.

a. Il paraît avoir vieilli (Il a apparemment vieilli) – Il a pâli. On a blanchi le mur – Elle a été élargie (On l'a élargie) – Sa maladie l'a affaibli.

b. Vous devez simplifier vos explications ! Concrétisez vos idées ! Il vous faut diversifier vos exemples ! Modernisez votre style !

4. Sens des adjectifs et pronoms indéfinis.

Résultats du vote	
Votants : 100 %	Suffrages exprimés : 100 %

Pourcentage de voix par proposition

– Cabrel	51 %	– Maurane	4 %
– Roch Voisine	22 %	– Groupe de jazz	2 %
– Enzo Enzo	21 %	– Trio classique	0 %

5. Indéfinis à la forme négative.

La secrétaire : – Non, personne – Non, aucune – Non, aucun – Pas un seul – Non, il n'a rien dit.

6. Vocabulaire de la quantité.

a. une boîte d'allumettes – un paquet de bonbons – une plaquette, une tablette de beurre – une boîte, un paquet de biscuit – un paquet de cigarettes – une boîte de chocolats – une tablette de chocolat – une bouteille d'eau minérale – une boîte, une bouteille, un pack de lait – une bouteille de lessive (liquide), un paquet de lessive (en poudre) – un sac, un kilo d'oranges, de pommes de terre – un mètre de tissu – un pot de yaourt.

b. un tas de sable – une rangée de livres, une pile de livres – un groupe de personnes (salon) – un attroupement (accident) – une file (cinéma) – une foule (concert) – une bande (de copains).

c. un morceau de pain (famille), une tranche de pain (restaurant) – un morceau de poulet (à table, en famille) – un quart de poulet (restaurant) – un verre de vin (quantité normale), une goutte (très peu) – une assiette de potage (quantité normale), une louche (très peu) – un demi (un verre de bière à la pression) – une demi-bouteille (petite bouteille de vin dans un restaurant) – un quart (petit pichet de vin au restaurant).

7. Mots de quantité et pronom « en ».

• **Aurélien** :

– Oui, j'en ai quelques-uns.

– Oui, il y en a plusieurs.

– Oui, je crois que certaines en font…

– Je t'en présenterai une.

• **L'employée** :

– Oui, nous en avons quelques-uns.

– Oui, il y en a un.

– Oui, nous en avons une…

– Oui, il y en a plusieurs qui donnent sur le jardin.

• **Christine** :

– Vous pouvez m'en réserver une pour la semaine du 20 mai ?

8. Comprendre un commentaire de spectacle.

a. • *Roméo et Juliette* : un ballet – *Le Faust argentin* : un spectacle musical – *Des jours entiers, des nuits entières* : une pièce de théâtre – Céline Dion : un spectacle de chansons.

• Différents types de spectacles : cinéma, théâtre, café-théâtre, music-hall, chansons, concert de rock, de jazz, de musique classique, ballet (classique, moderne, folklorique), opéra, opérette, spectacle de marionnettes, cirque.

b. • *Roméo et Juliette* (ballet) – *Histoire* : → résumé en quelques mots, « Les amants de Vérone vivent leur amour passionné » – *Décor* → somptueux – *Direction* : R. Noureev – *Musique* : Prokofiev – *Interprétation* : Juliette → Isabelle Guérin, Roméo → Laurent Hilaire – (en alternance avec d'autres danseurs célèbres de l'opéra) – *Appréciation positive* = très beau – triomphe – somptueux – charme fascinant – tenue – surpassent.

• *Faust argentin* (spectacle musical) – *Distribution* : A. Arias, Marilu Marini, etc. –

Histoire résumée : en pleine Pampa un gaucho (gardien de troupeau) raconte une représentation du « Faust » de Gounod, à un autre gaucho. Alfredo (Arias) se métamorphose en Méphisto (le diable) et s'amuse entre Marguerite et Faust – *Diversité du spectacle* : numéros de danse, de chant, de petites histoires – *Appréciation positive* : gaiement, la verbe d'Arias, le jeu de Marilu Marini, la voix d'Haydée Alba, la virtuosité des danseurs, atouts suffisants, on ne s'ennuie pas.

• *Des jours entiers, des nuits entières* – *Auteur* : Xavier Durringer, l'un des meilleurs auteurs contemporains.

Qualités : style personnel (langue bien à lui), sens de l'efficacité théâtrale, art de la construction des personnages (peinture subtile des sentiments humains) – *Construction du spectacle* : à partir de notes prises, d'extraits de pièces – *Mise en scène* : Stéphanie Chévara, inventive et sobre – *Interprétation des comédiens* : tous excellents – *Appréciation positive* : nouveau spectacle très intéressant, comédiens excellents, bonne soirée pour le spectateur – *Défaut* : construction composite (sèche un peu à cause de cela).

• *Céline Dion* : chanteuse québécoise – À commencé à chanter à l'âge de 13 ans. Est devenue une star internationale. – *Voix* : belle, expressive – *Présence scénique* : extraordinaire – *Genres musicaux* : rock, blues – *Salle de spectacle parisienne* : le Zénith – *Compositeur de ses dernières chansons* : Jean-Jacques Goldman – *Appréciation positive* : sacrée star internationale, belle voix expressive, extraordinaire, rien ne résiste au large registre, salle pleine, séduire le public.

Contenus

• **Vocabulaire** – un recueil, un bout, un morceau – cuire, chauffer, saupoudrer, poivrer	• **Situation écrite** – lecture et écriture de poèmes simples (haïku, poèmes-recettes, poèmes à rimes intérieures

▼ Séquence introduction au projet, p. 106 – 107 : Étapes 1 et 2

■ Déroulement de la séquence

1. On commencera par introduire le projet en expliquant ses étapes.

2. Passer à la première étape du projet (p. 106). Faire les activités 1, 2, 3, 4, p. 106-107. Terminer par l'étape 2 (p. 107).

■ Introduction du projet

• Mobiliser l'attention des étudiants : « À la leçon 12, vous allez redécouvrir la beauté des mots, des choses simples et essentielles. Vous apprendrez comment écrire des poèmes et vous composerez un petit recueil. »

• Ces poèmes seront écrits avec des mots très simples à partir d'un thème général, par exemple : la maison, la ville, les activités quotidiennes, etc.

• La réalisation du projet « Recueil de poésies » se fera en cinq étapes :

– p. 106 : Étape 1 : – Choix des modalités de travail : travail individuel ou en petit groupe.

         – Choix du thème général.

         – Découverte de formes poétiques simples et exercices d'écriture poétique.

– p. 107 : Étape 2 : – Choix des meilleures réalisations et organisation du début du recueil.

– p. 109 : Étape 3 : – Utilisation de structures grammaticales simples pour imiter ou construire un poème.

– p. 111 : Étape 4 : – Création de poèmes à partir de listes de mots.

– p. 113 : Étape 5 : – Jouer avec les mots pour écrire un poème.

         – Organisation finale du recueil (et/ou présentation d'un spectacle « Poésies ».)

▨ Étape 1, p. 106

• Suivre la démarche proposée.

• Solliciter les étudiants pour qu'ils proposent des thèmes. Les écrire au tableau. Veiller à retenir des thèmes concrets, liés au vocabulaire étudié au niveau I ou II. *Exemple* : la maison, la rue, la ville, les activités quotidiennes, le voyage, les fêtes, l'année, la nature, etc.

▨ Activités 1, 2, 3 et 4, p. 106 – 107

▨ Activité 1, p. 106. Quelques mots font une poésie.

• Suivre la démarche proposée.

Le haïku est à l'origine une forme poétique japonaise de 17 syllabes réparties en trois vers (5,7,5 syllabes). Il est caractérisé par sa brièveté et sa simplicité. On peut le comparer à une sorte de miniature poétique. Il fait renaître un objet oublié, fixe un instant privilégié, révèle un petit mystère enfoui dans le quotidien. Louis Calaferte, poète français contemporain, a utilisé la forme du haïku pour évoquer un jardin.

▨ Activité 2, p. 107. Le secret des mots.

• Démarche : proposer l'un des quatre mots donnés en exemple et demander aux étudiants de former des mots en combinant les lettres de ce mot.

Village → *ville – vie – vil – villa – île – âge – gel –* etc.

Avec ces mots, créer une phrase qui parle du mot originel. *Exemple* : un village est une île.

▨ Activité 3, p. 107. La cuisine poétique.

• Suivre la démarche proposée.

▨ Activité 4, p. 107. Laissez aller votre imagination.

• Utilisation de l'image comme un support de production poétique.
• La liste des titres proposés constituera le poème.

Nicolas Poussin (1594-1665) : peintre français de la période classique.

Raymond Queneau (1903-1976) : écrivain et poète français. Son œuvre allie humour et poésie. Il a écrit un roman très drôle : Zazie dans le métro.

▨ Étape 2 du projet, p. 107

• Suivre la démarche proposée.

▼ Séquence A – Grammaire, p. 108 – 109 • Projet : Étape 3

▨ Contenus

• **Grammaire**	• **Vocabulaire**
– *caractériser avec les relatives*	– l'agonie, la cerise, le bois
– *le pronom relatif* dont	– tuer, mordre, renverser
• **Situation écrite**	• **Civilisation**
– lecture et écriture de poèmes	– *Philippe Soupault, Jacques Prévert*

■ Déroulement de la séquence

• La séquence sera axée sur la maîtrise de l'emploi des pronoms relatifs (*qui, que, où*) et de la proposition relative.

1. Présenter les pronoms et constructions relatives à l'aide du tableau p. 108. Faire les exercices de la rubrique « Entraînez-vous ».

2. Faire les exercices 1, 2, 3 dans l'ordre proposé.

3. Réaliser l'étape 3 du projet.

■ Tableau — Exercices 1, 2 et 3, p. 108 – 109

■ Tableau, p. 108. Les propositions relatives.

• Introduire les relatives. Faire pratiquer l'utilisation des relatives à partir de micro-conversation.

– Julia a utilisé le dictionnaire ?

–Oui, c'est le dictionnaire que Julia a utilisé.

■ Exercice 1, p. 108. Le pronom relatif *dont*.

• À faire collectivement.

– J'ai lu un roman de Victor Hugo dont l'histoire se passe au Moyen Âge.

– Jacques Prévert est un poète contemporain dont l'œuvre est faite avec des mots simples.

– On a rejoué récemment la pièce d'Edmond Rostand dont tous les personnages sont des animaux.

– Je vous offre ce bon dictionnaire de français dont vous aurez besoin pour vos études.

– Dans *La Chartreuse de Parme* de Stendhal, il y a un personnage très attachant dont je rêvais quand j'étais adolescent(e) et dont j'étais même amoureux(se).

■ Exercice 2 p. 109. *Qui, que, où, dont*.

• Travail collectif.

– *Le Petit Larousse* est un dictionnaire *que* j'aime bien et *dont* je me sers beaucoup.

– C'est un ouvrage de référence *qui* est mis à jour chaque année et *où* on trouve les nouveaux mots *qui* sont utilisés par les Français. C'est aussi un dictionnaire *où* il y a des illustrations.

– Moi, je suis étudiant à l'université. *Le Petit Robert* est le dictionnaire que je préfère. C'est celui dont j'ai besoin. C'est un dictionnaire *qui* me donne l'emploi de tous les mots *et où* je trouve beaucoup d'exemples.

■ Activité 3 p. 109. Caractériser par une relative.

• Travail collectif.

a. Suivre la démarche proposée. Expliquer : *tuer, une agonie, une cerise*.

b. Démarche du livre. Expliquer : *mordre, renverser, le bois*.

– Après le départ, la mort (?) d'une personne, il ne reste que les objets qu'elle utilisait chaque jour. Ils évoquent chacun un geste, un comportement.

– Autres titres possibles : *Départ, Souvenirs, Témoins*, etc.

Philippe Soupault (1897-1990) : écrivain français qui a participé au surréalisme. A écrit Les Champs magnétiques *en collaboration avec André Breton.*

Jacques Prévert (1900-1977) : écrivain et poète. Auteur de plusieurs recueils de poésies : Paroles, Spectacles, La Pluie et le Beau Temps. *Il a aussi écrit les scénarios et les dialogues de nombreux films.*

Étape 3 du projet, p. 109

- Suivre la démarche proposée.
- Lecture des productions.
- Critiques et suggestions.
- Amélioration des textes.

Entraînez-vous, p. 109

- Exercice 1. Emploi des pronoms relatifs *qui, que, où*
- Exercice 2. Emploi des pronoms démonstratifs + relatives.

Transcription

1. On vous interroge sur vos goûts. Répondez en construisant une phrase comme dans les exemples.	2. Elle adore la littérature. Répondez pour elle en construisant des phrases comme dans l'exemple.
• Vous aimez le chanteur Michael Jackson ? /...	• La littérature vous plaît ? /...
– Oui, c'est un chanteur que j'aime beaucoup.	– Oui, c'est ce qui me plaît.
– Non, c'est un chanteur que je n'aime pas beaucoup.	• Vous aimez les romans ? /...
• Vous faites souvent du ski ? /...	– Oui, c'est ce que j'aime.
– Oui, c'est un sport que je fais souvent.	• Je crois que vous préférez les romans classiques ? /...
– Non, c'est un sport que je ne fais pas souvent.	– Oui, ce sont ceux que je préfère.
• Vous lisez des romans d'Émile Zola ? /...	• Et les romans de Balzac vous intéressent ? /...
– Oui, ce sont des romans que je lis beaucoup.	– Oui, ce sont ceux qui m'intéressent.
– Non, ce sont des romans que je ne lis pas beaucoup.	• Parmi les romans de Balzac, il y en a un que vous relisez souvent ? C'est *Les Illusions perdues* ? /...
• La cuisine chinoise vous plaît ? /...	– Oui, c'est celui que je relis souvent.
– Oui, c'est une cuisine qui me plaît beaucoup.	• En somme, les grandes histoires où il y a de l'amour, de l'ambition... Ça vous fait rêver ? /...
– Non, c'est une cuisine qui ne me plaît pas beaucoup.	– Oui, c'est ce qui me fait rêver.
• Vous allez souvent dans la discothèque « Les Bains Douches » ? /...	
– Oui, c'est une discothèque où je vais souvent.	
– Non, c'est une discothèque où je ne vais pas souvent.	

▼ Séquence B – Vocabulaire, p. 110 – 111 • Projet : Étape 4

Contenus

• **Vocabulaire** – *les objets ou les actions de la vie domestique*	• **Prononciation** – *sons difficiles en finale* [ɲ], [yr], [ir], [ur], [abl], [dy]
• **Situation écrite** – *lecture et écriture de poèmes*	• **Civilisation** – *prix des objets en France*
• **Situation orale** – *négocier, prendre une décision en groupe*	– *poètes : G. Perec, J. Charpentreau* – *le peintre R. Delaunay*

▪ Déroulement de la séquence

- La séquence permettra d'introduire le vocabulaire des meubles et objets de la maison.
1. Suivre l'ordre des activités proposé par le livre. Réaliser l'étape 4 du projet.
2. Terminer la séquence par les exercices de prononciation, p. 111.

▪ Exercice 1. Activité 2, p. 110

- Répartir les mots à vérifier par groupes.
- Utiliser le dictionnaire bilingue.
- Faire l'exercice de classement.
- Mise en commun.

▪ Activité 2, p. 110. Jeux de rôles.

- Travail par paires. Préparation écrite. Puis mise en commun.
- Rappeler que l'on peut utiliser l'expression :
– du souhait : *je voudrais…, j'aimerais bien…*
– de la préférence : *moi je préférerais…, il vaudrait mieux…*
– de la suggestion : *il faudrait…, un piano ça me plairait bien.*
– de la nécessité : *il faut (absolument)…, on a besoin de…, il est nécessaire de…*
– de l'accord / du désaccord : *d'accord pour…, pas d'accord…,* etc.

▪ Étape 4 du projet, p. 111

a. Lecture des extraits.
- Travail collectif.
- Expliquer : *le bouquiniste, le quai, la queue, le pâté de maisons.*
- Faire identifier la construction de chaque extrait.
– Perec 1 : *Il y a… + il y a… + il y a…* etc.
– Charpentreau : *… X à quoi sert-il ?*
                         Le A, c'est pour…
                         Le B, pour… etc.
– Perec 2 : poème sous forme d'emploi du temps : heure – personnage – action – lieu.

b. Travail individuel ou par équipes.
- Rédaction des poèmes. Lecture des productions.
- Critiques et suggestions.
- Amélioration des textes.

Georges Perec (1936-1982) : écrivain français. À l'origine de nombreuses recherches formelles (Les Choses, La Vie mode d'emploi).

Jacques Charpentreau (1928) : poète français. S'est orienté vers la poésie enfantine.

▪ Prononciation

- Prononciation de finales difficiles : [ɲ], [yr], [ir], [ur], [abl],[dy]

Transcription

Écoutez et répétez ces listes de 6 mots. Dans chaque liste les mots ont la même rime.

Repérez et écrivez les mots de chaque liste qui pourraient aller ensemble dans une poésie.

1. la montagne /...   la campagne /...   la Bretagne /...
il gagne /...   Charlemagne /...   la Plagne /...

2. une facture /...   pure /...   dure /...
la nature /...   ça rassure /...   un murmure / ...

3. un sourire /...   j'admire /...   le pire /...

elle respire /...   je soupire /...   il tire /...

4. toujours /...   un retour /...   c'est lourd /...
l'amour /...   la cour /...   un four /...

5. la table / ...   une fable / ...   le sable /...
aimable /...   admirable /...   remarquable /...

6. perdu /...   défendu /...   vendu /...
pendu /...   descendu /...   rendu /...

▼ Séquence C – Civilisation, p. 112 – 113 • Projet : Étape 5

◼ Contenus

• **Civilisation**	• **Vocabulaire**
– *les Français et l'humour*	– *le vocabulaire du rire*
– *la caricature des hommes politiques*	– prétendre, prouver, remonter, polir, cirer
– *Raymond Devos*	– la planète, le siège
• **Situations écrites**	• **Situation orale**
– *lecture de textes humoristiques*	– *faire de l'humour*
– *écrire un texte humoristique*	

◼ Déroulement de la séquence

On découvrira dans cette séquence ce qui fait rire les Français.
1. Suivre l'ordre des activités indiqué par le livre.
2. Terminer la séquence par l'étape 5 du projet.

◼ Exercice 1 – Activité 2, p. 112.

◼ **Exercice 1, p. 112. Le vocabulaire du rire.**

• Travail par équipes. Utilisation du dictionnaire.
– Suivre la démarche proposée.
– Mise en commun au tableau.

Nom	Verbe	Adjectif
une caricature – une plaisanterie – une blague – l'humour – le jeu de mot – un bon mot – le trait d'esprit – la fantaisie	se moquer – tourner en ridicule – rire	caricatural – absurde
le comique – le ridicule – la moquerie – l'ironie – la satire	plaisanter – ironiser – amuser – ridiculiser	ridicule – humoristique – comique – moqueur(euse) – ironique – amusant – drôle – satirique

■ **Activité 2, p. 112 • Les caricatures**

• Travail collectif.

a. Observer les photos et le dessin humoristique.

• Rappeler le rôle du président de la République en France, le rôle du Premier ministre. Faire des hypothèses sur la situation gouvernementale.

> En France, bien que ce soit le Premier ministre qui conduise la politique du gouvernement, celui-ci reste très dépendant du président de la République qui le nomme.
> Michel Rocard, socialiste de tendance libérale, ne faisait pas partie du courant de pensée du président Mitterrand. François Mitterrand ne l'a nommé Premier ministre en 1988 que parce qu'il avait été réélu avec une faible majorité et qu'il voulait montrer une volonté d'ouverture au centre (afin d'avoir une bonne majorité à l'Assemblée législative).

– Faire comparer les caractéristiques physiques et psychologiques des personnages.

	Physique	**Psychologie**
Mitterrand	Il a le beau rôle. Il joue. Il a l'air reposé. Il est en forme. Il a une tenue distinguée...	Il a l'air indifférent, autoritaire, orgueilleux. C'est le chef...
Rocard	Il a le mauvais rôle. Il travaille. Il est fatigué. Il est habillé comme un boy-scout. Il a une culotte courte...	Il est déçu. Il ne joue pas. Il suit les ordres donnés et travaille durement...

b. Exercice ouvert.

■ Exercice 3 et activité 4, p. 113

■ **Exercice 3, p. 113. Les jeux de mots.**

• Suivre la démarche proposée.

• Expliquer : *prétendre, prouver.*

> *Raymond Devos* (1922) : artiste de variétés français. Il est l'auteur et l'interprète de nombreux monologues et sketches dont l'humour est surtout fondé sur des jeux de mots sur les différents sens des mots.

■ **Activité 4, p. 113. Le sens de l'absurde.**

a. Travail collectif.

• Lecture : expliquer : *poser, polir, cirer, le séant, le dossier.*

• Faire découvrir que le texte est une parodie de la création du monde et de l'homme. L'humour provient d'un renversement burlesque : la chaise, objet inerte, crée ici l'homme présenté comme un être asservi à la chaise.

b. Travail par groupes. Compléter les deux dialogues. Lecture de quelques productions.

> *Géo Norge* (1898-1990) : poète belge d'expression française. Il mêle habilement invention verbale, langue parlée et ironie.

■ Étape 5 du projet, p. 113

• Travail de groupe ou individuel.

• Suivre la démarche du livre.

• Pour favoriser la création des textes, rechercher des exemples.

→ Imitation de Norge : – C'est le vélo qui a inventé le cycliste.

               – C'est la route qui a créé le touriste, etc.

→ Créer un dialogue absurde : – Un jour un mot a parlé à un autre mot !...

▼ Leçon 12C, p. 114 • Lecture : Le mariage d'un futur roi de France

■ Compréhension du texte

• Expliquer le contexte historique avant la lecture.

Les guerres de Religion. Du milieu du XVIe siècle au milieu du XVIIe (début du règne de Louis XIV), l'histoire de France est marquée par deux conflits qui se superposent et sont intimement liés :
a. un conflit religieux entre catholiques (traditionalistes) et protestants (partisans d'une religion chrétienne réformée et plus « pure ») ;
b. un conflit politique entre le pouvoir royal encore mal assuré sur l'ensemble du territoire et les grands seigneurs qui ne veulent pas abandonner leur pouvoir local (leurs possessions, leurs revenus, leurs impôts, etc.). Ces derniers, pour marquer leur différence, adoptent plus facilement la religion protestante.
Plusieurs guerres civiles marquent cette période, en particulier entre 1562 et 1598 (guerres de Religion). L'épisode le plus sanglant est celui de la « nuit de la Saint-Barthélemy » au cours de laquelle 30 000 protestants sont assassinés à Paris et en province.

• Introduire : *se côtoyer, séparer, massacrer, conquérir, l'union, l'ail, rival, féroce, vulgaire.*
• Suivre la démarche proposée.

12 Corrigés du cahier d'exercices

1. Les objets.

a. 1. démén. → (un) déménagement – H.B. → (aux) heures de bureau – **2.** VDS → vends – Tél. → (le) téléphone – F → Francs – **3.** PC → un « personnel computer » (anglicisme) – **4.** Vds → vends – H.R. → (aux) heures de repas – H.B. → aux heures de bureaux – **5.** g → (un) gramme – crts → (les) carats – **7.** chauss. → chaussures – T. → taille – **9.** mm → millimètre – **10.** Part. → (un) particulier – TBE → (en) très bon état – poss. → possible (possibilité) – **13.** cple → (un) couple – **15.** Photocop.→ (une) photocopieuse – **17.** accomp. → (un) accompagnement (musical) – rens. → (les) renseignements – **19.** grde → grande.

b. Antoine → 3, 5, 12, 14 15 – Françoise et Rémi → 1, 8, 9, 10, 11, 13, 19 – Hélène et Pierre → 2, 4, 6, 7, 16, 17, 18.

c. Exercice ouvert

2. Aspects des objets.

a. – grand – la grandeur – agrandir ≠ petit – la petitesse – rapetisser

– large – la largeur – élargir ≠ étroit – l'étroitesse – rétrécir
– haut – la hauteur – élever ≠ bas – ø – (se) baisser
– lourd – la lourdeur – alourdir ≠ léger – la légèreté – (s')alléger
– long – la longueur – allonger ≠ court – ø – raccourcir
– épais – l'épaisseur – épaissir ≠ mince ≠ la minceur – amincir/mincir
– creux – le creux – creuser ≠ plat ≠ le plat – aplatir
– plein – le plein – remplir ≠ vide ≠ le vide ≠ vider

b. – *un appartement ancien/moderne* : l'appartement moderne est plus petit, moins spacieux, moins haut (élevé). Mais il est mieux équipé, mieux insonorisé,etc.

– *une petite voiture des années 30/actuelle* : la voiture actuelle est plus économique, mieux équipée, plus rapide, plus confortable, plus sûre, etc.

– *un ballon de football, de rugby, de volley-ball* : le ballon de football et de volley-ball sont ronds.

Celui de rugby est ovale. Le ballon de football est lourd. Celui de volley est plus léger.
– *le drapeau français* : il est tricolore.

c. • plus bas = meilleur marché ≠ cher, élevé
• grand = illustre ≠ ordinaire
• large = ouvert ≠ fermé, étroit
• au grand jour = en plein jour ≠ dans l'obscurité
• haut fonctionnaire = d'un grade important ≠ un petit fonctionnaire
• mémoire courte = elle ne se souvient pas de ce qui s'est passé récemment ≠ avoir bonne mémoire
• légère = trop simple, insuffisante ≠ complète, suffisante
• lourd : surchargé ≠ léger

3. Le rire.
J'ai bien ri → d – J'aime bien son sens de l'humour → f – Je me suis bien amusée → b – Je me suis moquée d'elle → a – Elle a de l'esprit → g – Ça m'a fait éclater de rire → e – Ça m'a fait sourire → c

4. Compréhension des propositions relatives.
a. Deuxième et troisième strophes :

celle (la femme)
{ qu'on voit apparaître
qui s'évanouit
dont la svelte silhouette
qu'on en demeure épanoui

la compagne de voyage
{ dont les yeux (...) font paraître court le chemin
qu'on est seul (...) à comprendre
qu'on laisse pourtant descendre...

b. Exemple : À celle qui nous regarde par hasard
Qu'on croit connaître depuis toujours
Et dont on devine les rêves d'espoir

5. Construction des propositions relatives.
b. Ce sont des gens gentils *qui* travaillent dans l'industrie pharmaceutique.

c. Corinne a tout de suite sympathisé avec Cathy *dont* la sœur travaille avec elle au ministère de la Justice.

d. Nous avons passé des soirées amusantes avec Pierre *dont* les histoires drôles font rire tout le monde.

e. Nous avons fait l'ascension de la montagne Pelée *où* nous avons vu le cratère d'un volcan.

f. Cathy est passionnée de plongée sous-marine *qui* est le sport favori de ma femme.

g. Nous allons projeter les diapositives *que* nous avons prises pendant notre séjour là-bas.

6. Relatifs composés.
a. – Le XVIIIᵉ siècle est une période passionnante de l'histoire *à laquelle* je m'intéresse beaucoup.
– Les Parisiens ont un rythme de vie rapide *auquel* je me suis habitué.
– Pour le nouvel an, Françoise a reçu 50 cartes de vœux *auxquelles* elle a répondu.
– Les sujets d'exposé *auxquels* Michel a pensé ne sont pas très intéressants.

b. – Ce soir, j'ai invité les amis *avec lesquels* j'ai visité l'Irlande.
– Michel a terminé la thèse *sur laquelle* il travaillait depuis deux ans.
– Le cinéaste Kieslowski a réalisé le film « Bleu » *pour lequel* il a obtenu le prix du festival « Le Lion d'or » de Venise.
– J'ai lu un roman d'Umberto Eco *dans lequel* j'ai trouvé une description passionnante de la vie religieuse au Moyen Âge.

c. *J.E.* : ... c'est à l'étage *qui* est juste au-dessus.
M. : ... c'est un art *auquel* j'ai du mal à m'habituer. Il y a trop de choses *que* je ne comprends pas.
J.E. : Il collecte des objets, des morceaux de fer *avec lesquels* il construit des statues.
M. : ... Mais comment s'appelle cet artiste *qui* a exposé une toile blanche sur *laquelle* il a juste peint un pont bleu ? Tu vois le tableau *auquel* je pense ?
J.E. : ... C'est un tableau *sur lequel* il y a beaucoup de choses à dire.
M. : ... C'est une œuvre *à laquelle* je ne peux pas m'intéresser et dont je me moque totalement.

7. Critique politique et sociale.

a. Le ministre découvre les contraintes d'un emploi du temps inhabituel. Le secrétaire lui précise son rôle et lui indique quelles techniques de négociation (manipulation) il devra utiliser.

b. Le ministre → l'étonnement, l'ignorance, l'incompétence, la naïveté, la stupidité.

le conseiller → la froideur, l'impassibilité, l'indifférence, le mépris, la ruse, le savoir-faire.

c. Critique des dirigeants : ils sont peu préparés à exercer leur métier. Ils sont nommés pour des raisons politiques et pas toujours en fonction de leurs qualités.

Critique de l'administration : c'est elle qui a le pouvoir. Elle est routinière. Elle méprise les gens dont elle s'occupe.

Critique des syndicats : ils ont le souci de faire parler d'eux. Ils cultivent les médias. Ils ont toujours les mêmes revendications. Ils se laissent manipuler par le pouvoir.

d. Exercice ouvert

8. Roman et humour.

• Effet de surprise : « J'ai tout de suite été d'accord. Non pas tout de suite »... « Je me demande pourquoi je parle de lui au présent car il est mort depuis un bon moment déjà »... « Quand Roland ne comprend pas, il dit qu'il comprend »... « Ce n'est ni un homme ni une femme. C'est un animal. »

• Détail descriptif amusant : « Il lui manque une incisive, comme à un vieux teckel ayant mangé trop de sucreries. »

• Phrases qui paraissent absurdes : « Roland m'a proposé de tuer des femmes, rien que des femmes » – « Je n'ai aucun besoin, c'est pourquoi il faut me payer cher ».

• Détails contribuant au suspense : « Roland m'a proposé de tuer des femmes », « Il y a beaucoup de morts dans cette histoire », « C'est un animal ».

9. Les articles du dictionnaire.

a. Il s'agit de deux mots homonymes :

(1) *une carpe* : mot féminin – espèce de poisson – étymologie : le mot latin « carpa »

(2) *un carpe* : mot masculin – articulation entre la main et le bras – étymologie : le mot grec « karpos »

b. Différences entre les deux dictionnaires :

Dans le *Nouveau Petit Robert*, pas d'illustration, pas d'information scientifique mais des informations plus complètes et plus précises sur l'étymologie, les différents sens du mot, les différentes expressions construites avec le mot. Le *Petit Larousse* donne la définition et les emplois des mots. Il donne par ailleurs des informations scientifiques sur la carpe. Il y a une illustration.

Le *Nouveau Petit Robert* est un dictionnaire complet de langue.

Le *Petit Larousse* est donc un dictionnaire de langue usuel à caractère encyclopédique.

10. Les mots nouveaux.

Imprimante : appareil connecté sur un ordinateur qui permet d'imprimer un texte – Origine : imprimer – Apparition dans la langue : nouvelle technologie.

Technopole : zone réservée aux entreprises à l'extérieur d'une ville – Origine : « polis » = ville + technologie – Apparition dans la langue : nouvel urbanisme des villes.

Cappucino : mot italien, café + crème – Apparition dans la langue : les Français diversifient leur nourriture et adoptent des boissons ou des plats étrangers.

Look : mot anglais. En français, il signifie : apparence, manière de s'habiller, de se coiffer, etc. – Apparition dans la langue : prédilection pour les mots anglais.

Bédéphile : collectionneur et amateur de bande dessinée – Origine : BD + suffixe « phile » (intéressé par) – Apparition dans la langue : développement de la bande dessinée comme phénomène culturel.

Surmédicalisé : faire une consommation excessive de soins médicaux, de médicaments, etc. – Apparition dans la langue : l'amélioration du niveau de vie et de l'information, le système de la Sécurité sociale ont entraîné la surmédicalisation.

11. Les curiosités de l'étymologie.

a 3 – b 4 – c 1 – d 5 – e 2

Bilan 4

1. Adverbes en -(e)ment.

... Il s'est *parfaitement* intégré à l'équipe. Il court *rapidement*. Il envoie *adroitement* le ballon dans le panier. Il le passe *intelligemment*. Et il ne joue jamais *brutalement*.

2. Gérondif.

- En lui racontant une histoire drôle.
- En glissant sur une marche humide.
- En gagnant au Millionnaire.
- En appelant un serrurier.
- En la lisant dans le journal.

3. Proposition participe.

- Le professeur *étant malade*, les cours n'auront pas lieu.
- Le professeur *étant revenu*, les cours vont reprendre.
- Le prix des logements *ayant baissé*, c'est le moment d'acheter.
- Ces élèves *ayant* leur baccalauréat, ils peuvent s'inscrire à l'université.
- Le film ne *commençant* qu'à 21 heures, nous avons le temps d'aller au café.

4. Pronoms indéfinis.

27 % ne lisent *aucun* livre.
32 % *en* lisent *peu*.
28 % *en* lisent *quelques-uns*.
7 % *en* lisent *un certain nombre*.
6 % *en* lisent *beaucoup*.

La plupart lisent des romans.
Les uns lisent des récits historiques.
Les autres des romans policiers.
Beaucoup s'intéressent aux ouvrages de santé.
Certains se passionnent pour les essais politiques.
D'autres préfèrent les bandes dessinées.
Quelques-uns lisent des ouvrages techniques.

5. Expression de l'indifférence.

- *Marie* : N'importe où (Ça m'est égal).

N'importe qui (Qui tu veux).
N'importe quoi (Je verrai bien).
N'importe laquelle (Celle que tu préfères).
N'importe quand (Ça n'a pas d'importance).

6. Expression de la quantité.

J'*en* ai lu quelques-uns... Je *les* ai tous lus.
Et ces livres, tu *les* achètes où ? Tu *les* empruntes à la bibliothèque ?
... J'*en* trouve certains à la bibliothèque bien sûr. Mais quand j'*en* veux un qui vient de paraître, il faut que je l'*achète.

7. Pronoms relatifs.

- C. Bovary est un médecin de campagne *qui* a été marié et *dont* la femme est morte.
- Un jour, il va soigner un riche fermier de Normandie *dont* la fille s'appelle Emma.
- C'est une jeune fille charmante *qui* a été élevée dans un couvent et *qui* a lu beaucoup de romans.
- Elle pense que Charles Bovary va lui faire vivre l'existence romantique *qu*'elle y a découverte.

8. Amour.

- Une grande aventure amoureuse → une grande passion.
- Nous sommes toujours très bien entendus.
- Puis, nous nous sommes mariés.
- Mais un jour, il a été infidèle.
- Alors, nous nous sommes séparés.

9. Perceptions.

... Je suis monté au sommet de la tour Eiffel pour *contempler* Paris... On *distinguait* l'arche de la Défense malgré la distance. J'*ai remarqué* qu'il y avait plusieurs nouveaux bâtiments... Dans la gare Saint-Lazare, j'*ai aperçu* un ami... et mon ami m'a dit « *Surveille* bien ton sac... »

10. Objets de la maison.
1. la couverture – 2. la cuillère – 3. le sommier – 4. le magnétoscope – 5. la poêle – 6. le refri-gérateur – 7. la cocotte-minute – 8. une armoire – 9. un four à micro-ondes – 10. un oreiller.

11. Sentiments, impressions, comportements.
Mon cher Julien,
» J'ai rencontré beaucoup de gens sympa-thiques. Mais certaines personnes sont toujours insatisfaites et parfois insupportables. Elles se conduisent comme en pays conquis ! Cela dit, j'ai passé une semaine de rêve. Quel bonheur ! Rester au soleil sans rien faire. Et quel plaisir de voir le bateau arriver dans un port inconnu ! J'ai aussi fait la connaissance de nombreux amis... et surtout d'une superbe jeune fille dont je crois bien être follement amoureux... »

12. Test culturel.
a – Dans l'ordre:
• septembre
• 1er mai
• novembre
• juillet
• fin décembre, début janvier.

b – Dans l'ordre :
• taxe foncière
• taxe d'habitation
• impôt sur le revenu
• les soldes
• une assurance.

UNITÉ 5

Dans le sud-est de la France, entre Avignon et Nîmes, non loin du pont du Gard, Charles Lapierre possède une grande propriété agricole : Montcalm (située dans la commune de Signac).
Mais il a des problèmes d'argent. Son neveu par alliance, Bastien, promoteur, espère profiter de la situation pour réaliser une belle opération financière. Juliette, la fille de Charles, confie ses craintes à son ami Sélim. Au cours d'une réunion de famille, chacun se moque de Charles.
La situation se complique : le futur TGV va traverser Montcalm. Juliette et Bastien se retrouvent alors à l'association anti-TGV mais ils se méfient l'un de l'autre. Sélim, quant à lui, anime une réunion à la mairie pour expliquer et défendre le projet. Mais des membres de l'association, opposés au TGV, séquestrent le maire et des conseillers municipaux. Après cet incident, Sélim menace Juliette de la quitter si elle ne rompt pas avec l'association. Comment tout cela va-t-il finir ? Va-t-on construire la ligne TGV ? Sélim et Juliette vont-ils rester ensemble ?

Objectifs

	13	14	15
Grammaire	– le conditionnel passé – le futur antérieur	– la cause, le but, la consé-quence	– situations dans le temps – la double pronominalisation
Vocabulaire	– attitudes et sentiments : courage, peur, timidité – dangers et risques, sécurité et protection	– l'agriculture – les végétaux – l'écologie	– la loi, le droit, la responsabilité
Situations orales	– anticiper sur les événements futurs – faire une hypothèse au passé, regretter – avertir, mettre en garde	– Expliquer, mettre en relation une série de faits – rassurer, donner des garanties	– raconter un souvenir – juger, critiquer un acte, une attitude
Situations écrites	– mettre en garde, avertir, conseiller	– comprendre une explication	– demander/donner une autorisation
Civilisation	– mentalités : les peurs des Français – la France protégée : Sécurité sociale, systèmes d'assurance maladie, retraite, etc.	– la protection de l'environnement et du paysage – parcs régionaux et réserves naturelles (Camargue, Pyrénées, Ardèche)	– informatique, nouvelles technologies et libertés – la ville de Strasbourg
Phonétique	– les sons [ø], [œ]	– le son [ʀ] – les sons [k], [g]	– les sons [f], [v], [p], [b]

▼ **Séquence A – Grammaire, p. 120 – 121**

■ **Contenus**

• **Grammaire** – *le conditionnel passé* – *le futur antérieur* • **Situations orales** – *faire des hypothèses au passé, regretter* – *anticiper sur les événements futurs* • **Situations écrites** – *lettre de regrets, reproches, conseils*	• **Vocabulaire** – *le vocabulaire de la banque* – le notaire, le promoteur, la spéculation – convoiter, prolonger, ça y est – les ennuis – embarrassé, conciliant

■ **Déroulement de la séquence**

• L'objectif principal de la séquence est double : présenter le conditionnel passé et le futur antérieur. On pourra adopter une approche en deux temps.

1. Démarrer la séquence par l'étude du premier document A, p. 118 (« Ennuis d'argent »). Présenter le conditionnel passé à partir du tableau p. 120. Faire l'exercice 1 de la rubrique « Entraînez-vous », p. 121, ainsi que les exercices 1, 2, 3 p. 120-121.

2. Poursuivre avec l'étude du second document A, p. 118 (« Spéculations »). Présenter le futur antérieur (voir tableau p. 121). Faire l'exercice 2 de la rubrique « Entraînez-vous » et l'activité 4, p. 121.

■ **Découverte du document A, p. 118 • Première partie : Ennuis d'argent**

• **Situation** : Charles Lapierre possède une grande propriété agricole près d'Avignon. Il a des ennuis d'argent. Il essaie de négocier avec son banquier.

• **Lecture des lignes d'introduction et observation des illustrations. Identifier la situation.** Qui est Charles Lapierre ? Pourquoi est-il chez son banquier ? Faire des hypothèses : Il place son argent ? Il a des problèmes financiers ? Pourquoi ? Imaginer le dialogue : introduire l'hypothèse au passé.

– Réviser le vocabulaire de la banque en exploitant la situation.

– Introduire : *les ennuis, catastrophique, embarrassé, conciliant*.

– Écoute et vérification des hypothèses.
– Lecture de l'introduction et du premier dialogue : faire relever les hypothèses au passé, les verbes au conditionnel passé.

La région d'Avignon, Le comtat Venaissin, est une terre de tradition agricole. On y cultive surtout les fruits et les légumes. Certains gros propriétaires agricoles sont prospères.

■ Tableau p. 120. Exercices 1, 2 et 3, p. 120 – 121

■ Tableau p. 120. Le conditionnel passé.

• Utiliser le tableau : constructions et valeurs du conditionnel passé.
• Exploiter quelques situations permettant de générer des hypothèses au passé :
« S'il n'avait pas conduit à 200 km/h, il n'y aurait pas eu d'accident… »
« Si notre équipe avait marqué un but, nous… »
• Faire l'exercice 1 de la rubrique « Entraînez-vous », p. 121.

■ Exercice 1, p. 120. Emploi du conditionnel passé.

• À faire collectivement.
– Si la récolte avait été bonne, je l'aurais vendue à bon prix. J'aurais payé mes dettes. J'aurais fait réparer ma ferme. Etc.
– Si j'avais rencontré l'homme de ma vie, nous nous serions mariés. Nous serions allés en voyage de noces à Venise. Nous aurions eu trois enfants. Etc.
– Si je ne m'étais pas marié, j'aurais voyagé. Je serais parti en bateau. Je serais allé dans le Pacifique. Je serais resté sur une île. Etc.
– Si tu t'étais entraîné sérieusement, tu aurais gagné. Tu aurais participé à de grandes compétitions. Tu serais devenu célèbre. Etc.

■ Exercice 2, p. 120. Conseils.

• À faire collectivement. Exercice ouvert. *Exemples* :
– À ta place je n'aurais pas acheté ce château. J'aurais placé mon argent à la banque. Etc.
– Vous auriez dû attendre un peu. Vous vous seriez mieux connus. Etc.
– Si tu n'avais pas fait ça, tu aurais pu demander une mutation. Etc.

■ Exercice 3, p. 121. Exprimer des regrets, des reproches, des conseils.

• Travail par paires.
• Suivre la démarche proposée. Pour l'organisation de la lettre et la formule finale, se reporter aux pages 174 et 175.

■ Découverte du document A, p. 118 • Deuxième partie : Spéculations

• **Situation** : Charles Lapierre a des dettes. Sa banque a refusé de prolonger son crédit. Il veut vendre une partie de ses terres pour rembourser son emprunt. Son neveu par alliance, Bastien Fournier, promoteur, va essayer de profiter de la situation.
• **Observation de l'illustration. Lecture de l'introduction** : identifier les personnages et leurs relations familiales. Écoute des deux premières répliques. Faire imaginer la suite. Que veut faire Bastien Fournier ? Quels sont ses projets. Que dit-il ? Introduire le futur antérieur.
• **Écoute et vérification**. Au fur et à mesure, visualiser au tableau les étapes du projet de Bastien (1. Achat des terrains, 2. Passage des terrains en zone constructible, 3. Vente de la moitié, 4. Construction d'un hôtel).
• **Expliquer le titre**. Proposer d'autres titres possibles.

■ Tableau. Activité 4, p. 121

■ Tableau, p. 121 : le futur antérieur.

- Présenter la formation du futur antérieur. Comparer avec le conditionnel passé.
- Exploiter quelques situations propres à générer l'emploi du futur antérieur. Utiliser un axe temporel pour indiquer l'antériorité et l'accomplissement de la condition nécessaire :

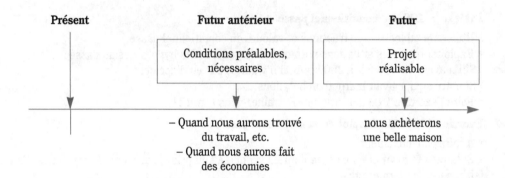

Présent	Futur antérieur	Futur
	Conditions préalables, nécessaires	Projet réalisable
	– Quand nous aurons trouvé du travail, etc. – Quand nous aurons fait des économies	nous achèterons une belle maison

- Faire l'exercice 2 de la rubrique « Entraînez-vous ».

■ Activité 4, p. 121.

a. Exercice collectif.

→ … nous les *aurons achetés*… Nous *revendrons*… la zone *sera devenue*… nous *aurons touché*… nous *ferons construire*… ça *marchera*… nous *aurons gagné*… le vieux cousin Lapierre *aura pris* sa retraite et *sera allé* vivre à Avignon avec sa fille… il nous *aura vendu*.

b. Après avoir assuré le lancement de chaque situation, répartir les scènes par paire. Préparation puis mise en commun.

→ Quand tu auras réussi ton bac, tu pourras t'inscrire à l'université. Etc.

■ Entraînez-vous, p. 121

- Exercice 1. Réemploi du conditionnel passé.
- Exercice 2. Réemploi du futur antérieur.

1. Une amie fait des suppositions. Répondez en choisissant selon vos goûts.
- Si tu avais gagné un million à la loterie, tu aurais acheté une maison ou tu aurais fait un voyage ? /…
- J'aurais acheté une maison.
- J'aurais fait un voyage.
- Supposons que tu aies acheté une maison. Tu aurais choisi une maison à la ville ou à la campagne ? /…
- J'aurais choisi une maison à la ville.

- J'aurais choisi une maison à la campagne.
- Supposons que tu sois parti en voyage. Tu serais allé à l'étranger ou tu serais resté dans ton Pays ? /…
- Je serais allé à l'étranger.
- Je serais resté dans mon pays.
- Si on t'avait proposé le poste de directeur de ton entreprise, tu aurais accepté ou tu aurais refusé ? /…
- J'aurais accepté.
- J'aurais refusé.

• Supposons que tu aies accepté le poste de directeur. Tu aurais été exigeant ou conciliant ? / ...
– J'aurais été exigeant.
– J'aurais été conciliant.
• Imagine que pendant ton dernier voyage en avion tu aies été assis à côté de Kevin Costner à ta droite et Isabelle Adjani à ta gauche, tu aurais été à l'aise ou embarrassé ? / ...
– J'aurais été à l'aise.
– J'aurais été embarrassé.
• Tu leur aurais parlé ? / ...
– Oui, je leur aurais parlé.
– Non, je ne leur aurais pas parlé.
• Et qu'est-ce que tu leur aurais dit ? / ...
– ...

2. Vous n'êtes pas d'accord sur le programme. Répondez-lui comme dans l'exemple.
• On va au cinéma. Puis on fait les courses ? / ...
– Non, on ira au cinéma quand on aura fait les courses.

• On se repose. Puis on fait une promenade ? / ...
– Non, on se reposera quand on aura fait une promenade.
• Nous allons au marché aux fleurs. Puis nous nous promènerons dans le parc ? / ...
– Non, nous irons au marché aux fleurs quand nous nous serons promenés dans le parc.
• Nous passerons à la boulangerie. Puis nous irons à la boucherie ? / ...
– Non, nous passerons à la boulangerie quand nous serons allés à la boucherie.
• Nous sortons. Puis je finirai mon travail après ? / ...
– Non, nous sortirons quand tu auras fini ton travail.
• Bon, je prends un café. Puis je me mets au travail ? / ...
– Non, tu prendras ton café quand tu te seras mis au travail.
• Alors, dans ce cas, je vais dans mon bureau. Puis je me mets au travail ? / ...
– Évidemment !

▼ Séquence B – Vocabulaire, p. 119 – 122 – 123

■ Contenus

• **Vocabulaire** – *attitudes et sentiments :* courage, peur, timidité – *risques, dangers/sécurité, protection* • **Prononciation** – *les sons* [ø] *et* [œ]	• **Situation écrite** – *exprimer ses craintes ou ses encouragements* • **Civilisation** – *superstitions* – *lieux étranges*

■ Déroulement de la séquence

• La séquence est consacrée au thème du courage, de la peur et de la timidité.
1. On abordera la séquence par le dialogue d'introduction qui permettra d'extraire ces objectifs.
2. Poursuivre par la double page « Vocabulaire », (p. 122-123) en suivant l'ordre proposé par le manuel : tableau de vocabulaire, exercices 1, 2, 3, 4, 5, rubrique « Prononciation ».

■ Découverte du document B, p. 119

• Situation : Juliette, la fille de Charles Lapierre, est inquiète de la décision de son père. Ne va-t-il pas vendre toute la propriété ? Ne va-t-on pas voler le vieil homme ? Elle parle de ses craintes et de son projet à son ami Sélim.

• **Lire l'introduction. Observer l'illustration**. Qui sont les personnages ? Où sont-ils ? Écoute de la première réplique : imaginer les raisons de l'inquiétude de Juliette.

– Écoute et vérification. Quel est le projet de Juliette ? Quelle est la réaction de Sélim ?

– Lecture du dialogue : faire relever les mots associés à l'idée de peur, d'assurance.

■ Tableau. Exercices 1, 2 et 3, p. 122

■ Tableau. « La peur, le courage ». Exercice 1, p. 122. Sentiments et réactions.

• Faire l'exercice 1 collectivement. L'utiliser comme un exercice d'apprentissage. Introduire le vocabulaire du tableau. Suivre la démarche proposée.

■ Exercice 2, p. 122. La peur. Exercice d'écoute. Utiliser la cassette.

• Travail collectif. Traiter une situation après l'autre. Utiliser la grille du livre.

• Écoute globale : identifier le lieu et les personnages.

• Expliquer : *valoir la peine de, mouillé, ralentir.*

• Écoute fractionnée : compléter la grille : causes de la peur, explications rassurantes.

Transcription

Écoutez ces trois scènes. Dans chacune, un personnage a peur et l'autre le rassure. Complétez le tableau du livre.

1. – Bon, ben, je vais y aller. Ça va ? Mon costume ?... Et ma cravate, elle va bien avec ma chemise ? J'ai peur d'être ridicule.

• Mais non, tu es parfait comme ça.

– Quand je pense qu'il y a 20 candidats pour ce poste. Tu crois que ça vaut la peine d'y aller ?

• Écoute, tu ne vas pas abandonner maintenant. Je suis sûre que tu as ta chance. Persuade-toi que tu es le meilleur et tout ira bien.

2. – Michel, tu vas trop vite !

• Mais je ne fais que du 100.

– 100 à l'heure sur une petite route comme ça, c'est de la folie... En plus, la route est mouillée... Michel, ralentis ! J'ai peur, moi, maintenant.

• T'inquiète pas. Je contrôle... Elle freine très bien cette voiture.

3. *Jean-Michel* : Sabine, ça va être à toi.

Sabine : Jean-Michel, j'ai le trac.

Jean-Michel : Allons, allons ! C'est pas le moment. Ça a très bien marché aux répétitions. Tu connais ton texte par cœur. Alors, je suis sûr que tu vas être très bonne. Allez ! Respire bien ! Vas-y !

■ Exercice 3, p. 122. Étrange, inquiétant, insolite.

• Sous forme de conversation dirigée, décrire les lieux présentés par les photos.

Quels sentiments suggèrent-ils ? Faire présenter des lieux réputés étranges, inquiétants ou insolites. Faire réemployer :

– le vocabulaire du tableau p. 121 ;

– le vocabulaire exprimant les sentiments et les impressions :

On a l'impression de... / que... On dirait que... On éprouve... On ressent...

Les ruines du Caylar : *rochers calcaires sculptés par les eaux dans le Haut-Languedoc.*

Les « soirées mousse » *illustrent une certaine tendance actuellement en vogue dans une partie de la jeunesse. Les établissements rivalisent de trouvailles, éphémères, pour créer l'événement, lancer une mode et attirer ainsi une clientèle avide de surprises et toujours en quête de la dernière nouveauté.*

■ Activité 4, p. 123 • Superstitions

• Travail par paires ou par équipes : suivre la consigne proposée.

Essayer d'expliquer les superstitions. Comparer avec le pays des étudiants.

– Le chiffre 13 porterait malheur pour certains : lors du dernier repas du Christ avec ses apôtres, les convives étaient au nombre de 13. L'un d'eux (Judas) allait trahir.

– Le pain quotidien est une nourriture indispensable et donc sacrée.

– Passer sous une échelle est dangereux.

– Dans la tradition chrétienne, le côté gauche est considéré négativement. Ainsi, le mot latin *sinister* qui signifie « à gauche » donne-t-il le mot français « sinistre ». D'autre part, lors du Jugement dernier les bons seront placés à la droite de Dieu et les mauvais à sa gauche.

– Le chat noir passait pour être un animal ensorcelé ou diabolique.

– Le miroir reflète le monde : le briser, c'est porter atteinte à l'intégrité du monde.

– Le trèfle à quatre feuilles est rare.

– Croiser les doigts évoque le signe de croix. On fait ce geste pour souhaiter bonne chance à quelqu'un.

– Dire « merde » à quelqu'un est une façon de conjurer le mauvais sort. Dans beaucoup de conjurations, la souillure précède la purification. De même, la malchance (« emmerdement ») précède la chance.

■ Activité 5, p. 123 • Exprimer par écrit des craintes ou des encouragements

• Lecture de la lettre.

• Travail collectif au tableau : tracer deux colonnes **a** et **b**.

a. Faire la liste des problèmes, dangers et difficultés rencontrées à Paris par l'amie.

b. Faire une liste des aspects positifs de la vie à Paris.

c. Présenter les deux lettres possibles. Trouver avec les étudiants et écrire au tableau :

– la formule initiale de la lettre ;

– les formules à utiliser pour chaque type de lettre ;

– la formule finale.

• Travail de rédaction par paires. Utiliser les informations du tableau.

Ma chère,	
J'ai bien reçu ta lettre. Je crois que tu es tombée sous le charme de Paris. Et tu veux y vivre.	
Exprimer ses craintes	**Encourager**
– Mais attention à l'aventure !	– Bravo ! Quelle aventurière !
– Paris n'est pas…	– Paris est…
– Méfie-toi de…	– Tu as vraiment de la chance de…
– Ne te fie pas à…	– Tu pourras
– Je te déconseille de…	– Tu verras
– Fais bien attention à…	– Mais attention !
– Tu devrais…	– Sois prudente parce que…
– À ta place, je…	– J'admire…
À très bientôt. Je t'embrasse. Signature	

Prononciation, p. 123

- Exercice 1. Conversation sonore [ø] → [œ].
- Exercice 2. Discrimination auditive et sonore [ø] / [œ].
- Exercice 3. Poème à dire : assonances en [ø] et [œ].

Transcription

1. Écoutez la phrase contenant le son [œ]. Trouvez une phrase synonyme contenant le son [ø] comme dans l'exemple. Répétez les deux phrases.

Il n'est pas jeune /...	Il est vieux /...
Il a peur /...	Il est peureux /...
Il a eu des malheurs /...	Il est malheureux /...
Elle est joueuse /...	Elle aime les jeux /...
Il n'est pas moqueur /...	Il est sérieux /...

2. Écoutez et répétez ces groupes de mots.
Un joueur heureux /...
Une joueuse heureuse /...
Une fleur bleue merveilleuse /...
Elle n'a pas peur d'eux /...

Mes meilleurs vœux /...
Ces deux jeunes sœurs ont un cœur d'or /...

3. Écoutez et répétez.
Ses yeux /...
Devant eux, elle a les yeux bleus /...
Couleur de bonheur /...
Devant lui, des yeux de feu /...
Des yeux joueurs /...
Qui me font peur /...
Et devant moi, des yeux moqueurs /...
Malicieux /...
Pour mon malheur /...

▼ Séquence C — Civilisation, p. 119 – 124 – 125

Contenus

• **Civilisation**	• **Vocabulaire**
– *mentalités : les peurs des Français*	– rouler, planter, arracher
– *la France protégée : Sécurité sociale, système d'assurance maladie, retraite, etc.*	– un sou
– *l'agriculture et l'Europe*	– la taquinerie
	• **Situation écrite**
	– *lecture d'un texte humoristique*

Déroulement de la séquence

- Cette séquence permettra de découvrir les rêves et les peurs des Français.

1. On abordera la séquence par l'étude de la double page « Civilisation » (p. 124-125) dont on fera les activités en suivant l'ordre proposé par le livre.

2. Terminer la séquence par l'étude du document C, p. 119.

Activités 1, 2 et 3, p. 124 – 125

- Activités à mener collectivement.

■ **Activité 1, p. 124. Rêves et peurs des Français.**

On pourra commencer l'activité en demandant aux élèves, livres fermés, de préciser comment ils imaginent les Français : leurs qualités, leurs défauts, leurs rêves, leurs peurs, etc. Visualiser cette « image des Français » proposée par la classe au tableau.

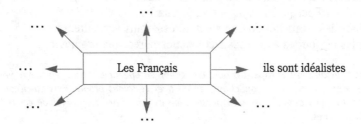

a. Suivre la démarche du livre.

b. Utiliser :

– l'expression du souhait : *je voudrais que, j'aimerais bien que, je voudrais que* + subjonctif, etc.

– l'expression de la crainte : *je crains que, j'ai peur que* + subjonctif, etc.

■ **Activité 2, p. 124. Les relations sociales.**

a. Lecture de l'extrait du *Point*.

• Expliquer : *quantifier (mesurer), adhérer, la sociabilité.*

• Faire l'exercice. Utiliser l'expression de la quantité. *Exemple* : → Les Français ont peu d'amis. Leur vie sociale est pauvre, etc..

b. Lecture de l'article d'A. Schifres (p. 125).

• Expliquer : *préserver, camaraderie.*

• Suivre la démarche proposée par le livre.

• Jeux de mots :

– *en vue d'un idéal* (par idéal)/*dans l'idéal d'être en vue* (dans l'idée de se faire remarquer, connaître).

– *prévenir les étés chauds dans les forêts* (feux de forêt)/*les incendies dans les banlieues* (flambée de violence).

– *combattre la chasse* (contradiction = lutter contre la violence par la violence).

– *restaurer des abbayes* (reconstuire)/*restaurer des gens* (nourrir).

• Associations originales. *Exemples* : → association de défense du téléspectateur, des amis du foie gras, des amis du chocolat, des anciens chercheurs d'or, etc.

> **Les associations en France.** *Les Français participent volontiers à la vie associative. Ils sont souvent membres d'une association sportive, culturelle, de parents d'élèves, d'une organisation syndicale, d'une association religieuse, de jeunes, d'un parti politique. Ils se mobilisent aussi pour défendre l'environnement et les droits du consommateur.*

■ **Activité 3, p. 125. L'État et la Sécurité sociale.**

• Suivre la démarche proposée.

• Expliquer : *gaspiller, le déficit, cotiser.*

■ Découverte du document C, p. 119

• **Situation** : lors d'une réunion familiale, tous les membres présents de la famille Lapierre se moquent des plaintes de Charles. Mais il est vrai que chacun ignore les difficultés de l'agriculteur.

• **Observation de la vignette. Lecture des bulles. Identifier la situation.** Qui sont les personnages ? (Charles Lapierre : debout à gauche ; Bastien : assis à côté de Lucie.) Quel est le sujet de conversation ? Pourquoi se moque-t-on de Charles ?

– Faire la liste des reproches couramment adressés aux agriculteurs.

– Imaginer les moqueries adressées aux fonctionnaires, aux promoteurs.

L'agriculture française et l'Europe. Les pays de l'Union européenne ont mis en œuvre une politique agricole commune pour réguler leurs productions, encourager certaines productions ou décourager des cultures excédentaires. Certains agriculteurs sont passés maîtres dans l'art de profiter de ces aides. Ces abus font l'objet de plaisanteries.

13 Corrigés du cahier d'exercices

1. Opérations bancaires.

b. Je vais déposer le chèque et les espèces à ma banque. J'endosse le chèque. « Je voudrais déposer ce chèque et 5 000 F en espèces. »

c. Je place une partie de cette somme. « Je voudrais placer 60 000 F pris sur mon compte courant. Qu'est-ce que vous avez d'intéressant à me proposer ? ... Quel est le taux de l'intérêt ? »

d. J'ouvre un compte épargne logement ou un plan d'épargne logement.

e. Je fais un emprunt (je demande un prêt) à ma banque. « Je voudrais emprunter 300 000 F pour l'achat d'un logement. Quelles sont les conditions ? »

f. Je vais retirer cet argent à ma banque ou dans une agence de ma banque (dans une autre ville). J'utilise mon chéquier. Sur le chèque, j'écris « À l'ordre de : moi-même ».

g. Je demande conseil à ma banque. Quels sont les placements intéressants ? Etc.

2. Vie pratique : documents et papiers.

a. Les documents remis

1 g – 2 n – 3 b – 4 e – 5 f.

b. Les documents qu'on peut demander

1 c ou a (originaire d'un pays de l'UE qui voya-ge en UE), d, e – 2 a ou c ou o – 3 b, f, l – 4 h, o, k – 5 n – 6 a et souvent n (pour avoir une preuve de votre adresse) – 7 i, l (des parents) – 8 h, j – 9 h, o, j (naissance).

3. Optimisme ou pessimisme.

Exercice ouvert. *Exemples* :

a. ... mais les industriels licencient du personnel.

b. ... mais on annonce des grèves prochainement.

c. ... mais certains magasins, cinémas, restaurants ferment.

d. ... mais c'est à partir de 100 000 km que les problèmes commencent.

e. ... le bac n'a plus aucune valeur aujourd'hui.

f. ... mais le nombre des malades du sida augmente.

g. ... on annonce du mauvais temps à partir de ce soir.

h. ... il va te demander de travailler davantage.

4. Formes du conditionnel passé.

a. *Si nous avions acheté* un ordinateur, *tu aurais géré* plus facilement... *ton travail aurait été simplifié, je n'aurais pas eu* besoin de ma machine à écrire. *Les enfants auraient pu jouer* et se cultiver.

b. *On aurait dû* partir en vacances avec les Dubreuil. *Nous serions allés... Les enfants se seraient amusés... Nous aurions fait des balades... Nous aurions passé des soirées...*

5. Les sens du conditionnel.

a. Je pensais que *tu viendrais (serais venue)* plus tôt... *Ça aurait fait* un drame... *Je n'accepterais* plus d'invitation... Il y a longtemps que je lui *aurais dit*... Je ne *devrais* plus le supporter... *il quitterait* bientôt la région... *Il aurait trouvé* un poste intéressant... *il pourrait* revenir... *je souhaiterais* qu'on ne se voie pas... *Je pourrais* réfléchir.

b.

	au présent	au passé
Hypothèse	(5) – (8)	
Conséquence d'une hypothèse	(10)	(2)
Futur dans le passé	(1)	
Demande polie	(9)	
Conseil	(3)	(4)
Fait non confirmé, pas sûr	(6)	(7)

6. Formes du futur antérieur.

a. Dans un an... *nous nous serons mariés. Nous serons partis... Nous nous serons installés... Tu auras réussi... J'aurai obtenu...*

b. Dans deux ans, *j'aurai quitté... j'aurai suivi... j'aurai découvert...* Ce médicament *aura eu* du succès... *On m'aura donné* le prix Nobel (*j'aurai eu...*) *Je serai devenu* célèbre (*je serai* célèbre).

7. Les temps du projet.

b. Dès que j'ai le DEA, je vais commencer une thèse. Dans deux ans j'aurai fini cette thèse. À ce moment-là, je pourrai demander un poste à l'université.

c. Dans quelques secondes nous allons procéder à la mise à feu du lanceur. Au bout de cinq secondes, il aura décollé. Nous fêterons l'événement.

d. La semaine prochaine nous allons proposer une loi... Dans un mois la loi sera votée. L'année prochaine nous mettrons en place le projet.

8. Le conditionnel dans le discours rapporté.

Hier, j'ai bavardé avec Frédéric. Il m'a dit que Mireille et lui avaient pris une grande décision. Il m'a annoncé que dans un mois il aurait donné sa démission et que Mireille aurait vendu sa maison. Ils auraient alors économisé assez d'argent... Il m'a dit qu'ils iraient en Crète. Il m'a dit aussi qu'il espérait... Il m'a confié que si tout allait bien, dans un an, ils auraient ouvert un restaurant...

9. Conseils et suggestions sur un comportement.

a. • Refuser une demande → envoyer balader quelqu'un (fam.) – décliner une invitation – s'exprimer avec difficulté → bafouiller.

• Josiane n'arrive pas à refuser les propositions, les demandes, les invitations qu'on lui fait.

Elle est faible de caractère, timide, peu sûre d'elle.

b. • Le psychologue lui suggère de faire des efforts pour affirmer son autorité dans les petits actes de la vie courante. Il lui apprend comment refuser gentiment et poliment sans vexer les autres personnes.

• « Si j'avais un conseil à vous donner... » – « Ce serait de... » – « Vous pourriez... » – « Pourquoi ne pas... » – « Je vous suggère de... ».

c. Exercice ouvert

10. Exercice ouvert.

▼ Séquence A – Grammaire, p. 126 – 128 – 129

■ Contenus

• **Grammaire** – *les relations logiques : but, cause, consé-quence* – *verbes exprimant la cause ou la conséquence* • **Vocabulaire** – récupérer, il suffit de... – la ligne, les soucis – isolé	• **Situation écrite** – *comprendre une explication* • **Situations orales** – *expliquer, mettre en rapport une série de faits* • **Civilisation** – *le pont du Gard* – *Avignon* – *le TGV*

■ Déroulement de la séquence

• L'objectif de la leçon est d'élargir les moyens linguistiques qui permettent l'expression de la cause, du but et de la conséquence. On introduira de nouveaux articulateurs logiques ainsi que des verbes exprimant ces liens logiques.

1. On démarrera donc la séquence par l'exploitation des documents A, p. 126. Puis, l'exercice 1, p. 128, permettra de dégager les objectifs de la séquence.
2. Utiliser le tableau pour faire une synthèse sur chaque lien logique. Présenter chacune des notions en relation avec les exercices de fixation ou d'application correspondants (p. 128-129). Terminer par l'activité 5, p. 129.

■ Découverte des documents A, p. 126. Exercice 1, p. 128

■ Découverte des documents A, p. 126.

• **Remarque** : la fiction imaginée à propos de la construction de la ligne TGV repose sur des faits réels. Le tracé retenu, l'arrière-plan social, les protestations et les revendications n'ont rien d'imaginaire. Seuls les noms du village et des personnages sont fictifs.
• **Situation** : Les habitants de Signac apprennent qu'une ligne TGV va traverser leur commune. Or Montcalm, la propriété de Charles Lapierre, est situé sur le tracé...
• **Observation du tracé, p. 126.** Situer la région sur la carte p. 172. Nous sommes dans une

région limitrophe des départements du Gard et du Vaucluse, des régions du Languedoc-Rousillon et de Provence-Alpes-Côte d'Azur. Repérer le Rhône, les lieux célèbres (Avignon, le pont du Gard, Montpellier, les infrastructures (autoroute, chemin de fer, tracé du TGV). Faire remarquer la conséquence pour la propriété de Montcalm : elle sera coupée par le tracé.

• **Lecture de l'article p. 126.** Identifier le document. Il s'agit de l'interview d'un responsable de la SNCF, publiée dans la presse locale.

– Faire la liste des avantages du TGV.

– Expliquer : *les soucis, isolé, récupérer, il suffit de…*

■ **Exercice 1, p. 128. Les relations logiques**

• Travail collectif.

– Relever les mots exprimant un lien logique. Utiliser le tableau :

	But	Cause	Conséquence
Mots grammaticaux	pourquoi ? pour que…	car, grâce à…	de sorte que…
Verbes		causer, permettre…	causer, permettre…
Nom	le projet	les raisons	les conséquences

– Relever les mots : – indiquant la succession des idées : *d'abord, puis,* etc.

           – annonçant un exemple : *par exemple.*

■ **Tableau. Exercices 2, 3 et 4, p. 128 – 129**

■ **Tableau et exercice 2, p. 128. L'expression du but.**

• Présenter l'expression du but à partir du tableau. Suivre la démarche proposée pour l'exercice 2.

→ Pourquoi (dans quel but) a-t-on décidé de construire cette autoroute ?

Quels sont vos objectifs en matière de (pour) la circulation ?

Avez-vous d'autres buts ?…

→ Nous construisons cette autoroute pour… parce que… dans le but de… dans l'intention de…

■ **Tableau, p. 128. Exercice 3, p. 129. La cause.**

• Introduire l'expression de la cause à partir du tableau.

• Faire l'exercice collectivement.

– J : Mais alors *puisqu'*elle existe…

– R : *Parce que* nous avons besoin d'…

– J : … Mais *comme* il faut une ligne…

– R : C'est totalement impossible *car* il faudrait arrêter le trafic… et *comme* ce trafic est important…

■ **Tableau, p. 128. Exercice 4, p. 129. Verbes de cause/conséquence.**

• Introduire l'expression de la conséquence et les verbes de cause/conséquence..

• Faire l'exercice 4 collectivement.

→ C'est le Conseil régional des Alpes qui *est à l'origine* du projet… Cette autoroute *permettra* une traversée rapide des Alpes. Elle *rendra* plus faciles les déplacements... Sa construction *créera* des emplois. ... Les critiques *viennent* principalement des partis écologistes... Ils ont organisé des manifestations qui *ont provoqué* l'arrêt des travaux. Ils pensent que l'autoroute *entraînera* des changements écologiques...

■ Activité 5, p. 129 • Jeux de rôles

• Travail collectif au tableau : recherche rapide des conséquences liées à chaque décision. Les noter sur trois colonnes.

• Répartir les scènes par paires et les faire préparer.

• Faire jouer les scènes.

■ Entraînez-vous, p. 129

• Exercice 1. Réemploi de « puisque ».
• Exercice 2. Réemploi de « grâce à ».

Transcription

1. Dans une soirée, Pierre fait toujours comme Marie. Continuez comme dans l'exemple :	2. Elle a de bons conseillers. Répondez comme dans l'exemple.
• Je vais au bar /...	• C'est Michel qui l'a aidée à réparer sa voiture ? /...
– Puisque tu y vas, j'y vais aussi.	– Grâce à lui, elle a pu réparer sa voiture.
• Je prends un Perrier-Citron /...	• C'est Patrick qui l'a aidée à utiliser son ordina-teur ? /...
– Puisque tu prends un Perrier-Citron, j'en prends un aussi.	– Grâce à lui, elle a pu utiliser son ordinateur.
• Je reprends de la pizza /...	• C'est John qui lui a appris l'anglais ? /...
– Puisque tu en reprends, j'en reprends aussi.	– Grâce à lui, elle a appris l'anglais.
• Je m'assieds à la table de Martine /...	• C'est Mario qui lui a fait découvrir l'Italie ? /...
– Puisque tu t'y assieds, je m'y assieds aussi.	– Grâce à lui, elle a découvert l'Italie.
• Il fait trop chaud ici, je m'en vais /...	• C'est Thomas qui lui a fait lire les romans de Pennac ? /...
– Puisque tu t'en vas, je m'en vais aussi.	– Grâce à lui, elle a lu les romans de Pennac.
• Je prends le métro /...	
– Puisque tu le prends, je le prends aussi.	
• Oui, mais moi je prends la direction Vincennes et toi la direction Neuilly. D'accord ?	

▼ Séquence B – Vocabulaire, p. 127 – 130 – 131

■ Contenus

• **Vocabulaire**	• **Situations écrites**
– *l'écologie, l'agriculture, l'élevage*	– *mettre en garde, avertir, conseiller*
– mettre au point, avouer, couper, se figurer, défigurer	– *rédiger une explication*
– la gêne	• **Situations orales**
– en somme, anti-	– *négocier, argumenter*
• **Prononciation**	• **Civilisation**
– *les sons* [k], [g], [ʀ]	– *la protection de la nature*
	– *le tourisme vert*

▓ Déroulement de la séquence

• La séquence est consacrée au thème de l'environnement naturel.

1. Commencer par l'étude de la double page « Vocabulaire » (p. 130-131). Faire les exercices dans l'ordre proposé jusqu'au n° 3, p. 131.

2. Étudier les documents B, p. 127, avant de passer à l'exercice 4, p. 131.

3. Terminer la séquence par les exercices de prononciation, p. 131.

▓ Tableau. Exercices 1, 2 et 3, p. 130 – 131

▓ Tableau, p. 130. « L'environnement naturel ».

Introduire le vocabulaire. Utiliser le dessin (parties de l'arbre, des animaux), le schéma narratif (suite des actions de l'agriculteur), le recours à des problèmes écologiques connus des étudiants (écologie, propre et sale), le mime (équilibre/déséquilibre). Les idées de manque et d'abondance seront introduites avec l'exercice 2, p. 129.

▓ Exercice 1, p. 130. Emplois figurés.

• À faire collectivement. Faire des hypothèses sur le sens des expressions.

– *cultiver son électorat* : développer

– *aller sur le terrain* : rencontrer les gens qui parlent de leurs problèmes

– *récolter 60 % des voix* : avoir, obtenir

– *porter ses fruits* : être efficace.

– *mûrir un projet* : préparer, réfléchir à

– *semer le doute parmi* : faire douter

– *un champ de recherche* : un domaine, une voie

– *défricher* : explorer, découvrir.

▓ Exercice 2, p. 130. L'écologie.

• Exercice d'apprentissage ou de réemploi. À faire collectivement sous forme d'animation de classe.

• Introduire ou faire réemployer le vocabulaire du manque et de l'abondance (sécheresse en Afrique), du propre et du sale (rivière polluée), du déséquilibre (déforestation en Amazonie).

• Étendre la discussion à d'autres problèmes écologiques : marée noire, risques nucléaires, armes atomiques, disparition d'espèces animales, pollution des villes par l'automobile, déchets industriels, etc.

▓ Exercice 3, p. 131. Respect de la nature.

a. et **b.** Travail collectif.

• Suivre la démarche proposée.

• Expliquer : *le cétacé, la charte, sensibiliser, empiéter, s'écarter, un nid.*

c. Travail par paires après avoir trouvé collectivement les formules utiles : expression de la nécessité/obligation, futur, indéfinis.

→ On protégera… Chacun respectera… Il faudra que… Il sera nécessaire de… Tout le monde devra…

• Lecture des chartes. Comparaison et discussion.

■ Découverte des documents B, p. 127. Activité 4, p. 131

■ Découverte des documents B, p. 127.

• **Situation** : Le TGV va passer dans le département du Gard. Montcalm, la propriété de Charles Lapierre, sera coupée par le tracé. Les gens se mobilisent contre le projet.

• **Observation des illustrations** (image de mise en situation et plan du tracé).

– Lecture de l'introduction : identifier la situation et les personnages.

– Faire la liste des conséquences négatives entraînées par la construction de la ligne TGV.

– Imaginer les revendications de Bastien et Juliette.

• **Écoute globale du dialogue** : relever les positions de Bastien et Juliette. Sur quoi sont-ils d'accord ? pas d'accord ?

– Expliquer : *en somme, tirer profit de, se figurer, défigurer.*

• **Écoute fractionnée : relever :**

– les formules de Bastien pour revendiquer, se justifier ;

– les formules de Juliette pour faire des reproches, se justifier.

• Qu'apprend-on sur la personnalité et le caractère des personnages ?

■ Activité 4, p. 131.

a. Travail collectif à faire au tableau.

b. Travail par paires suivi de la lecture de quelques productions. Utiliser l'expression du refus, de la revendication, les liens logiques.

→ Non au TGV, Refusons… N'acceptons pas… Opposons-nous à… Manifestons contre… Demandons… Exigeons… Réclamons…

■ Prononciation, p. 131

• Exercice 1 : opposition [k], [g]

• Exercice 2 : le son [ʀ]

Transcription

1. Dans quel ordre les mots du livre sont-ils prononcés ?

a – à Pâques – la bague
b – Beaucaire – la guerre
c – mon ongle – mon oncle
d – carré – garer
e – les grands – l'écran
f – banquise – Bangui

Répétez comme dans le livre :

a – à Pâques /…   la bague /…
b – la guerre /…   Beaucaire /…
c – mon oncle /…   mon ongle /…
d – carré /…   garer /…
e – l'écran /…   les grands /…
f – Bangui /…   la banquise /…

2. Répétez. Surveiller la prononciation du son [ʀ].

• La parole est d'argent et le silence est d'or.

• Les premiers seront les derniers.

• Rira bien qui rira le dernier.

• Pierre qui roule n'amasse pas mousse.

• Qui ne risque rien n'a rien.

• Prudence est mère de sûreté.

• Araignée du soir : espoir. Araignée du matin : chagrin.

▼ Séquence C – Civilisation, p. 127 – 132 – 133

Contenus

• Civilisation – les parcs régionaux : Camargue, Pyrénées, Ardèche **• Situations écrites** – comprendre un extrait de catalogue touristique – décrire un lieu – faire des propositions d'amélioration	**• Vocabulaire** – le paysage : relief, eau, végétation – animaux sauvages de France – la promesse : s'engager, garantir, assurer, protéger **• Situation orale** – rassurer, donner des garanties

■ Déroulement de la séquence

• La séquence C nous propose de découvrir trois espaces naturels protégés : les parcs de Camargue, des Pyrénées et les gorges de l'Ardèche.

Le document proposé introduit au vocabulaire spécifique de la géographie, de la flore et de la faune. Selon le degré d'importance que le groupe classe accordera à un tel objectif, on pourra :
– se contenter de l'étude du dialogue C,
– faire l'étude collective d'un seul document (par exemple « La Camargue ») et proposer les autres en découverte individuelle et personnelle,
– travailler en groupes. Chaque groupe prend en charge un document et informe ensuite les autres groupes,
– travailler comme dans la formule précédente mais la présentation d'un document par un groupe sera suivie d'une lecture/compréhension par le reste de la classe.

On proposera ci-dessous une approche applicable à l'ensemble de la séquence. Mais il va sans dire que cette démarche, à l'exclusion de l'exercice 2, p. 133, peut être adaptée à l'exploitation partielle de la double page « Civilisation ».
1. Commencer ou finir par l'étude du dialogue C, p. 127.
2. Poursuivre la séquence ou commencer par la découverte totale ou partielle de la double page « Civilisation » p. 132-133.

■ Découverte du document C, p. 127

• **Situation** : Le projet de construction d'une ligne TGV dans le Gard a entraîné la création d'une association anti-TGV.
• **Faire rappeler et noter au tableau les conséquences négatives de la construction de la ligne.**
• **Observer l'illustration. Lire l'introduction.** Identifier le lieu (le buste de Marianne est le symbole de la République et se retrouve dans toutes les mairies de France). Qui parle ? Qui écoute ?
Imaginer les propos rassurants de Sélim.
• **Écoute globale** : quels sont les promesses faites ? les garanties proposées ?
– Expliquer : s'engager à, garantir, assurer, protéger, correctement.

• Écoute fractionnée : relever les mots exprimant la promesse, la garantie.
• Organiser un mini-débat dans la classe : pour ou contre la ligne TGV.

■ Exercices et activités p. 132 – 133

■ Exercice 1, p. 132. Le vocabulaire de la nature.

• Le travail proposé pourra être limité à un ou deux lieux, selon la situation.
• Dans le cas de l'étude de plusieurs lieux, on répartira les descriptions de ces lieux entre groupes, de façon à accélérer les recherches lexicales qui seront effectuées à l'aide du dictionnaire bilingue.
• Suivre la démarche proposée. Mise en commun.

■ Exercice 2, p. 133. Faites votre choix.

• Dans le cas où l'on n'étudierait qu'un seul lieu, modifiez la consigne : « Vous expliquez à un(e) ami(e) pourquoi vous avez choisi de visiter les gorges de l'Ardèche. »
• Travail par paires. Faire la liste des points intéressants. Utiliser l'expression de l'intérêt (voir p. 12) → J'adore les paysages sauvages, le canoë-kayak m'intéresse, etc.
• Mise en commun : présentation des explications.

■ Exercice 3, p. 133. Présenter un lieu naturel.

• Travail à faire sous forme d'animation de classe.
• Réemploi du vocabulaire du paysage (*relief, eau, neige, végétation, couleurs, animaux*), de l'appréciation (*beau, charmant, merveilleux, extraordinaire*), de la surprise (*surprenant, inattendu, étonnant*), le superlatif (*très beau*).

■ Activité 4, p. 133. Rédaction d'un texte de protestation et de proposition.

• Travail collectif préparatoire :
– Sur proposition des étudiants, noter au tableau quelques lieux négligés connus des étudiants.
– Faire la liste des dégradations subies par ces lieux. *Exemples* :

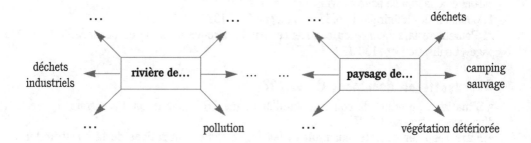

• Travail par paires.
– Présenter ces lieux (5-6 lignes).
– Présenter des propositions d'amélioration. Utiliser l'expression de l'obligation / nécessité, les verbes *protéger, garantir, assurer, surveiller, contrôler, améliorer, changer*, etc.
• Mise en commun : présenter le lieu et les mesures à prendre.

14 Corrigés du cahier d'exercices

1. Nature, activités agricoles et saisons.

N B – Le classement suivant a un caractère très général. Certain arbres peuvent fleurir début février en Provence (les amandiers), etc.
- Printemps : b (fin) – d – f.
- Été : g – h – j.
- Automne : a – e – l (fin).
- Hiver : c – i (début) – k (début).

2. Propre et sale.

a. Il doit *faire un shampooing* – Il faut la *filtrer* – Il faut le faire *nettoyer* – Il faut *se brosser les dents* – Il faut *balayer* le sol et *dépoussiérer* les meubles.

b. *sale tête* : il est antipathique – *sale histoire* : un délit, une affaire malhonnête – *l'argent sale* : l'argent gagné d'une manière illégale.
propre à jouer : capable de, apte à, ayant les qualités, le profil du rôle – *ses propres paroles* : ses paroles à lui – *propre à m'inquiéter* : sujet à…, susceptible de…

3. Les paysages.

b. Complétez la carte

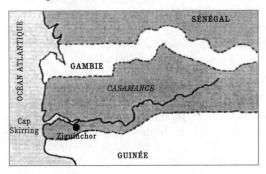

c. Vocabulaire.
- *la terre* : une langue de terre – une plage – un champ – la brousse (la campagne en Afrique) – la côte
- *l'eau* : l'océan – la mer – le fleuve
- *les végétaux* : une palmeraie (plantation de palmiers) – un arbre fruitier – un bananier (produit des bananes) – un manguier (produit des mangues) – un papayer (produit des papayes) – la forêt tropicale – un fromager (arbre tropical)
- *les animaux* : un crocodile – un héron – une aigrette – un martin-pêcheur
- *les activités humaines* :
  → l'architecture : maison rondes ou carrées
  → les déplacements : en pirogue, en taxi-brousse, en car de brousse, en 4 x 4
  → les cultures : grande variété
  → les communautés : isolées, ayant chacune leurs particularités

4. L'expression du but.

(…) Ils font du théâtre *pour que leur sens artistique se développe.*
Ils passent leurs week-ends… *pour qu'ils soient sportifs, pour qu'ils aient la possibilité de se faire des copains.*
Nous les mettons dans une colonie de vacances *pour être tranquilles, pour pouvoir faire ce que nous voulons.*

5. Introduire un nom exprimant la cause.
- En raison des fêtes du 14 juillet la circulation sera interdite…
- Les étudiants sont en grève à cause du projet de loi sur les universités.
- Grâce à la construction du nouveau pont sur la Seine la circulation sera facilitée…
- À force d'entraînement intensif le couple de patineurs a remporté le championnat du monde.
- Grâce à la somme que me rapportera le prix Goncourt, je vais enfin pouvoir…

6. Introduire une proposition de cause.

Comme il fait beau je vais faire… Il faut que j'aille à la bibliothèque *parce que* (*car*) je veux emprunter un livre
Puisque tu vas dans le quartier…
Parce que j'ai retenu deux places…
Ben non, *comme* tu détestes le jazz…
Eh bien, *puisque* vous sortez…

7. Les verbes exprimant la cause ou la conséquence.

(...) les changements politiques... qui *sont à l'origine* de ce projet... la nécessité de réduire le nombre des militaires *vient aussi* des dépenses énormes *causées par* l'entretien... La réduction de l'armée à 200 000 professionnels... *permettra* de réduire les dépenses militaires et elle *rendra* l'armée plus compétitive... Mais elle *provoquera* aussi la fermeture de casernes... Le départ des militaires *créera*

(*produira*, *entraînera*, *provoquera*) une baisse de la consommation... Elle *produira* (*entraînera*, *provoquera*) par ailleurs une augmentation des demandeurs d'emploi... la suppression du service militaire *créera* une coupure (...).

8. Exercice ouvert.

9. Compréhension d'un texte informatif.

b. Inventaire des moyens de transport

	Moyens de transport et caractéristiques	Lieux	Qualités (+) et défauts (-)
2	Le tramway (bus sur rails, électrique) – appelé « métro bus » à Rouen	Grenoble Saint-Denis Rouen Strasbourg	(+) non polluant – silencieux (+) fréquence des passages (+) pratique et esthétique (à Strasbourg) (-) à Grenoble, n'a pas fait beaucoup diminuer le nombre des déplacements en voiture
3	Le TVR : nouveau mode de transport électrique – peut rouler sur un rail unique ou en dehors du rail	Caen	(+) grande capacité (150 personnes) (+) non polluant, silencieux (+) possibilité de modifier facilement l'itinéraire
4	Autobus dont la circulation est guidée par satellite	Paris	(+) meilleure information des utilisateurs
5	Le « covoiturage » (partage du même véhicule par plusieurs personnes) – Système d'indemnisation du propriétaire du véhicule	Région parisienne	(+) diminution du nombre de véhicules en circulation (-) ce n'est qu'un projet. Sera-t-il adopté ? Deviendra-t-il populaire ?
6	Voitures électriques de location en libre-service	Grenoble	(+) transport individuel, silencieux, non polluant (-) gestion complexe – risque d'attente du véhicule

c. Découpage du texte

• L'inventaire des moyens de transports déterminera un découpage en 6 paragraphes.

• Exemple de titre : Les moyens de transports de demain respecteront l'environnement.

• Exemples de sous-titres : Le Val, un métro sans pilote – Les nouveaux tramways – Le TVR roule sur rail ou sur route – Guidage par satellite – Partager la même voiture – Voitures électriques en libre-service.

10. Exercice ouvert.

▼ Séquence A – Grammaire, p. 134 – 136 – 137

■ Contenus

• **Grammaire** – *situer dans le temps* – *construction avec deux pronoms antéposés* • **Situations orales** – *raconter un souvenir* – *refuser, insister*	• **Vocabulaire** – décorer, en faire une maladie – le tas, le bulletin – en cachette • **Civilisation** – *le 21 juin : . la fête de la Saint-Jean* *. la fête de la musique*

■ Déroulement de la séquence

• Dans cette séquence, on s'intéressera en priorité à deux points contribuant à la cohérence du récit : la situation dans le temps et la double pronominalisation.

Aussi la séquence pourra-t-elle se dérouler en deux temps :

1. L'étude du premier dialogue, p. 134, pourra être précédée par l'examen des moyens pour situer dans le temps (tableau p. 136). Les exercices correspondants (1, 2, 3, p. 136-137) permettront de mettre en pratique les acquis du tableau.

2. L'étude du second dialogue, p. 134, servira à mettre en évidence les constructions verbales avec deux pronoms antéposés. On approfondira l'analyse de cette construction à partir du tableau p. 137. Puis on fera successivement les exercices de la rubrique « Entraînez-vous » et le n° 4, p. 137.

■ Tableau p. 136. Découverte du document A, p. 134 • Première partie : Souvenir

■ Tableau, p. 136. Situation dans le temps.

• Utiliser les illustrations pour faire apparaître les variations des indicateurs temporels lors d'une transposition dans le temps. Faire transposer d'autres situations.

• Visualiser les transformations sur deux axes temporels. *Exemple* :

• Pierre écrit à ses parents le jour du départ en vacances :

« Aujourd'hui, nous sommes le 1er juillet 1995. Nous partons en vacances. Hier nous avons préparé... Avant-hier... Demain, nous serons... Après-demain... »

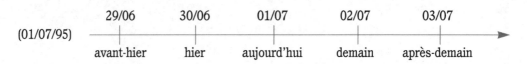

Fin août, Pierre travaille. Il raconte son départ à un ami :

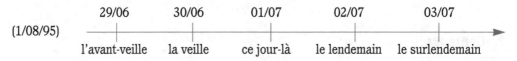

« Ce jour-là, c'était le 1er juillet... »

■ **Découverte du premier document A, p. 134. Souvenir.**

• **Situation** : Juliette et Sélim se promènent en amoureux. La jeune fille évoque ses souvenirs devant la chapelle qui doit disparaître...

• Observer la première illustration. Lire l'introduction. Identifier la situation. Qui sont les personnages ? Quels sont leurs rapports ? Quel est leur sujet de conversation ?

• Écoute globale du dialogue : identifier les sujets de conversation (la chapelle, les souvenirs de Juliette, la fête de la Saint-Jean, ceux de Sélim).

• Écoute fractionnée : reporter sur un axe temporel les indications de temps et les activités correspondantes.

■ Exercices 1, 2 et 3, p. 136 – 137

■ **Exercice 1, p. 136. Les expressions de temps.**

• À faire collectivement.

• « Je me souviens du jour où nous avons signé les contrats avec l'entreprise italienne. *Ce jour-là,* nous les avons examinés une dernière fois et *le soir* nous les avons signés. Nous avions négocié *tout le mois précédent. La semaine précédente,* nous avions invité ses dirigeants à venir à Paris. *L'avant-veille,* nous les avions accueillis à l'aéroport. *La veille,* nous les avions amenés à Versailles et, *le soir,* nous avions dîné à Montmartre. »

■ **Exercice 2, p. 136. Exercice d'écoute. Utiliser la cassette.**

• Travail collectif.

• Reproduire la grille des agendas au tableau.

• Écoute globale : pourquoi Sébastien téléphone-t-il à Manon ? Quel est leur problème ? Qu'essaient-ils de faire ?

• Écoute fractionnée : identifier les indications temporelles. Remplir les agendas. Quand pourront-ils se voir ?

Écoutez. Manon et Sébastien essaient de se fixer un rendez-vous pour passer une journée ensemble. Complétez l'agenda qui est dans le livre.

– Allô, Manon ?

– Ah, bonjour, Sébastien. Comment ça va ?

– Bof. Toujours débordé... Justement je te téléphonais pour... tu sais on avait dit qu'on essaierait de se libérer pour passer une journée ensemble. Tu es toujours d'accord ?

– Ben, évidemment.

– Alors, qu'est-ce que tu fais le week-end prochain ? Moi, je n'ai rien de spécial.

– Zut, ça tombe mal. Tu sais, le 9 c'est la Fête des mères. Alors je vais passer le week-end à Lyon chez mes parents. Par contre, je suis libre le week-end suivant.

– Oui, mais c'est pas bien pour moi. Le dimanche 16, je pars en Italie pour 10 jours et j'aurai des tas de choses à faire avant mon départ. Non, il faudrait se voir en semaine. Par exemple le jeudi 13 ?

– Impossible. J'ai une réunion « projet ». Ça va durer toute la journée. La veille, ça ne m'arrange pas parce que je vais préparer la réunion. Mais l'avant-veille, c'est possible.

– Et pour moi non. Je serai toute la journée avec le directeur de notre agence de Madrid. Et le lendemain du 13 ?

– Je vais chez le dentiste à 14 heures. C'est embêtant.

– Alors lundi prochain ?

– Heu... Ben oui, écoute... Je pensais rentrer de Lyon seulement lundi mais je vais rentrer dimanche soir. Sinon, on ne se verra jamais.

– Alors, lundi 10 ?

– D'accord.

– Comment on fait ? Je passe chez toi ?

Exercice 3, p. 137. Récit.

• On pourra demander aux étudiants de présenter leur petit récit après un moment de préparation individuelle.

• Variante. Travail par paires. Modifier la consigne : raconter un événement important vécu par un personnage connu (sportif, chanteur, artiste, etc.) à la manière de Juliette.

Découverte du document A, p. 134 • Deuxième partie : Refus et insistance

• Observation de la seconde illustration. Identifier la situation, les personnages. Que fait Juliette ? Que distribue-t-elle ? Pourquoi ?

• **Imaginer le dialogue** entre le client et le vendeur.

• **Imaginer le dialogue** entre Juliette et l'inconnu.

• **Écoute du dialogue** : vérification des hypothèses émises.

• **Lecture du dialogue** : relever les constructions verbales comportant deux pronoms. Remplacer les pronoms par le nom correspondant si possible.

Tableau. Exercice, p. 137

Tableau, p. 137. La construction avec deux pronoms.

• Présenter les constructions. Les faire pratiquer dans des micro-conversations.

– On vous a parlé du dernier film de... ?

– Oui, on nous en a parlé.

• Faire les exercices de la rubrique « Entraînez-vous ».

Exercice 4, p. 137. Constructions avec deux pronoms.

• Travail collectif.

a. D'accord, je vous en fait une.

D'accord, je le leur dis.

D'accord, je le lui dis.

D'accord, je les leur donnerai.

b. Oui, je leur en ai parlé.

Oui, je la leur ai montrée.

Non, ils ne m'en ont pas fait.

Non, ils n'en ont pas pris.

Non, ils ne me l'ont pas dit.

D'accord, je le leur dirai.

Prononciation p. 137

• Exercice 1. Double pronominalisation + forme affirmative du verbe au présent.
• Exercice 2. Double pronominalisation + forme négative du verbe au présent.

1. Alexandre est un jeune homme de 18 ans. Ses parents sont généreux. Répondez pour lui.	2. Les parents de Sylvie ne sont pas généreux. Répondez pour elle.
– Tes parents te prêtent leur voiture ? /...	– Tes parents te prêtent leur voiture ? /...
– Oui, ils me la prêtent.	– Non, ils ne me la prêtent pas.
– Tes parents te donnent de l'argent ? /...	– Tes parents te donnent de l'argent ? /...
– Oui, ils m'en donnent.	– Non, ils ne m'en donnent pas.
– Tes parents te laissent leur appartement quand tu invites tes amis ? /...	– Tes parents te laissent leur appartement quand tu invites tes amis ? /...
– Oui, ils me le laissent.	– Non, ils ne me le laissent pas.
– Tes parents te paient tes études ? /...	– Tes parents te paient tes études ? /...
– Oui, ils me les paient.	– Non, ils ne me les paient pas.
– Tes parents te lavent ton linge ? /...	– Tes parents te lavent ton linge ? /...
– Oui, ils me le lavent.	– Non, ils ne me le lavent pas.
– Tes parents te font des cadeaux ? /...	– Tes parents te font des cadeaux ? /...
– Oui, ils m'en font.	– Non, ils ne m'en font pas.

▼ Séquence B — Vocabulaire, p. 135 – 138 – 139

Contenus

| • **Vocabulaire**
 – *la loi, le droit, la responsabilité*
 – séquestrer, empêcher, soutenir, obéir, avertir
 – *le technocrate, le terroriste*

 • **Situation orale**
 – *juger, critiquer une attitude* | • **Situation écrite**
 – *rédiger une demande d'autorisation, de dérogation*

 • **Civilisation**
 – *informatique, nouvelles technologies et liberté*

 • **Prononciation**
 – *les sons* [f], [v], [p], [b] |

Déroulement de la séquence

• Cette séquence permettra de présenter le vocabulaire de la loi, du droit et du devoir, de la justice et de l'injustice.

1. Les documents B, p. 135, serviront de supports introducteurs aux ensembles lexicaux proposés par le tableau p. 138.

2. La présentation des contenus du tableau sera associée aux exercices correspondants des pages 138-139.

3. Un dernier temps sera consacré à la prononciation (p. 139).

▮ Découverte des documents B, p. 135

• **Situation** : Juliette et Sélim s'aiment. Mais ils se sont engagés dans des camps opposés. La jeune fille a participé à la création de l'association anti-TGV et a distribué des tracts pour s'opposer au projet. Le jeune homme l'a défendu à la mairie de Signac...

• **Lecture de l'extrait de l'article p. 135.** Identifier le document et son origine. Que s'est-il passé ? Pourquoi ?

– Expliquer : *séquestrer, empêcher de, le membre.*

– Imaginer la suite de l'article en quelques lignes : *Ils réclament...*

• **Observation de l'illustration** : identifier la situation. Imaginer les réactions de Sélim, de Juliette après l'incident de la mairie : reproches de l'un, justifications de l'autre. Les écrire au tableau sur deux colonnes.

• **Écoute du dialogue** : vérifier les hypothèses.

Expliquer : *soutenir, obéir, avertir, technocrate, terroriste.*

▮ Tableau. Exercices 1 et 2, p. 138 – 139

▮ Tableau, p. 138. La loi et le droit.

• Le vocabulaire des rubriques « légalité », « illégalité », « justice et injustice » pourra être introduit à partir de l'exercice **1a**. On présentera les rubriques « interdiction/permission », « liberté/obligation », « droits » sous forme d'animation de classe. Utiliser les situations suivantes : rapports parents/enfants, rapports de voisinage conflictuels (bruits par exemple).

▮ Exercice 1, p. 138. Comportements.

• Travail collectif.

a. Partie à traiter comme un exercice d'apprentissage pour introduire les 3 premières rubriques du tableau.

b. Exercice ouvert.

▮ Exercice 2, p. 138. Faites respecter vos droits.

• Traiter un exemple collectivement. *Exemple* : le conducteur désinvolte.

→ – Pardon, monsieur, vous avez vu ce que vous avez fait ?

– Oh, ce n'est pas grave !

– Comment ! Vous exagérez ! Vous n'avez pas le droit de faire ça ! Vous commettez une faute et vous prenez la fuite ! C'est interdit. Si vous refusez de payer les dégâts, j'appelle la police...

• Travail par paires. Puis mise en commun.

Activité 3, p. 139 • Progrès et liberté

• Travail par paires. Après chaque étape procéder à une mise en commun.

1. Lecture : faire la liste des types de surveillance et de contrôle.

Expliquer : *une voix synthétisée* (imitée artificiellement), *un badge* (une carte), *répertorier* (indiquer).

2. Rechercher les avantages et inconvénients de ces moyens de contrôle. Utiliser le tableau :

moyen de contrôle	avantages	inconvénients
la caméra	– surveillance de l'immeuble – observation des inconnus …	– impression d'être en liberté surveillée …

Informatique et Libertés. Les progrès technologiques permettent aujourd'hui le stockage et la diffusion d'informations sur les individus, ainsi que leur contrôle permanent grâce aux « traces » qu'ils laissent (passage devant une caméra de vidéo-surveillance, empreinte de carte de crédit, etc.).
Une commission (Informatique et Libertés) a proposé une réglementation de l'utilisation de ces informations qui préserve la liberté de l'individu.

Activité 4, p. 139 • Rédiger une demande d'autorisation ou de dérogation

• Travail par paires.
• Suivre la démarche proposée.
• Lecture de quelques productions.

Prononciation p. 139

• Exercice 1. Discrimination auditive des sons [f], [v], [p], [b].
• Exercice 2. Discrimination auditive et sonore des mêmes sons.

Transcription

1. Trouvez dans quel ordre les mots des groupes du livre sont prononcés.
a. va – fa – pas – bas /...
b. pou – fou – bout – vous /...
c. vu – bu – fut – pu /...
d. dépit – débit – défi – dévie /...
e. vole – pôle – folle – bol /...
f. faux – beau – pot – veau /...

Répétez les mots dans l'ordre du livre.
a. fa – va – pas – bas /...
b. fou – vous – pou – bout /...
c. fut – vu – pu – bu /...
d. défi – dévie – dépit – débit /...

e. folle – vole – pôle – bol /...
f. faux – veau – peau – beau /...

2. Répétez ce texte.
Psychanalyse /...
Dans mes rêves je vois /...
Une poule dans la foule /...
Une file dans la ville /...
Un abbé qui dit un avé /...
Une marchande de fleurs en pleurs /...
Une folle qui vole /...
Trois poux sur la tête d'un fou /...
Et un enfant sur un banc /...
Emporté par le vent /...

▼ Séquence C – Civilisation, p. 135 – 140 – 141

■ Contenus

• Civilisation – Strasbourg : . ville européenne . ville moderne . dynamisme culturel **• Situations écrites** – approche globale d'un texte – rechercher des informations	**• Vocabulaire** – la vie culturelle – le vocabulaire de l'évolution **• Situations orales** – présenter des informations de façon organisée – présenter des points forts, des points faibles

■ Déroulement de la séquence

• La double page « Civilisation » de cette séquence est entièrement consacrée à la découverte de la ville de Strasbourg. Son contenu est donc totalement indépendant de l'histoire racontée par les documents d'introduction.

1. Dans un premier temps, on utilisera les documents C, p. 135, pour faire imaginer la fin de l'histoire.

2. Passer à l'étude de la double page « Civilisation ». Suivre l'ordre des activités proposées par le livre.

■ Découverte des documents C, p. 135

• **Situation** : Sélim a critiqué l'action illégale de l'association anti-TGV dont Juliette est la présidente. Il a aussi menacé de la quitter si elle ne démissionnait pas...

• **Faire rappeler la situation.**

• **Travail collectif.** Faire la liste des questions que se posent les lecteurs :

– Va-t-on construire le TGV ?

– Est-ce que Charles Lapierre a trouvé une solution à ses problèmes ?

– Bastien a-t-il réalisé son projet ?

– L'association anti-TGV a-t-elle réussi à faire retirer le projet, à faire modifier le tracé ?

– Juliette et Sélim vont-ils continuer à vivre ensemble ?

– Le maire de Signac sera-t-il réélu ?

• **Travail en équipes.** Utiliser les illustrations p. 135 pour imaginer la fin de l'histoire et répondre à ces questions.

■ Activités 1 et 2, p. 141

■ Activité 1, p. 141. Les trois visages de Strasbourg.

• On répartira le travail en petits groupes. Chaque groupe prendra en charge un des aspects de la ville de Strasbourg : la vie culturelle, la ville européenne, la ville moderne.

a. Chaque groupe se verra confier trois tâches :

– Relever les informations concernant son sujet dans les documents écrits (article attribué, légendes des photos).

– Relever les informations concernant son sujet dans le document sonore complémentaire. (Chaque groupe ne fera donc que l'exercice d'écoute correspondant au sujet traité.)

– Préparer une présentation orale des informations après les avoir organisées.

b. Selon la situation, la mise en commun en grand groupe pourra prendre pour chaque groupe différentes formes :

– S'arrêter à la présentation des informations relevées.

– Se prolonger par la lecture du document écrit et son explication (schéma du texte au tableau : plan, articulateurs, mots clés, traduction de certains mots), le professeur assistant le groupe.

– Se continuer si possible par une présentation des documents sonores ou par l'écoute de quelques extraits accompagnés des explications proposées par le groupe.

• Lors de la phase de recherche d'informations, le professeur demandera à chaque groupe de construire un schéma du texte pris en charge. Ce schéma, correspondant à la saisie globale du sens, fera apparaître :

– le plan du texte : titre + parties ;

– les articulations ou mots de liaison ;

– les mots clés ;

– les relations entre mots clés.

Exemple :

Dynamisme culturel

1. Il y a quelques années encore

– *on* → culture à Strasbourg { – la cathédrale
– la choucroute
– la bière, les winstubs

– *certains* → culture = adjuvant touristique pour cars d'Allemands

– *d'autres* → culture = folklore

2. *Or* depuis quelques années

– vie culturelle → intense et variée

– ville { – patrimoine
– gastronomie
– tradition

– modernité → création et formation

– culture → 21 % budget *mais* manifestations spectaculaires
par exemple : festival, conservatoire.

• Utilisation des documents sonores : selon le matériel disponible, les groupes écoutent simultanément ou l'un après l'autre les documents pour en extraire les informations utiles.

– Avec l'aide du professeur, écoute globale : noter les points importants.

– Écoute fractionnée : préciser chaque point clé.

Transcription

1. Les nouvelles réalisations culturelles à Strasbourg.

Prenez le rock et la musique moderne par exemple. Avant, il n'y avait pas de lieu pour écouter des groupes. Il y a quelques années on a ouvert deux grandes salles. Et puis dans le grand stade de football on a fait venir des groupes comme les Pink-Floyd ou U2.

En théâtre aussi il se passe des choses intéressantes. Au Théâtre national de Strasbourg par exemple, il y a des comédiens français mais aussi des Allemands et des Italiens. Ce théâtre monte des pièces et va les jouer dans toute l'Europe et on va même monter des pièces en allemand.

Et puis, il y a l'opéra. C'est un des meilleurs de France. Là aussi on monte des spectacles avec les plus grands chanteurs internationaux et ces spectacles sont créés en collaboration avec d'autres villes européennes.

Il y a aussi le Musée d'art contemporain. Vous voyez, Strasbourg est vraiment une ville qui vit dans le présent.

2. Le choix de Strasbourg comme siège du Parlement européen a transformé la ville.

L'administration de l'Union européenne, c'est d'abord 2 500 fonctionnaires qui sont arrivés dans notre ville et qui dépensent leur salaire dans notre ville. Et ça, c'est bon pour l'économie. Ça fait travailler les commerçants. Et puis, il a fallu construire tous les bâtiments administratifs. Ça aussi c'est bon pour les entreprises de la ville.

Bon, et bien sûr, on a eu de l'argent. À partir du moment où Strasbourg est devenue une ville internationale, il a fallu la moderniser. C'est comme ça qu'on a pu faire le tramway.

Mais je crois que ce qui est le plus important, c'est que beaucoup d'entreprises internationales sont venues s'installer ici, surtout des entreprises du domaine de la recherche scientifique et technologique.

Et tout ça, ça a donné à la ville un visage de ville internationale et bien sûr les réalisations culturelles ont suivi.

3. Pourquoi il est agréable de vivre à Strasbourg.

Écoutez. Ça fait cinq ans que je vis à Strasbourg et je n'aimerais pas être obligée de partir.

D'abord, c'est une ville qui a beaucoup de charme, avec sa cathédrale, ses vieux quartiers, sa rivière. C'est très romantique.

Mais en même temps, c'est une ville où on a essayé de rendre la vie des gens plus facile. Par exemple, je ne prends jamais ma voiture pour aller travailler. Quand il fait beau, j'y vais à vélo parce qu'il y a un peu partout des pistes pour les vélos. Plus de 150 km je crois, et ça, ça n'existe pas ailleurs en France. Et l'hiver, je prends le tramway. Et le tramway, c'est beaucoup plus agréable que le métro à Paris.

Bon, puis c'est aussi une ville où ça bouge. Le soir, on peut faire plein de choses. Il y a les restaurants traditionnels. Il y a des tas de spectacles et des spectacles pour tous les goûts.

Et ce que j'aime bien aussi, c'est que c'est une ville internationale et une ville internationale assez petite. Donc les rencontres avec les gens sont assez faciles. Moi, j'ai des tas d'amis étrangers, ici...

Et enfin, ce qui est formidable, c'est la campagne autour de Strasbourg. Tous ces petits villages d'Alsace, ces paysages de collines...

■ **Activité 2, p. 141.**

• On pourra démarrer le travail par une recherche collective d'idées concernant les aspects d'une ville à présenter : la situation, la région, la population, les quartiers, l'économie, le commerce, les universités, la recherche, la vie culturelle, le tourisme, les transports et les infrastructures, etc.

• Le travail pourra se faire ensuite individuellement ou en petits groupes. Utiliser :

– l'expression de l'appréciation positive (*bon, grand, excellent,* etc.) pour rendre compte des points forts ;

– l'expression du manque, du besoin pour traduire les points faibles (*il manque, il faudrait, on a besoin de,* etc.).

– l'expression de la transformation et de l'obligation (*on doit changer, transformer, améliorer,* etc.).

▼ Leçon 15 C, p. 142 • Lecture : Krach boursier à cause d'une fleur

1. Avant d'aborder le texte, expliquer aux étudiants le projet de lecture (réaliser un sujet de film d'après le récit).

On travaillera le texte paragraphe par paragraphe. À chaque étape :
– lecture collective et explications lexicales ;
– par deux ou trois, les étudiants construisent la partie du sujet correspondante.

2. Exploitation des sujets.
– Reconstitution de récit oral. Chaque groupe raconte une partie du récit.
– Comparaison entre les productions des étudiants (pour tel paragraphe, les uns ont prévu une scène, d'autres plusieurs, etc.).

15 Corrigés du cahier d'exercices

1. Autorisations et interdictions.

b. Titres – *B* : Comment ne pas payer la redevance sur les téléviseurs ? – *C* : Votre propriétaire peut-il vous interdire d'avoir un animal ? – *D* : À qui sont les cerises ?

c. Classement des adjectifs et participes passés

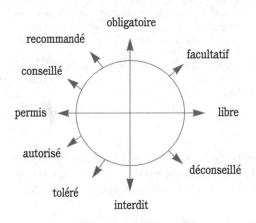

d. *interdit* → interdire (une interdiction)
toléré → tolérer (la tolérance)
autorisé → autoriser (une autorisation)
permis → permettre (une permission)

conseillé → conseiller (un conseil)
recommandé → recommander (une recommandation)
obligatoire → obliger (une obligation)
facultatif → (pas de dérivation)
libre → libérer – rendre libre (la liberté)
déconseillé → déconseiller (un conseil)

e. 1. *Je t'interdis* de toucher aux prises de courant
2. *Je ne te conseille pas* de continuer
3. Je veux bien *tolérer* que tu rentres plus tard. Mais c'est exceptionnel
4. *Tu seras obligée* de les faire pendant le week-end
5. *Je vous autorise* exceptionnellement à regarder ce film

2. Commander et obéir.

a. Le général Dupuis *commande* l'armée. Il vient d'*ordonner* à ses troupes... Tous les soldats doivent *exécuter*...

L'entraîneur... *exige* que tous les joueurs soient présents à l'entraînement... Ils doivent *se soumettre* à un entraînement régulier

Le bruit nous *empêchait* de dormir... Ils ont été *forcés* d'arrêter...

... on *imposait* des règles très strictes. Tous les élèves devaient *se conformer* au règlement.

Les enfants doivent *obéir*... Mais beaucoup de parents *cèdent*...

3. Situation dans le temps.

a. *Aujourd'hui*, nous sommes à Montpellier. *Hier*, nous avons visité Béziers et *avant-hier*, Carcassonne. *La semaine dernière*, nous avons fait des balades dans les Pyrénées. *Le mois dernier*, nous avons fait le tour de l'Espagne. *Il y a deux mois*, nous faisions du tourisme au Maroc.

Demain, nous resterons sur la plage. *Après-demain*, nous visiterons Nîmes. *La semaine prochaine*, nous nous reposerons en Provence. *Le mois prochain*, nous visiterons l'Italie. *Dans deux mois*, nous serons en Sicile.

b. *Le 24 juillet* nous étions à Montpellier. *La veille* nous avions visité Béziers. *L'avant-veille* nous avons fait le tour des remparts de Carcassonne. *La semaine précédente* nous avons fait des balades dans les Pyrénées. *Le mois précédent* nous avons fait le tour de l'Espagne. *Deux mois avant* nous faisions du tourisme au Maroc.

Le lendemain du 24, nous sommes restés sur la plage, *le surlendemain* nous avons visité Nîmes. *La semaine suivante* nous nous sommes reposés en Provence. *Le mois suivant* nous avons visité l'Italie. *Deux mois après* nous voyagions en Sicile.

4. Constructions avec deux pronoms.

a. Oui, ils m'en font.

Oui, ils m'en donnent.

Non, ils lui en donnent plus.

Non, il ne me la prête pas.

Oui, il la lui prête.

Oui, il lui en offre.

Non, il ne me le dit jamais.

b. Oui, tu lui en as offert.

Non, je ne lui en ai pas emprunté.

Oui, on le leur a rendu.

Oui, je les lui ai donnés.

Non, je ne le leur ai pas annoncé.

c.– Ne les lui fais pas ! – Donne-lui-en !
– Explique-le-lui ! – Dis-le-lui ! – Ne lui en donne pas trop quand même !
– S'il te plaît, montre-la-moi ! – Ne le lui dis pas ! – Donne-la-moi !

5. Les sens de l'imparfait.

$1 \to c - 2 \to b - 3 \to d - 4 \to a - 5 \to a - 6 \to$ sens non répertorié. Il s'agit d'une forme polie de : « je viens vous demander ».

6. Faire respecter vos droits.

a. Cette fiche, extraite d'un ouvrage qui donne des informations pratiques sur les droits et les lois, s'adresse à tous les publics peu informés. Certains magazines destinés à un public féminin comportent aussi une rubrique « vos droits ». La presse quotidienne régionale propose aussi ce type de rubrique de temps en temps.

Exemples de sujets : Les arrêts de travail – Problèmes de voisinage (entretien des parties communes) – Facture non conforme à un devis – Achat d'une voiture d'occasion (découverte d'un défaut caché) – Prolongation d'un crédit – Etc.

7. L'évocation des souvenirs.

a. Particularités de la vie rurale au début du xx**ᵉ siècle**

• *Logement* : maison basse – sol en terre battue – toit de chaume

• *Entretien* : on arrose le sol, puis on balaye

• *Nourriture* : produits du jardin, dons des voisins

• *Rythmes de vie* : les travaux des champs – les événements familiaux (noces – communions)

• *Habillement* : on a des vêtements « du dimanche »

• *Religion* : messe tous les dimanches – les hommes se découvrent au passage d'un enterrement

• *Santé* : les enfants ont des vers (remède : bourse remplie d'ail) – prévenir les maladies des oreilles (coton dans les oreilles)

• *Éducation* : contrôle de l'hygiène – forte discipline – études courtes – absentéisme important
• *Mentalités* : économie (ou jeûne avant les repas de fêtes) – autorité des parents et des enseignants – superstitions (signe de croix sur le pain)

b. *Exercice ouvert*

8. Les animaux.

a. Classement des expression du texte de P. Daninos

• Expressions avec « comme » : Il ne s'agit pas de comparaisons mais de formes intensives.
Exemple : *dormir comme un loir* = dormir beaucoup, profondément
rusé comme une renard = être très rusé
gai comme un pinson – léger comme une plume – malade comme un chien – muet comme une carpe
• Expression avec « de » : expressions qui marquent aussi l'intensité : *avoir une faim de loup – avoir un œil de lynx* (bonne vue) – *mener une vie de chien* (une vie difficile) – *un froid de canard* (très froid) – *une fièvre de cheval* (une forte fièvre)
• Expressions avec un comparatif : *se faire aussi gros qu'un bœuf* (se donner de l'importance).
• Autres expressions :
→ *Faire de quelque chose son cheval de bataille* : donner de l'importance à cette chose, en faire une cause que l'on défend. (L'écologie est son cheval de bataille.)
→ *Faire le pied de grue* : attendre. (Il avait rendez-vous avec Sylvie à 20 heures devant l'Opéra. Il a fait le pied de grue pendant une heure.)
→ *Rester comme un oiseau sur la branche* : rester dans l'insatisfaction et dans l'incertitude. (Il est au chômage. Il a envoyé 50 curriculum vitae. Il est comme un oiseau sur la branche.)
→ *Poser un lapin à quelqu'un* : ne pas venir au rendez-vous qu'on lui avait fixé. (Elle m'a donné rendez-vous et m'a posé un lapin.)
→ *Mettre la puce à l'oreille* : se douter de quelque chose. (Pierre et Sylvie vont se marier ? Ça ne m'étonne pas. Il y a dix jours je les ai vus ensemble au cinéma. Ça m'a mis la puce à l'oreille.)
→ *Prendre le taureau par les cornes* : prendre la décision d'agir dans des circonstances difficiles. (Demain, c'est décidé. Je prends le taureau par les cornes. J'arrête de fumer.)

b. *un âne* : l'entêtement (têtu comme un âne) – un mauvais élève (c'est un âne).
un lion : l'énergie (il a mangé du lion aujourd'hui) – l'agressivité.
un mouton : le manque d'agressivité.
un porc : le manque de savoir-vivre – (Il s'est conduit comme un porc.)
un requin : la cupidité.
un chien : la fidélité – (Il la suit comme un chien) – une vie difficile (une vie de chien).
un loup : l'ambition (un jeune loup aux dents longues) – la faim.
un pigeon : la naïveté – (Il s'est fait avoir. Dans cette affaire, c'est lui, le pigeon) – le voyage.
un pou : la saleté (sale comme un pou).
un veau : la bêtise – un comportement uniforme et sans originalité (ils se comportent comme des veaux).

9. Les fruits et les légumes.

a. *mettre du beurre dans les épinards* = améliorer.
un navet = un mauvais spectacle.
des salades = une situation compliquée.
couper la poire en deux = faire un compromis.
les carottes sont cuites = il n'y a plus d'espoir.
pas un radis = pas d'argent.

b. *presser le citron* = réfléchir.
le blé = l'argent.
ma pomme = ma personne, moi.
prendre quelqu'un pour une poire = le prendre pour un naïf.
une châtaigne = un coup de poing.
la fraise = le visage.
avoir la pêche = être en forme.
une prune = une balle (de pistolet).
le raisin = le sang.

Bilan 5

1. Conditionnel passé.

• Si j'avais mieux révisé, *j'aurais réussi.*

• S'il n'y avait pas eu cette grève, *nous serions déjà arrivés.*

• Si vous aviez fait votre travail correctement, *je vous aurais augmenté.*

• Si tu t'étais habillée plus chaudement, *tu n'aurais pas été malade.*

2. Futur antérieur.

• ... Je ne quitterai le bureau que quand *j'aurai terminé.*

• ... Il achètera une voiture quand *il aura fait* des économies.

• ... Ils repartiront quand *ils se seront reposés.*

• ... Vous me donnerez votre avis quand *vous l'aurez vu.*

3. Expression du but.

« ... pour interdire aux communes de jeter leurs déchets dans la rivière, pour que la faune et la flore soient préservées, pour que le camping soit réglementé. Le but de l'opération est de sauver le paysage. »

4. Expression de la cause.

• Je vais prendre le TGV *parce que* les transports aériens sont en grève.

• *À cause de* la construction du TGV, M. Lapierre a perdu une partie de ses terres.

• *Grâce aux* compétences de Sélim en mécanique, j'ai pu réparer ma voiture.

• *Puisque* tu n'aimes pas la montagne, nous irons à la mer.

5. Expression de la conséquence.

• Son régime lui *a fait* perdre 20 kg.

• La sécheresse est *à l'origine* d'une mauvaise récolte.

• La pollution de la rivière *a entraîné* la disparition des poissons.

• La terrible tempête *a causé* de graves dégâts sur l'île de la Martinique.

• La ligne TGV *a rendu* le voyage de Paris à Toulouse moins long.

6. Situation relative dans le temps.

« ... *Ce jour-là,* j'ai vu le défilé le matin. Et *le soir (même)* je suis allée au bal... J'ai rencontré Antoine. J'étais arrivée à Paris *deux semaines avant* pour m'inscrire dans une école de langue. Les cours s'étaient terminés *la veille. Le lendemain,* j'ai visité le château de Versailles avec Antoine. *Le surlendemain,* nous avons fait le voyage Paris-Aix en Provence dans la voiture d'Antoine. *Trois jours après,* nous avons fait du tourisme en Provence pendant une semaine. *Dix jours plus tard* je suis revenue à Paris en TGV et je suis repartie pour Rome le *soir (même).*

7. Verbes exprimant la cause ou la conséquence.

• Le TGV *permet* aux voyageurs de faire Paris-Avignon en 2 h 40.

• ... Elles *ont provoqué* la mort de trois personnes et des dégâts importants.

• Les nouvelles mesures pour l'emploi commencent à *produire* des effets...

• ... Ça l'*a rendu* triste.

8. Situation de communication.

a. *Pierre* : Tu crois que ça va marcher ?
Nathalie : Mais bien sûr, n'aie pas le trac, ne t'inquiètes pas. Tout va bien se passer.

b. *L'épouse* : Surtout, fais attention ! Sois prudent !
Adrien : Rassure-toi. Tu sais bien que je ne prends jamais de risques inutiles.

c. *La mère* : Tu n'as pas le droit de faire ça ! Je te l'interdis ! Tu vas aller payer cette BD au marchand !

d. *Marie* : Monsieur, c'est injuste. Mon collègue a obtenu son congé et pas moi. C'est du favoritisme ! C'est scandaleux...

9. Vocabulaire.

a. • L'air est *pur*.

• L'eau *est rare* dans cette région.

• Dans cette région, il y a un *déséquilibre* entre...

• Dans cette région d'Afrique, la nourriture *manque* pour...

• Des campeurs *ont préservé* cet endroit...

b. • Observer → respecter.

• Permettre de → autoriser à.

• J'ai eu → j'ai obtenu, j'ai été reçu.

• Vous ne pouvez pas → il est interdit de.

• Suivre les conseils → obéir à ses parents.

c. • Montagne → le sommet, le lac, la vallée, le sapin, la grotte.

• Rivière → l'eau, le torrent, la cascade, le pont, le rocher.

• Côte → la mer, la plage, la falaise, le delta, le marécage.

d. • Tu as de la chance ! → gagner au loto.

• Tu n'oseras pas ! → scène de ménage.

• J'ai le trac ! → un artiste avant un spectacle.

• Mettons-nous à l'abri → en cas d'orage.

• Prenez vos précautions → pour une sortie en montagne.

10. Test culturel.

• Strasbourg, ville dynamique ? Oui

• Strasbourg, ville européenne ? Conseil de l'Europe, Parlement européen, Cour européenne des droits de l'homme.

• Paris-Avignon ? 2 h 40.

• Un fonctionnaire ? Personne travaillant dans le service public.

• Sécurité sociale ? Elle garantit les Français pour les dépenses de maladie.

• La Camargue ? Delta du Rhône, paysage de marais et de landes avec des chevaux et des taureaux en semi-liberté.

• Skier en France ? Dans les Alpes, les Pyrénées, le Massif central, les Vosges ou le Jura.

• Gestes ou choses porte-bonheur ? Le trèfle à quatre feuilles, croiser les doigts...

• Gestes ou choses portant malheur ? Le chat noir, passer sous une échelle...

UNITÉ 6

Cette unité est conçue comme les unités 2 et 4. Les leçons 16 et 17 permettent de préparer le travail effectué à la leçon 18 : la simulation d'un procès.

– **La leçon 16** : servira en particulier à réviser et approfondir l'expression de la comparaison, de l'appréciation (excès, insuffisance), à apprendre à réagir dans des situations problématiques, à présenter l'évolution des professions.

– **La leçon 17** : permettra d'introduire le passé simple et de réviser les temps du récit, mais aussi de découvrir les progrès de la médecine et de la biologie.

– **La leçon 18** : proposera aux étudiants un double itinéraire : apprendre à argumenter et réaliser la simulation d'un procès.

Objectifs

	16	17	18
Grammaire	– sens et emplois des articles – comparaison et appréciation	– les temps du récit – compréhension du passé simple	– la nominalisation – l'expression de l'opposition
Vocabulaire	– objets et fonctionnements technologiques dans la vie quotidienne – les professions	– les sciences – la médecine et la santé	– la justice – l'éducation
Situations orales	– situations de la vie courante : dialogue avec des professionnels	– raconter une recherche, une découverte	– accuser, défendre – argumenter
Situations écrites	– faire un constat (accident, défectuosité, etc.)	– comprendre un récit au passé simple	– faire une liste d'arguments – développer un argument (introduction, exemples, conclusion)
Civilisation	– nouveaux comportements professionnels – nouvelles professions	– découvertes scientifiques et technologiques – la génétique en question	– controverses, débats et procès d'actualité
Phonétique	– groupes consonantiques [ks], [gz], [st], etc.	– prononciation des mots d'origine étrangère	– intonation expressive propre à l'argumentation

▼ Remarque préliminaire

• La double page intitulée « Face aux professionnels » (146-147) ne relève pas d'une histoire. Elle a son unité et son autonomie propre. On pourra donc choisir entre différents parcours pour construire la leçon :
– Consacrer une séance à cette double page en début de leçon. Traiter les trois dialogues. Conserver les deux illustrations de mise en situation (« Plombier », « Maçon », p. 146) et les utiliser après l'étude de la double page « Vocabulaire », p. 150-151.
– Consacrer une séance à cette double page après l'étude des doubles pages « Grammaire » (p. 148-149) et « Vocabulaire » (p. 150-151).
– Utiliser les dialogues A, B et C comme supports introducteurs, respectivement aux doubles pages « Grammaire » ou « Vocabulaire ». Mais dans ce cas aussi, n'utiliser les illustrations « Plombier », « Maçon », p. 146, qu'après l'étude du vocabulaire utile, p. 150-151.
• Notre proposition de démarche retiendra cette dernière possibilité.

▼ Séquence A – Grammaire, p. 146 – 148 – 149

■ Contenus

• **Grammaire** – *sens et emploi des articles* – *comparer, apprécier* • **Vocabulaire** – freiner, prendre (du temps) – le sifflement, le bloc	• **Situations orales** – *dialogue avec un garagiste* – *donner des appréciations approximatives* – *indiquer l'excès, l'insuffisance et leurs conséquences*

■ Déroulement de la séquence

• La séquence est principalement consacrée à la révision des articles et à l'approfondissement des notions de comparaison et d'appréciation.

1. On débutera la séquence par l'étude du dialogue A p. 146 qui introduit aux contenus de la rubrique « Comparer, apprécier », p. 149.

2. Présenter les constructions du tableau « Comparer, apprécier », faire les exercices de la rubrique « Entraînez-vous » et les n° 3 et 4, p. 149.

3. Réviser les sens et emplois des articles à partir du tableau p. 148. Faire les exercices 1 et 2, p. 148-149.

■ Découverte du document A, p. 146

• **Observation de l'illustration. Écoute de la première réplique.** Identifier la situation, les personnages, le problème.

• **Écoute et dévoilement progressif.** Faire écouter et identifier la réplique suivante du garagiste. Puis, imaginer la réaction ou la réplique de la cliente. Et ainsi de suite. Donner des indices si nécessaire (prix, temps nécessaire). Vérifier ce que dit la cliente.

• **Introduire au fur et à mesure :**

– *siffler* (le sifflement), *freiner* (le frein), *le bloc ;*

– les expressions composées de « *plus* » et « *moins* » ;

– le bruit est $\left\{ \begin{array}{c} \boxed{\text{si}} \\ \boxed{\text{tellement}} \end{array} \right\}$ fort $\boxed{\text{que}}$ tout le monde me regarde.

→ le bruit est très fort. Tout le monde me regarde.

• **Faire jouer la scène.**

■ Tableau. Activités 3 et 4, p. 149

■ **Tableau, p. 149. « Comparaison et appréciation ».**

• Réviser l'expression de la comparaison à la page 178 du bilan grammatical.

• Animation collective : présenter les constructions du tableau.

→ Avant j'habitais un village. Maintenant j'habite en ville. Je m'amuse plus... Mais au bureau je dois travailler *de plus en plus*... Hier, il y avait *au moins* trente personnes à l'agence... Il faisait *si* chaud *qu*'on étouffait...

■ **Activité 3, p. 149. Donnez des appréciations sur votre ville.**

• Travail collectif au tableau ou travail par paire suivi d'une mise en commun.

• Exercice ouvert.

■ **Activité 4, p. 149. Appréciations et commentaires.**

• Travail par paires suivi d'une mise en commun.

• Donner un exemple :

→ *Mon logement est beaucoup plus bruyant à cause de la construction de l'autoroute...*

■ Exercice 1 et tableau, p. 148. Exercice 2, p. 149

■ **Exercice 1 et tableau, p. 148. Sens des articles.**

> ▶ **Grammaire**
>
> À ce niveau, il s'agit de conceptualiser les différents sens et emplois des articles. Au niveau I, les articles sont bien entendu introduits dès les premières leçons mais avec un appareil conceptuel très schématique (masculin/féminin – singulier/pluriel – défini/indéfini/quantitatif). Or, ces catégories ne permettent pas d'expliquer tous les emplois. On ajoutera donc ici la catégorie générique (abstrait, généralisateur)/spécifique (concret, s'appliquant à un objet particulier).

• Utiliser la première partie de l'exercice 1 comme texte support pour analyser ces différents sens. Seule une approche en langue maternelle pourra permettre d'expliciter ces nuances de sens.

Faire aussi des comparaisons avec le système des articles (ou de leur absence) dans la langue maternelle.

• Lecture du tableau.

→ ... *du* pain (quantité non comptable)... *une* moitié (quantité comptable)... acheter *du* pain (quantité non comptable)... *une* baguette (quantité comptable)... Non, *du* pain de campagne (quantité non comptable)... *Le* pain de campagne (vision générale)... prends *un* pain de campagne (quantité comptable)... acheter *le* pain (vision particulière, objet défini).

→ *un* bon repas (vision particulière, objet non défini)... *la* Closerie des Lilas (vision particulière, lieu précis)... commandé *du* champagne (quantité non comptable)... *Le* champagne est (vision générale)... *un* excellent champagne (vision générale)... *du* bon et *du* pas cher (quantité non comptable)... *le* champagne de leur réserve (vision particulière, objet indéfini)... *une* marque (vision particulière, objet indéfini)... on aime *le* champagne (vision générale).

■ **Exercice 2, p. 149. L'emploi des articles.**

– À faire collectivement.

→ – ... ? Je t'offre *un* café.

– ... je ne bois plus *de* café. *Le* café m'énerve trop. Maintenant, je bois *du* thé. Alors, je prendrai *un* thé léger au citron.

→ – Tu connais *un* bon dentiste ?... *Un* dentiste (*le* dentiste) est quelqu'un dont il faut toujours se méfier.

– Il y en a *de* bons et *de* moins bons. Moi, je vais chez *le* dentiste de ma sœur. C'est *un* excellent dentiste. Il a *de* l'expérience, *de la* patience avec les enfants, et il a toujours *des* histoires drôles à raconter.

→ – ... Ça fait longtemps que je n'ai pas mangé *un* poisson à la bordelaise comme celui-là... nous ne faisons pas *de* poisson à la bordelaise. Nous ne connaissons pas *la* (*cette*) recette.

■ Entraînez-vous, p. 149

- Exercice 1. Emploi du pronom « *en* » + « *de plus en plus* » ou « *de moins en moins* ».
- Exercice 2. Emploi de « *si / tant / tellement... que* ».

Transcription

1. Pronom « en » + « de plus en plus » ou « de moins en moins ». Testez votre connaissance de la France. Répondez.
- Est-ce qu'à Paris il y a de plus en plus de cafés ? /...
– Non, il y en a de moins en moins.
- Est-ce que les Français boivent de plus en plus de vin ? /...
– Non, ils en boivent de moins en moins.
- Est-ce qu'ils mangent de moins en moins de pain ? /...
– Oui, ils en mangent de moins en moins.
- Est-ce qu'il y a de moins en moins d'animaux domestiques en France ? /...
– Non, il y en a de plus en plus.
- Est-ce qu'à Paris, il y a de plus en plus de taxis ? /...
– Non, il y en a autant qu'il y a 40 ans.
- Est-ce que les Français boivent de plus en plus d'eau minérale ? /...
– Oui, ils en boivent de plus en plus.

2. « Si/tant/tellement ». Écoutez Françoise et Pierre. Transformez comme dans l'exemple.
- Il parle trop. Il m'ennuie /...
→ Il parle tellement qu'il m'ennuie.
- Elle est trop discrète. C'est moi qui parle tout le temps /...
→ Elle est si discrète que c'est moi qui parle tout le temps.
- Il est trop paresseux. Aucun patron ne le garde /...
→ Il est si paresseux qu'aucun patron ne le garde.
- Elle travaille trop. Je ne la vois jamais /...
→ Elle travaille tellement que je ne la vois jamais.
- Il a trop de dettes. Il finira clochard /...
→ Il a tellement de dettes qu'il finira clochard.
- Elle a trop d'argent. Elle remboursera mes dettes /...
→ Elle a tellement d'argent qu'elle remboursera mes dettes.

▼ Séquence B – Vocabulaire, p. 147 – 150 – 151

■ Contenus

• Vocabulaire – *problèmes quotidiens et travaux d'entretien* – *retirer, correspondre* – *un avis de réception, un paquet* – *au sujet de, effectivement, quelque part* **• Civilisation** – *le bricolage*	**• Situation orale** – *réagir dans des situations problématiques* **• Situation écrites** – *lire une offre de services* – *rédiger un constat d'accident* **• Prononciation** – *groupes de consonnes* [ks], [gz], *etc.*

■ Déroulement de la séquence

- L'objectif principal de la séquence est l'acquisition du vocabulaire des problèmes quotidiens et des travaux d'entretien de la maison.

1. Pour commencer la séquence, on étudiera successivement les dialogues B et C, p. 147.

2. Associer la présentation du vocabulaire du tableau, p. 150, aux exercices 1 et 2, p. 150.

3. Exploiter les illustrations de mise en situation, p. 146 : le plombier, le maçon.

4. Introduire le vocabulaire de la voiture, p. 151. Faire les exercices 3 et 4, p. 151.

5. Terminer la séquence par les exercices de prononciation, p. 151.

■ Découverte des documents B et C, p. 147

■ Dialogue B, p. 147. Postier.

• **Observation de l'illustration.** Écoute du dialogue jusqu'à « Tous mes papiers d'identité sont dans ce paquet. » Identifier la situation, les personnages, le problème.

• **Introduire** : *retirer, un avis de réception.*

• **Imaginer la suite du dialogue.** Écouter et comparer. Jouer la scène.

■ Dialogue C, p. 147. Employée.

• **Observation de l'illustration.**

• **Écoute globale du dialogue.** Qui sont les personnages ? Quels problèmes rencontre la dame ?

• **Écoute fractionnée** : identifier les répliques des personnages.

• **Expliquer** : *la fuite, l'installation, le relevé de compteur, correspondre.*

• **Jouer la scène.**

■ Tableau et exercices 1 et 2, p. 150

■ Tableau « Travaux dans la maison ». Exercice 1. Installation et dépannage, p. 150.

• Travail collectif.

– Lecture du document « ALLÔ ABC Services ». Expliquer les mots nouveaux.

– Introduire le vocabulaire du tableau « Travaux dans la maison » en utilisant l'exercice 1. Suivre la démarche proposée.

■ Tableau « Travaux dans la maison ». Exercice 2. Êtes-vous bricoleur ? p. 150.

• Travail de groupe suivi d'une mise en commun.

– Introduire ou réemployer le vocabulaire du tableau.

– Suivre la démarche proposée.

■ Exploitation des illustrations « le plombier », « le maçon », p. 146

• Observation des illustrations. Identifier la situation et les personnages.

– Plombier : le bricoleur inexpérimenté appelle « Allô ABC Services ».

– Maçon : le propriétaire critique le travail du maçon. Celui-ci n'a pas respecté le plan de la construction...

• Travail par paires suivi d'une mise en commun.

– Préparer les dialogues.

– Utiliser le vocabulaire des dialogues A et C, p. 146-147, et du tableau p. 150.

– Illustration « Plombier » : *Bricoleur* : Allô. ABC Services ? J'ai un problème. Il y a une fuite à mon installation. C'est grave. Pouvez-vous venir tout de suite ?...

Tableau et exercices 3 et 4, p. 151

Tableau « Problèmes de voiture ». Exercice 3, p. 151. La voiture.

a. Travail collectif.

• Les parties de la voiture. Faire le dessin d'une voiture schématique au tableau. Indiquer ses parties.

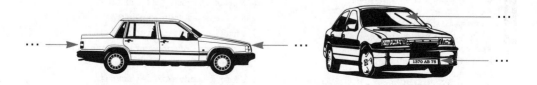

• Conduire. L'inspecteur X prend sa voiture. Il doit poursuivre un malfaiteur. Mimer la scène... il démarre, accélère, etc.
• Entretien et problèmes : imaginer un dialogue collectif.
• Accidents : rédaction collective de deux nouvelles brèves.

b. Travail par paires. Exercice ouvert.

• Variante : Jeu : imaginer cinq questions pour tester les connaissances de vos camarades.
Exemple :
→ Si on ne vérifie pas le niveau d'huile, que risque-t-on ?

Exercice 4, p. 151. Constat d'accident.

a. Travail par paires suivi d'une mise en commun.
– Lecture du constat.
– Expliquer : *rouler, tout à coup, éviter, la chaussée, la visibilité.*
– Faire compléter le croquis. Représenter l'avant du véhicule. Indiquer les dégâts.

b. Exercice ouvert.
• Variante : Proposer le croquis de l'accident ci-dessous. Faire rédiger le constat.

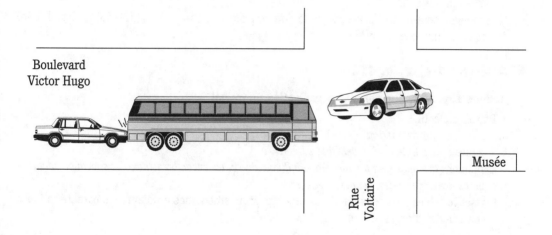

■ Prononciation p. 151

Exercice 1. [ks], [gz],[st], [sp],[kt]
Exercice 2. Groupes de consonnes.

1. Écoutez et répétez les mots.	2. Répétez ces phrases.
• Un accident /... une taxe /... la boxe /... elle accepte /... il a un accent /... • Un exercice /... c'est exact /... un examen /... ça existe /... elle exagère /... • Un stylo /... une station /... c'est stupide /... une statue /... le stationnement /... • Un sport /... respirer /... une spécialité /... spécifique /... c'est spectaculaire /... • Électrique /... extraordinaire /... succéder /... un bistrot /... une suggestion /...	Ce fut un accident absurde /... Mais un spectacle extraordinaire /... Pour les spectateurs stupéfaits /... Un taxi, conduit pas un ancien boxeur /... Qui voulait stationner dans un square /... Heurta une statue d'Ibsen /... Excité, le sportif s'expulsa du taxi /... Et s'excusa auprès de la statue /...

▼ Séquence C — Civilisation, p. 152 – 153

■ Contenus

• **Civilisation** – *nouvelles formes de travail* – *les nouvelles professions* • **Vocabulaire** – *petits commerçants, petits artisans*	• **Situations orales** – *parler d'une profession (qualités nécessaires, avantages et inconvénients)* – *décrire un projet professionnel*

■ Déroulement de la séquence

• Le but de la séquence est de nous faire découvrir les nouvelles formes de travail et les nouvelles professions.

La séquence sera limitée à l'étude de la double page « Civilisation » (152-153). Suivre l'ordre des activités proposées par le livre.

■ Activités 1 et 2, p. 152

■ **Activité 1, p. 152. Une nouvelle organisation du travail.**

• Travail collectif.

a. Lecture de l'introduction. Faire la question **a.**

b. Lecture de l'article du *Nouvel Observateur*.

– Expliquer : *graphique, la productivité, idyllique, accru, les encombrements, « la soucoupe volante »* (ici, lieu ultramoderne), *un nomade, éclater.*

– Diviser le tableau en deux parties. Noter sur propositions des étudiants les caractéristiques des deux modes d'organisation.

Organisation de Betterway	Organisation traditionnelle
• société située à la campagne • les collaborateurs travaillent chez eux • on organise soi-même ses horaires • le travail est moins contraignant	• société située dans (près d') une grande ville • on vient travailler dans l'entreprise • on respecte des horaires précis • le travail est plus contraignant

c. Le télétravail

Avantages	Inconvénients
• Pour la société : meilleure productivité, meilleures conditions de travail, cadre de vie plus agréable, locaux moins chers, personnel plus en forme (moins de circulation, moins de temps perdu). • Pour la région parisienne : moins d'encombrements, moins de pollution. • Pour les artisans locaux : plus de clients. • Pour le personnel : plus de temps disponible, liberté plus grande, pouvoir d'achat accru (moins de dépenses)...	• Contacts téléphoniques plus fréquents (augmentation de cette dépense). • Manque de communication entre membres de l'entreprise. • Ennui du travail à la maison ?...

■ **Activité 2, p. 152. Métiers d'avenir, métiers en voie de disparition.**

• Pour chaque partie, travail par paires suivi d'une mise en commun.
• Lecture de l'article de la revue *Talents* (p. 153) :
– Expliquer : *royal, le profil* (les compétences nécessaires), *maîtriser, le management, la catégorie* (le groupe social), *astucieux.*
a. et **b.** Suivre la démarche proposée.

■ Activités 3 et 4, p. 152

■ **Activité 3, p. 152. Métiers rares.**

a. Travail de groupe suivi d'une mise en commun :
– Répartir les professions par groupes.
– Chercher les qualités nécessaires (niveau de formation élevé/peu élevé, capacité à exécuter, entretenir, prévoir, améliorer, réaliser, contrôler, imaginer, organiser, etc., responsabilité, créativité, travail isolé/sens du contact, degré de motivation, aptitudes physiques, etc.).
– Identifier les avantages et les inconvénients (conditions de travail : à l'intérieur/à l'extérieur, lieu et milieu de travail, horaire de travail, voyage et déplacement, capacités physiques, répétition des tâches, habileté, personnalité, durée de formation, salaire, débouchés, stabilité de l'emploi, possibilité de promotion, etc.).

b. Travail collectif. Exercice ouvert.

■ **Activité 4, p. 153. Profession fiction.**

• Travail individuel ou par paires suivi d'une mise en commun.
– Décrire l'entreprise : secteur, produits fabriqués, lieu du siège, nombre d'employés, pays d'exportation, contrats, voyages d'affaires, coopération internationale, etc.
– Décrire l'intérêt personnel (*l'informatique me plaît...*), l'intérêt social (*on a besoin de..., on pourrait créer mille emplois*), l'intérêt financier (*on ferait des bénéfices... je gagnerais...*), les points d'intérêt divers (*je pourrai voyager...*) etc.

16 Corrigés du cahier d'exercices

1. Les petits commerçants.

• le boulanger / la boulangère – la boulangerie.

• la boucherie – Il/Elle vend de la viande et des plats de viande cuisinés.

• le pâtissier / la pâtissière – Il/Elle vend des gâteaux, des pâtisseries.

• le poissonnier / la poissonnière – la poissonnerie.

• la charcuterie – Il/Elle vend de la viande de porc et des plats cuisinés.

• l'épicier / l'épicière – Il/Elle vend divers produits alimentaires.

• une quincaillerie – Il/Elle vend des outils, des pièces détachées, des clous, des vis, etc.

• un/une fleuriste – (pas de nom particulier pour le magasin).

• le traiteur – (pas de nom particulier pour le magasin).

• le teinturier / la teinturière – une teinturerie, une blanchisserie – Il/Elle s'occupe du lavage, du nettoyage, du repassage du linge et des vêtements.

• un bijoutier / une bijoutière – Il/Elle vend et répare des bijoux.

2. Les petits artisans.

a.

a. → un vitrier – b. → un peintre – c. → un maçon – d. → un menuisier – e. → serrurier – f. → un plombier - chauffagiste – g. → un cordonnier – h. → un imprimeur – i. → une esthéticienne – j. → un électricien – k. → un coiffeur / une coiffeuse.

b. Est-ce que vous pourriez... Je voudrais faire...

a. changer cette vitre – b. refaire la peinture de ma cuisine – c. construire une cloison pour faire deux chambres – d. réparer cette fenêtre – e. ouvrir ma porte – f. installer un chauffage au gaz – g. ressemeler ces chaussures – h. imprimer des cartes de visite – i. supprimer ces rides – j. refaire l'installation électrique et la mettre aux normes – k. me faire couper les cheveux.

3. Le travail.

b. Les douze avantages du travail

(1) diriger, planifier – (2) créer – (3) gagner de l'argent – (4) changer, découvrir – (5) être en sécurité – (6) apprendre, penser – (7) se mettre en valeur – (8) aider les autres – (9) être en harmonie avec l'environnement – (10) faire des rencontres, des connaissances – (11) être autonome – (12) se réaliser personnellement.

c. Expressions de conséquence

donner l'occasion de... – fournir l'occasion de... permettre... – être un moyen de...

d. Avantages de certaines professions

• facteur en milieu rural : 3 – 5 – 8 – 9 – 11.

• homme politique : 1 – 3 – 6 – 7 – 10 – 12.

• infirmière : 3 – 5 – 8 – 11 – 12.

• dessinateur graphiste indépendant : 2 – 3 – 4 – 6 – 8 – 12.

• enseignant : 3 – 4 – 5 – 6 – 8 – 11 – 12.

• chef d'entreprise : 1 – 3 – 6 – 7 – 10 – 11 – 12.

• journaliste : 2 – 3 – 4 – 6 – 8 – 10 – 11 – 12.

e. f. Exercices ouverts

4. Emploi des articles définis et indéfinis.

a. • *une* jupe dans les tons beiges... Comme *la* jupe qui est dans *la* vitrine... je préférerais *une* couleur plus foncée.

• *Le* réalisateur... vient de faire *un* nouveau film. C'est *l'*histoire d'*une* jeune femme qui rencontre dans *un* café *un* homme riche... *Le* vieux retraité est en train d'écrire *un* livre et va proposer à *la* jeune femme...

b. • je bois *un* bon café – *Le* café de Colombie... *Le* café... pour *la* mémoire.

• *le* loup est un animal... – ils ont vu *un* loup – *Le/un* loup peut être dangereux.

• je dois appeler *le/un* plombier – un rendez-vous avec *un* plombier – je vais appeler *le* plombier de la rue Henri-IV.

5. Cas de suppression de l'article.

Depuis deux mois... dans une maison *de* campagne que *des* amis m'ont prêtée... Je n'écris pas *d'*articles...

Ce n'est pas *un* endroit... Il n'y a pas *de* touristes. C'est la fin *des* tristes journées d'hiver... nous commençons à avoir *de* belles journées ensoleillées.

Je vous recevrai *avec plaisir*... On pourrait faire *de* grandes promenades dans les forêts *de* sapins.

... c'est *une* Anglaise qui est passionnée *de* littérature et de poésie – Elle *est comédienne* ;

... ce n'est pas *une* fille snob... qu'elle raconte avec *un* accent très britannique.

6. L'appréciation des quantités.

Oh *beaucoup plus* ! Il y avait *au moins* cinquante personnes... les gens vont *de plus en plus* au cinéma... ils y allaient *de moins en moins*... il y avait *au plus* dix personnes... *au moins* 30 F, je suppose... Oui, *plus ou moins* 30 F...

7. Les comparatifs appréciatifs.

a. Il faisait *si* chaud (*tellement* chaud) *qu'*on ne sortait pas avant 16 heures.

On transpirait *tellement* (*tant*) *qu'*on changeait de chemise...

b. Il donne *tant* (*tellement*) *de* directives contradictoires que plus personne ne l'écoute.

... il crie *si* (*tellement*) fort *qu'*on l'entend à l'autre bout du couloir.

On le déteste *tellement* (*tant*) *qu'*on ne lui parle...

8. Rechercher les idées principales d'un texte.

→ *titre* : le système scolaire ne contribue pas à résoudre le problème du chômage (il ne prépare pas à un métier – l'école est en retard sur l'évolution de la société. Etc.).

→ *1er paragraphe* : L'école produit de plus en plus de diplômés de niveau supérieur. Or, ces chiffres ne correspondent pas aux besoins de la société. La société se fait une idée fausse de ses besoins réels et du rôle de l'école.

→ *2e paragraphe* : Les diplômes se dévalorisent selon les lois du marché. Plus il y a d'objets, plus leur valeur diminue. Seuls échappent à cette logique les enfants des familles favorisées et ceux qui, rejetant l'école, sont entrés très tôt dans la vie active.

→ *3e paragraphe* : Les établissements scolaires classiques (ou professionnels) ignorent l'entreprise. Ils refusent de concevoir leur enseignement en fonction des besoins.

→ *4e paragraphe* : Seuls trouveront un emploi ceux qui ont déjà une expérience professionnelle. Il faut donc concevoir des études qui soient à la fois théoriques et professionnelles.

Pour cela M. Godet propose de rendre les études supérieurs payantes et d'accorder des bourses d'études et des bourses d'insertion professionnelle.

▼ **Séquence A – Grammaire, p. 154 – 155 – 156 – 157**

■ Contenus

• **Grammaire** – *le temps du récit* – *compréhension du passé simple* • **Situations écrites** – *comprendre un récit au passé simple* – *rédiger le récit d'un événement étrange* • **Situation orale** – *raconter une recherche, une découverte*	• **Vocabulaire** – admettre, stimuler, découper – la carte à puce, le haut-parleur, le potier, le traîneau, la galette, le don, l'attraction – universel • **Civilisation** – *découvertes scientifiques et technologiques*

■ Déroulement de la séquence

• Dans cette séquence, on révisera les temps du récit et on introduira le passé simple et son emploi dans le récit.

1. La lecture de la partie A du *Magazine Sciences,* p. 154-155, se fera en liaison avec l'activité 1, p. 156.

2. Exploiter le tableau p. 156. Faire les exercices de la double page « Grammaire » (156-157) dans l'ordre proposé.

3. Finir la séquence en faisant les exercices de fixation (« Entraînez-vous » p. 157).

■ Découverte du document A, p. 154 – 155. Activité 1 et tableau, p. 156

■ **Découverte du document A, p. 154-155.**

• **Première lecture et réduction des difficultés lexicales.**

– Diviser la classe en deux groupes. Chacun prendra en charge la lecture d'une partie du *Magazine* pour accélérer la recherche du lexique (groupe 1 : Début → ... « en déplaçant quelque chose » ; groupe 2 : « En 1886... » → fin de la partie A).

– Mise en commun : vérifier la compréhension de : *admettre, stimuler, découper, la carte à puce, le haut-parleur, le potier, le traîneau, la galette, le don, l'attraction, universel.*

■ **Activité 1. L'emploi des temps du passé. Tableau, p. 156.**

a. Seconde lecture de la partie A du *Magazine*. Suivre la démarche proposée. Mise en commun.

b. Travail collectif. Relever quelques formes au passé simple (*inventa, furent, utilisèrent*). Présenter ce temps. Utiliser le tableau p. 156. Réviser les temps du récit.

– Relever les temps employés dans le document A, p. 154-156. Les justifier.

c. Puis traiter la partie C de l'exercice pour clore la question des inventions, sous forme de conversation dirigée.

▶ **Grammaire**

Passé composé et passé simple.

– Le passé composé est d'un usage courant, à l'écrit et à l'oral, à toutes les personnes.

– Le passé simple s'emploie à l'écrit, aux troisièmes personnes du singulier et du pluriel. C'est un temps réservé au récit. Il est loin d'être rare : récits dans la presse quotidienne et dans les magazines, ouvrages d'information, littérature. On ne l'emploie pas dans les écrits où il y a une certaine proximité entre l'auteur et le lecteur (lettres, rapports, mémoires, etc.).

– Cette différence d'usage s'explique par une différence de vision. Le passé simple projette l'événement dans le domaine de la fiction. Il emporte le lecteur dans une histoire. Quand il est utilisé pour raconter des événements réels, c'est pour passionner le lecteur.

Le passé composé, en revanche, établit une certaine proximité entre l'auteur et le lecteur, entre l'événement raconté et le moment de l'énonciation.

■ **Exercice 2, p. 156. Activité 3, p. 157**

■ **Exercice 2, p. 156. Formes du passé simple**

• À faire collectivement.

• François se leva → il *s'est levé*. Il prit → il *a pris*. Il sortit → il *est sorti*. Il s'aperçut → il *s'est aperçu*. Il revint → il *est revenu*. Il mit → il *a mis*. Il courut → il *a couru*.

• Marianne descendit → elle *est descendue*. Elle trouva → elle *a trouvé*. Elle remonta → elle *est remontée*. Elle tendit → elle *a tendu*. Ils la lurent → ils l'*ont lue*. Ils poussèrent → ils *ont poussé*. Ils passèrent → ils *ont passé*. Ils les invitèrent → ils les *ont invités*. Ils firent → ils *ont fait*. Ils achetèrent → ils *ont acheté*.

■ **Activité 3, p. 157. Comprendre un récit au passé simple.**

• Travail collectif. Suivre la démarche proposée.

Marcel Aymé (1902-1967) : écrivain français qui a écrit de nombreux romans (La Jument verte), des nouvelles (Le Passe-muraille), des pièces de théâtre (La Tête des autres), des récits et des contes (Les Contes du chat perché).

Dans ses récits, il mêle au quotidien humour, fantaisie et merveilleux.

. Sa nouvelle « Le Passe-muraille » raconte l'histoire d'un fonctionnaire médiocre, Dutilleul, qui découvre qu'il a le don de pouvoir passer à travers les murs. Il finit par utiliser son pouvoir pour se venger de son chef de service, pour cambrioler banques et bijouteries, pour s'évader de prison et pour avoir une liaison amoureuse avec une femme mariée. Mais un jour son pouvoir l'abandonne et Dutilleul se retrouve figé à jamais dans la pierre d'un mur.

■ Activité 4, p. 157 • Rédaction d'un événement étrange ou extraordinaire

• Travail par paires suivi d'une mise en commun.
• La démarche proposée pourra être précédée d'une recherche collective d'événements étranges ou insolites.
Exemples :
– arrivée d'extraterrestres
– rencontre d'un monstre
– rencontre d'un double
– pouvoir de réduire sa taille
– pouvoir de devenir invisible, etc.

■ Entraînez-vous, p. 157

• Exercice 1. Double pronominalisation et passé composé.
• Exercice 2. « *en* » + pronom indirect + passé composé.

Transcription

1. Construction du passé composé avec deux pronoms. Vous êtes allé(e) voir votre frère et votre belle-sœur qui habitent Rome. À votre retour, vos parents vous interrogent.
• Tu leur as donné notre cadeau ? /...
– Oui, je le leur ai donné.
• Ton frère nous a envoyé le livre sur Rome que nous lui avons demandé ? /...
– Oui, il vous l'a envoyé.
• Ton frère et ta belle-sœur t'ont fait visiter Rome ? /...
– Oui, ils me l'ont fait visiter.
• Tu as dit à ton frère que son ami Patrick allait se marier ? /...
– Oui, je le lui ai dit.
• Tu as dit à ton frère et à ta belle-sœur que nous les attendions cet été ? /...
– Oui, je le leur ai dit.

• Tu leur as montré la photo de ta fiancée ? /...
– Oui, je la leur ai montrée.

2. Construction du passé composé avec « en » + pronom indirect. Même situation que dans l'exercice précédent.
• Tu as fait un cadeau à ta belle-sœur ? /...
– Oui, je lui en ai fait un.
• Ton frère t'a parlé de son travail ? /...
– Oui, il m'en a parlé.
• Et toi, tu lui as parlé de tes projets professionnels ? /...
– Oui, je lui en ai parlé.
• Ta belle-sœur t'a préparé de la cuisine italienne ? /...
– Oui, elle m'en a préparé.
• Elle t'a fait des spaghettis ? /...
– Oui, elle m'en a fait.

▼ Séquence B – Vocabulaire, p. 155 – 158 – 159

■ Contenus

• **Vocabulaire** – *la santé, la maladie, la médecine* – prouver – *l'expérimentation, une taille de guêpe* • **Situations orales** – *décrire une mode* – *avertir, mettre en garde*	• **Situation écrite** – *lecture d'une bande dessinée* • **Civilisation** – *découvertes actuelles de la médecine* – *la dictature de la forme* • **Prononciation** – *prononciation des mots d'origine étrangère*

■ Déroulement de la séquence

• Cette séquence est dominée par le thème de la santé et de la médecine.

1. On débutera donc la séquence par le document d'introduction B, p. 155.

2. Le tableau de vocabulaire associé à l'exercice 1, p. 158, permettra de présenter l'essentiel du vocabulaire de la santé et de la maladie. Faire l'exercice 2, p. 159.

3. Exercices de prononciation, p. 159.

■ Découverte du document B, p. 155

• Lecture des articles, p. 155.

– Faire reformuler chaque découverte et ses conséquences.

– Introduire : *la protéine, antidépressif, l'ulcère, l'estomac, la bactérie, l'antibiotique, obèse, la taille de guêpe.*

• **Faire présenter d'autres découvertes de la médecine** : découverte du virus du sida, vaccin contre le paludisme, etc.

■ Tableau. Activité 1, p. 158

▓ Tableau, p. 155. « La Santé. La maladie ».

• Le vocabulaire de l'état général sera introduit en exploitant les situations illustrées accompagnant l'activité **1a**. Les mots de la maladie et des soins seront présentés en liaison avec l'activité 2.

▓ Activité 1, p. 158. La dictature de la forme.

a. Travail collectif sous forme d'animation de classe.

• Suivre la démarche proposée. Exploiter les illustrations de façon à introduire le vocabulaire de l'état général. *Exemple* :

→ Pour rester en forme, on mange légèrement. On ne veut pas devenir gros. On évite de grossir.

Comme les mannequins, les femmes veulent rester maigres, etc.

> *La dictature de la forme.*
> *Le développement des loisirs permet de consacrer plus de temps au soin du corps. D'autre part, dans une civilisation dominée par l'image et le souci de la séduction, le cinéma et ses stars, la mode et ses mannequins, le sport et ses vedettes, la publicité et ses créatures de rêve, ont érigé en standard de beauté des normes physiques très sévères (taille, poids, sveltesse, musculature, formes du visage, forme physique) auxquelles certains s'efforcent de correspondre avec un soin maniaque.*

b. Travail par paires suivi d'une mise en commun.

c. Exercice d'écoute. Utiliser la cassette.

• Travail collectif.

• Écoute globale : identifier les quatre points abordés par le médecin (trop de sport, hygiène excessive, alimentation et régimes, soins et chirurgie esthétique).

• Écoute fractionnée : traiter les quatre points l'un après l'autre.

– Faire relever les dangers liés à certains comportements,excessifs

– Introduire : *muscles, dentifrice, savonner, brosser, aveugle, peeling, cicatrice, anesthésie.*

Transcription

Écoutez. Un médecin vous met en garde contre certains comportements excessifs.

Il est certain que pour rester en forme, il faut faire un peu de sport, avoir une bonne hygiène et manger léger. Mais dans ces trois domaines, il ne faut pas exagérer.

Vous savez, les grands sportifs, les grands champions ne sont pas toujours en meilleure forme que nous.

À 30 ans, quelquefois, ils ont les articulations d'une personne de 60 ans. Et pourquoi ? Parce que le corps humain est comme un moteur de voiture. Si vous le poussez trop, si vous le faites trop fonctionner, il s'use et tombe en panne. Et surtout, quand on n'a pas fait de sport pendant des années, si l'on recommence, il faut que ce soit très progressivement. Sinon, vous risquez d'avoir des problèmes aux muscles ou des problèmes cardiaques.

C'est pareil pour l'hygiène. Avant, on ne se lavait pas assez. Aujourd'hui, certaines personnes se lavent trop souvent. Il faut savoir que les shampooings, les savons, les dentifrices contiennent des produits chimiques et qu'il ne faut pas en abuser. Se savonner trois fois par jour est mauvais pour la peau. Se brosser les dents avec du dentifrice dix fois par jour est mauvais pour les dents.

Mais là où les gens sont les plus imprudents, c'est avec leur alimentation. Parce qu'ils ont pris 3 ou 4 kg, ils sautent un repas par jour ou arrêtent de manger de la viande. Je leur dis : attention ! D'abord parce que ça ne servira à rien. Ils vont perdre leurs 3 kg mais ils vont les reprendre quand ils arrêteront leur régime. Ensuite, parce que si on fait ça trop souvent : perdre du poids, en reprendre, perdre du poids, en reprendre, c'est dangereux pour l'équilibre général. Et puis il y a les gens qui ont une confiance aveugle dans les soins de la chirurgie. Ils s'imaginent que parce que c'est de l'esthétique, ce n'est pas dangereux. Malheureusement, si vous faites faire un peeling, par exemple, il y a des risques de brûlures et vous pouvez vous retrouver ensuite avec des cicatrices. Et quand on vous fait une anesthésie pour vous refaire le nez, vous pouvez vous réveiller déçu du résultat. Il vaut mieux savoir toutes ces choses-là avant, vous voyez...

■ Tableau, p. 158. Activité 2, p. 159

■ **Tableau, p. 158, « Les maladies. Les soins ».**

• Présenter le vocabulaire des maladies et les parties du corps : utiliser le dessin, le mime. Indiquer la fonction de l'organe.

• Introduire le vocabulaire des soins : utiliser le schéma narratif :

→ M. Dupont va voir le médecin... Il doit passer des examens... Il doit entrer à l'hôpital... Il ressort. Il est guéri... Il a un congé pour se remettre de son opération...

■ **Activité 2, p. 159. Ils se plaignent toujours !**

• Lecture de la bande dessinée : identifier les personnages. Quel est le défaut de la grand-mère ?

a. Travail par paires suivi d'une mise en commun.

– Trouver d'autres situations montrant la grand-mère qui se plaint. Utiliser le vocabulaire de la maladie et des soins.

→ *La petite-fille* : Grand-mère, ça va aujourd'hui ? Tu te sens mieux ?

La grand-mère : Ma pauvre fille, j'ai des problèmes avec mon cœur ! Tu ris. Mais tu verras quand tu auras mon âge ! etc.

– Imaginer une situation amusante montrant la grand-mère en forme :

→ *La petite-fille* : Mamie, aujourd'hui c'est moi qui suis malade...

La grand-mère : Ah ces jeunes ! Ils se plaignent constamment ! Ils ont toujours mal quelque part... Fais du sport. Gym le matin. Jooging le soir. Et du ski le week-end. Tu resteras en forme. Pauvre jeunesse !

b. Variante : lecture des quatre situations.

• Travail collectif : trouver des exemples pour chaque situation.

• Travail par paires suivi d'une mise en commun : répartir les situations de consultation.

• Préparer et jouer les scènes.

Prononciation, p. 159

• Exercice 1. Prononciation des noms de villes et de pays étrangers.
• Exercice 2. Prononciation et orthographe de mots d'origine étrangère.

Transcription

1. Noms de villes et de pays étrangers. Écoutez le nom de la capitale. Formez une phrase comme dans l'exemple.
Pékin /...
Pékin est la capitale de la Chine /...
Madrid /...
Madrid est la capitale de l'Espagne /...
Athènes /...
Athènes est la capitale de la Grèce /...
Londres /...
Londres est la capitale du Royaume-Uni /...
Berlin /...
Berlin est la capitale de l'Allemagne /...
Varsovie /...
Varsovie est la capitale de la Pologne /...
Mexico /...
Mexico est la capitale du Mexique /...
Buenos-Aires /...

Buenos-Aires est la capitale de l'Argentine /...
Rome /...
Rome est la capitale de l'Italie /...

2. Mots d'origine étrangère. Écoutez la prononciation française de ces mots d'origine étrangère. Répétez et écrivez les mots au tableau.
une pizzeria /...   un standard /...
un patio /...   des graffitis /...
un embargo /...   une baby sitter /...
un boy scout /...   un imbroglio /...
des kebabs /...   une corrida /...
un toast /...   un bock /...
une merguez /...   des lasagnes /...
un sandwich /...   de la feta /...
un scénario /...   une corrida /...
un script /...   des confettis /...

▼ Séquence C – Civilisation, p. 155 – 160 – 161

Contenus

• **Civilisation**	• **Vocabulaire**
– *les bars cybernétiques*	– *vocabulaire de la communication*
– *la génétique en question*	– *vocabulaire de la génétique*
– *objets technologiques et quotidiens*	– (se) séparer, gonfler, charger
	– le porte-monnaie
• **Situation écrite**	
– *comprendre un texte de vulgarisation scientifique*	• **Situations orales**
	– *donner son avis, exprimer son accord, son désaccord*

Déroulement de la séquence

• La double page « Civilisation » concerne deux bouleversements majeurs de notre époque : les technologies de la communication et la génétique.

1. Le document C servira de support introducteur à la séquence. On pourra poursuivre ce travail en passant directement à l'activité 6, p. 161.

2. Faire les activités de la double page « Civilisation » dans l'ordre proposé.

On pourra selon les situations ne traiter que les activités 6, 1 et 2.

▪ Découverte du document C, p. 155

• Lecture silencieuse du document C.

• Faire identifier la nouvelle technologie présentée, son fonctionnement, ses avantages ou inconvénients.

– Introduire : *se séparer, gonfler, charger, le porte-monnaie, débiter, régler* (payer), *la réglementation* (ensemble de règles d'utilisation).

– Faire reformuler la présentation du porte-monnaie électronique et du visiophone.

• Faire présenter d'autres inventions récentes.

▪ Activités 1 et 2, p. 160

▪ Activité 1, p. 160. Vocabulaire de la communication.

• Lecture silencieuse du texte.

• **c.** Travail collectif : réduire les difficultés lexicales :

→ *un bistro* : un café ; *Internet* : réseau international de communication ; *la Bourse* : lieu où l'on achète ou vend des actions ; *un petit crème* : une tasse de café ; *modique* : bon marché ; *un délire* : une folie.

La cybersociété. La cybernétique est constituée par l'étude des systèmes de direction et de communication des êtres vivants ou des machines. L'informatique est une branche de la cybernétique. Avec les systèmes de communication informatisés qui se généralisent, nous entrons dans la cybersociété. Un bar informatisé devient un cyberbar. Un utilisateur du réseau multimédia devient un cybernaute, voyageur de l'espace virtuel. Changement de société ou effet de mode ?

• **a.** et **b.** Travail collectif au tableau.

– Relevé et classement des mots de la communication.

– Enrichissement du vocabulaire par dérivation.

Noms	Verbes	Adjectifs
la cybernétique le cybercafé le cybernaute la cybersociété le cybernéticien		cybernétique
le multimédia		multimédia
l'interactivité, l'interaction	interagir	interactif
le connecteur, la connexion	connecter, interconnecter	connectable
l'ordinateur	ordonner	–
le branchement	brancher	branché
le dialogue, le dialoguiste	dialoguer	dialogal
le correspondant(e)	correspondre	correspondant
un échangeur	échanger	échangeable
la virtualité	–	virtuel(le)

▪ Activité 2, p. 160. L'originalité.

• Conversation dirigée : suivre la démarche proposée.

▉ Activités 3, 4 et 5, p. 160 – 161

▉ Activité 3, p. 160. Les gènes.

• Travail par paires : lecture de l'article « La carte d'identité génétique », p. 161. Utiliser le dictionnaire bilingue. Faire chercher : *le gène, le chromosome, déterminer, la tendance*.

• Travail collectif : vérifier la compréhension du texte en faisant formuler les réponses aux questions de l'activité 3, p. 160.

▉ Activité 4, p. 160. Génétique et morale.

• Travail collectif : lecture de l'article « Pour ou contre la carte génétique », p. 161.

– Faire expliquer le titre. Qui sont les scientistes ? les humanistes ?

– Introduire : *l'affection* (la maladie), *diagnostiquer* (trouver), *se suicider, incurable, infaillible* (qui ne peut pas se tromper).

• **a. et b.** Suivre la démarche proposée.

– Trouver les mots ou expresions exprimant l'opposition, l'opinion, le sentiment.

▉ Activité 5, p. 161. La génétique.

• À faire collectivement.

• Faire réemployer :

– l'expression du point de vue : *à mon avis, je pense que, je crois que, je trouve que*, etc. ;

– l'expression de l'accord/du désaccord : *je suis d'accord, pas d'accord*, etc. ;

– l'expression de la justification : *je suis d'accord parce que…* etc. ;

– l'expression du moyen et du but : *grâce à… avec… on peut…* etc.

▉ Activité 6, p. 161. Les objets de demain

• On peut conduire cette activité dans le prolongement immédiat du document C, p. 155.

• Travail collectif : proposer une liste d'objets au tableau :

le minitel, le Concorde, la navette spatiale, le téléphone portable, l'ordinateur portable, le disque compact, le vélo, la voiture, l'autobus, le caméscope, le téléphone, le fax, le visiophone, etc.

• Suivre la démarche proposée.

• Faire réemployer :

– l'expression de l'évolution : *changer, évoluer, se transformer, devenir, plus simple/plus moderne, vieillir, disparaître ; ajouter, supprimer*, etc. ;

– l'expression de la justification : *parce que…* ;

– l'expression du besoin : *il faudra, on aura beasoin, on veut surtout*, etc.

---

17 Corrigés du cahier d'exercices

1. Les innovations.

1. • Bouteille en plastique (vie quotidienne).

• Encombrement des bouteilles en plastique vides (volume des déchets).

• Fabriqué par Évian.

• Matériau plastique qui se compacte quand on le presse. Autres qualités du matériau : transpa-rence – peut être sculpté (beauté de la bouteille).

2. • Satellite aspirateur (espace).

• Grande quantité de débris et d'objets dans l'espace (dangers pour les satellites et les stations spatiales).

• La NASDA : agence spatiale japonaise.

• Le satellite nettoie l'espace de ses déchets.

3. • Système Tangora d'IBM ou ISSS.
• L'ordinateur traditionnel nécessite la dactylographie des données.

• Fabriqué par IBM.
• Le système permet de dicter un texte à l'ordinateur (suppression de la dactylographie).

2. Invention et création.

	L'architecte	L'ingénieur	Le styliste	L'écrivain
L'idée	concevoir – avoir l'idée de…	concevoir – avoir l'idée de…	imaginer	avoir l'idée de… imaginer
Premières étapes de la réalisation	faire un plan faire une maquette	faire un prototype	dessiner	prendre des notes faire un brouillon
La réalisation	construire	assembler fabriquer	couper le tissu confectionner	rédiger
L'amélioration	réaliser les finitions	faire des essais faire la mise au point	essayer retoucher	corriger

3. Les suffixes -tion, -age, -ure.

• 1980 : *conception* de la navette et *planification* de sa réalisation.
1981 à 1983 : *construction* de la navette.
• 8 heures : *ouverture* de la porte – *entrée* des cosmonautes – *fermeture* de la porte – *installation* des cosmonautes.
8 h 15 : *allumage* des moteurs – *démarrage*.
8 h 16 : *décollage* de la fusée.
8 h 18 : *correction* de la trajectoire.
• 20 h 15 : *atterrissage* de la navette.
20 h 16 : *coupure* dans le circuit électrique – *blocage* des freins.
bilan de l'accident : *blessure* au bras – *cassure* (fracture) – *brûlure*.

4. La conjugaison du passé simple.

a. • **Régularités**
→ entre les 4 types de conjugaison : la finale -*s* (2ᵉ pers. du sing.), les finales en -*mes*, -*tes*, -*rent* dans les 3 pers. du pluriel.
→ entre les 3 derniers types : les finales de toutes les personnes (-*s*, -*s*, -*t*, -*mes*, -*tes*, -*rent*).

• **Risques de confusion**
→ avec le présent : je finis, tu finis, il finit
→ avec l'imparfait : je parlai (à l'oral)
→ avec le participe passé (à l'oral) : je parlai – les 3 premières personnes des conjugaisons des types « vouloir » et « finir »

b. • Jacques *eut* une forte fièvre. Je *partis* chercher… Quand nous *arrivâmes*… Je *remarquai*
• En mai, je *reçus*… J'y *allai*… On me *fit* entrer… Antoine Dupré m'*accueillit* et me *présenta*… Je me *trouvai*… Ils en *parlèrent*… Je ne *dis* pas un mot… Florence *arriva*.

5. Les emplois du passé simple.

a. Récit littéraire (science fiction) (C) – Conte pour enfants (A) – Récit de presse (B) – Texte à caractère historique (D).

b. A. a appelé – ils sont partis – le premier fils a acheté – il n'est pas parvenu – il n'a pas réussi – qui a eu l'héritage – n'a pas acheté – il a attendu – il a allumé – il a rempli.
B. Tanya a été choisie – elle est devenue – son mari l'a consolée et l'a aidée – ce qui lui a valu…

C. Quand les Stralkes sont entrés... ils ont débarqué... ils ont pris... ils ont déduit... ils ont envahi...

D. La grotte a été découverte... ils ont aperçu... il a alerté l'abbé Breuil qui est venu sur place et a fait de ces peintures une étude...

6. Lire des informations à caractère scientifique.

a. *Vocabulaire*

• *Texte 1* : une tromperie : une *arnaque* (fam.) – annoncer : *préfigurer* – enfermer : *cloîtrer* – construction en verre pour les cultures : *une serre* – une copie : *une réplique* – intéressant : *alléchant* – devenir ridicule : *tourner à la farce* – remédier : *pallier* – gaz carbonique : CO_2.

• *Texte 2* : ne venant pas de la terre : *extraterrestre* – mesure de distance entre les étoiles : *année-lumière* – quand un état emprunte des biens... : *réquisitionner*.

b.

	Buts de l'expérience	Organisation de l'expérience	Résultats
1	Expérimenter, observer les conditions de vie de l'homme coupé de la société. Préparer une implantation de l'homme dans l'espace.	4 hommes et 4 femmes enfermés dans une grande serre en Arizona (États-Unis). La serre est une réplique de la terre en miniature. Durée prévue : 2 ans.	Échec : excès de gaz carbonique – maladie d'une des femmes – réserves de nourriture cachée. Utilisation actuelle de la serre : observation des changements de climat.
2	Capter les signaux d'une intelligence extraterrestre.	• Données recueillies par tous les plus grand télescopes du monde. • Durée : 10 ans.	Succès partiel : on est sûr qu'il existe des « intelligences » extraterrestres. Mais l'expérience a été arrêtée à cause d'un manque de moyens financiers.

▼ Séquence introduction au projet, p. 162 – 163 • Étape 1

▧ Contenus

• **Vocabulaire** – le procès – le tribunal – le président – l'avocat de l'accusation/de la défense – le témoins, le témoignage	– le jury, le verdict, la peine – accuser/défendre/prononcer (le verdict) • **Civilisation** – *le fonctionnement d'une cour d'assise*

▧ Déroulement de la séquence

1. Dans un premier temps, on introduira le projet « Faire un procès ».
2. Faire ensuite les activités 1, p. 162, et 2, p. 163. Elles permettront d'une part de découvrir le fonctionnement d'un procès en France, et d'autre part de constituer une liste de sujets de procès.
3. On terminera la séquence par la première étape du projet.

▧ Introduction du projet

• Solliciter l'attention des étudiants : « À la leçon 18, vous allez organiser un procès comme au tribunal. Ça ne sera pas le procès d'une personne vivante, mais d'un fait de société, par exemple "Pour ou contre la mode ?" d'un événement d'actualité ou d'un roman, d'un personnage historique, d'une époque passée, etc. »
• La réalisation de ce projet se fera en quatre étapes :
– p. 163 : étape 1 : Constitution des tribunaux par chaque groupe. Choix du sujet du procès. Répartition des rôles.
– p. 165 : étape 2 : En fonction des rôles, rédaction d'une liste d'arguments.
– p. 167 : étape 3 : Développement des arguments.
– p. 169 : étape 4 : Préparation des diverses étapes du procès selon le fonctionnement présenté à la page 162. Déroulement du procès devant la classe qui joue le rôle du jury.

▧ Activités 1, p. 162, et 2, p. 163

▧ Activité 1, p. 162. Le déroulement d'un procès.

• L'illustration de la page 162 permettra de présenter les différents acteurs d'un procès en cours d'assises ainsi que son déroulement (les grands moments du procès sont numérotés de 1 à 7). Introduire le vocabulaire utile : *jury, témoin, accuser/défendre, prononcer le verdict, la peine, pair/impair.* Comparer avec le pays des étudiants, avec certains films.

• Faire appel aux connaissances des étudiants (procès qui a marqué l'actualité ; séries télévisées mettant en scène la justice, etc.).

■ **Activité 2, p. 163. Sujets de débat.**

• Travail collectif. Il s'agira de constituer une liste de sujets se prêtant au débat ou à l'organisation d'un procès, et fournissant donc matière à argumenter. Dans un premier temps, on suivra la démarche indiquée. On notera au tableau les sujets dégagés ainsi que les arguments pour ou contre. Dans un deuxième temps, on pourra demander aux étudiants de proposer d'autres sujets de la même façon. *Exemples* :

– Pour ou contre l'école jusqu'à 18 ans ?...   – Pour ou contre l'orthographe ?...
– Pour ou contre les grandes écoles ?...   – Pour ou contre la littérature ?...
– Pour ou contre les médecines douces ?...   – Pour ou contre la publicité à la télévision ?...
– Pour ou contre les manipulations génétiques ?   – Pour ou contre le nucléaire ?...

• On évitera les sujets susceptibles de heurter les convictions des uns ou des autres ou qui risqueraient de détériorer le climat de la classe.

• Par sujet de procès, il faut entendre sujet polémique, propre à favoriser le débat, mettant en jeu le pour et le contre, de façon à stimuler une dynamique de l'échange fondée sur l'opposition et la mise en place d'une argumentation.

• *L'Événement du Jeudi et l'Express sont des hebdomadaires d'information générale.*

• *Ça m'intéresse est une revue mensuelle de vulgarisation scientifique.*

• *Télérama propose chaque semaine, en plus du programme de télévision, une analyse critique de l'actualité culturelle. Son titre « Faut-il brûler les journalistes ? », volontairement provocateur, veut poser le problème de l'information dans la société. Les journalistes sont-ils utiles ? Inutiles ? Faut-il les critiquer ? Faut-il en faire l'éloge ?*

• *Le goût des débats en France. Les Français ont un goût prononcé pour les affrontements verbaux. Ainsi à la télévision diverses émissions comme « J'y crois, j'y crois pas » (TF1), « Comme un lundi » (TF1) et « Ça se discute » (F2), proposent aux téléspectateurs d'assister à des duels à thème opposant partisans (pour) et adversaires (contre). Lors du bicentenaire de la Révolution française, certains ont réorganisé le procès du roi Louis XVI et de son épouse Marie-Antoinette. Et avant les élections législatives ou présidentielles, les face-à-face politiques sont nombreux et déterminants.*

■ Étape 1 du projet, p. 163

• Suivre la démarche proposée.

▼ Séquence Grammaire, p. 164 – 165 • Étape 2 du projet

■ Contenus

• **Grammaire**	• **Situations écrites**
– la nominalisation	– rédiger une liste d'arguments et d'idées
– l'expression de l'opposition	– mettre des idées en valeur
– l'énumération	

■ Déroulement de la séquence

• La séquence aura pour but de fournir aux étudiants différents moyens pour formuler ou enchaîner des idées : la reprise par la nominalisation, l'enchaînement par opposition ou par énumération.

1. La présentation des constructions du tableau p. 164 précédera les exercices correspondants des pages 164-165.
2. Réaliser l'étape 2 du projet, p. 165.

■ Tableau et exercice 1, 2 et 3, p. 164 – 165

■ Tableau, p. 164. Nominalisation. « Présentation de l'acteur, de l'action, de la qualité ».

• Présenter les constructions du tableau. Proposer d'autres exemples.
→ L'entreprise a supprimé des emplois. Cette suppression a provoqué une grève.

■ Exercice 1, p. 164. Transformation du verbe en nom.

• Travail collectif.
– *Reprise* par la Comédie-Française du « Malade imaginaire » de Molière.
– *Réalisation* par Claude Sautet du film « Nelly et Monsieur Arnaud » en 1994.
– *Coût* élevé du film « Germinal ».
– *Diminution* de la fréquentation des salles de cinéma.

■ Exercice 2, p. 164. Transformation de l'adjectif en nom.

• Travail collectif.
– (La) grande *beauté* des figures présentées par S. Bonaly.
– (La) grande *rapidité* du skieur A. Tomba.
– *Victoire* du coureur marocain Skah au 10 000 m grâce à son *intelligence* et à son *endurance*.

■ Exercice 3, p. 165. Mise en valeur des actions.

• Travail collectif.
– Pour obtenir (favoriser) *la diminution* de la pollution des villes, il faudrait *une réglementation* de la circulation automobile.
– La presse a fait *des commentaires* à propos de *la rencontre* des deux présidents.
– *La rareté* des bons films a entraîné *le désintérêt* des gens pour les salles de cinéma en province.

■ Tableau, p. 164. Exercices 4 et 5, p. 165

■ Tableau, p. 164, « Effets d'opposition ».

•Présenter les constructions du tableau. Faire trouver d'autres exemples.

■ Exercice 4, p. 165. Expression de l'opposition.

• Travail collectif. Faire trouver diverses solutions pour chaque situation. *Examples* :
– *Malgré* son handicap, il trouve facilement son chemin.
– J'ai réussi à traverser le Sahara *bien qu*'il n'y ait pas de piste.
– J'ai réussi à traverser le Sahara, *pourtant* j'ai manqué d'eau.

■ Exercice 5, p. 165. Construction en opposition.

Travail collectif. *Examples* :
– Je suis favorable à l'interdiction de l'utilisation de la voiture en ville, *pourtant* j'en ai une.

– *Bien qu*'il ait des transports en commun, la voiture est indispensable.
– On interdit aux voitures de circuler dans le centre-ville mais beaucoup de gens l'utiliseront *quand même* pour s'y rendre.

◼ Tableau, p. 164. Exercice 6, p. 165

◼ Tableau, p. 164, « Énumération des circonstances ».

• Présenter la construction : montrer la transformation en « que » des conjonctions de subordination dans une énumération. Faire trouver d'autres exemples.

◼ Exercice 6, p. 165. Constructions avec plusieurs propositions.

• Travail collectif.
– *Puisque* Marianne ne veut pas m'accompagner au cinéma et *que* je n'ai pas envie d'y aller seul, je resterai chez moi.
– *Bien que* notre quartier soit agréable et *que* le loyer ne soit pas cher, nous allons déménager.
– Je vous envoie la brochure de renseignements sur nos produits, *pour que* vous la lisiez et *que* vous fassiez votre choix.

◼ Étape 2 du projet, p. 165

• Suivre la démarche proposée.
• Critiques et suggestions du professeur.
• Amélioration des listes d'arguments et d'idées.

◼ Entraînez-vous, p. 165

• Exercice 1. Réemploi de l'expression de la cause. Intonation dubitative.
• Exercice 2. Réemploi de l'expression de l'opposition. Intonation de la surprise.

Transcription

1. Vous êtes sceptique et vous demandez confirmation comme dans l'exemple.

• Je ne suis pas parti en avion parce que le prix du billet a augmenté /...
– C'est à cause de l'augmentation du prix ?
• Pierre est très occupé parce qu'il prépare un projet /...
– C'est à cause de la préparation de son projet ?
• L'entreprise marche mal depuis que le chef des ventes a démissionné /...
– C'est à cause de la démission du chef des ventes ?
• Les employés protestent parce que le patron a licencié du personnel /...
– C'est à cause des licenciements de personnel ?
• Je ne suis plus libre en fin d'après-midi parce que mes horaires ont changé /...
– C'est à cause des changements d'horaires ?

2. Un couple d'originaux. Étonnez-vous comme dans l'exemple.

• Il pleut, mais ils sortent quand même pour se promener /...
– Bien qu'il pleuve, ils sortent pour se promener !
• Il fait froid, mais il porte seulement une chemise /...
– Bien qu'il fasse froid, il porte seulement une chemise !
• On lui a proposé un poste important. Elle l'a refusé /...
– Bien qu'on lui ait proposé un poste important, elle l'a refusé !
• Ils ne gagnent que le SMIC. Ils se sont acheté une Mercedes /...
– Bien qu'ils ne gagnent que le SMIC, ils se sont acheté une Mercedes !
• Elle est invitée dans une grande soirée, mais elle ne se maquille pas /...
– Bien qu'elle soit invitée dans une grande soirée, elle ne se maquille pas !
• Ils vivent ensemble depuis 15 ans, mais ils ne sont pas mariés /...
– Bien qu'ils vivent ensemble depuis 15 ans, ils ne sont pas mariés !

▼ **Séquence Vocabulaire, p. 166 – 167 • Étape 3 du projet**

■ Contenus

• **Vocabulaire**	– *lire des textes d'opinion*
– *donner un exemple*	– *donner son avis*
– *enchaîner des idées*	
–*conclure*	• **Civilisation**
	– *système éducatif et réformes*
• **Situations orales**	• **Prononciation**
– *développer un argument*	– *intonation de l'argumentation*

■ Déroulement de la séquence

• L'objectif de la séquence est de faire acquérir aux étudiants la méthode et les moyens linguistiques nécessaires pour développer un argument.

1. On débutera la séquence par les activités 1 et 3, p. 167, qui proposent une lecture et une exploitation des trois textes d'opinion de la page 166.
2. Le tableau, p. 167, permettra ensuite de faire un bilan qu'on illustrera par des exemples.
3. Faire l'exercice d'écoute 2, p. 167.
4. Réaliser l'étape 3 du projet, p. 167.
5. Terminer la séquence par l'exercice de prononciation, p. 167.

■ Activités 1 et 3, p. 167

■ Activité 1, p. 167. Compréhension des textes, p. 166.

a. Travail par groupes : première lecture. La classe se partage les trois textes pour accélérer les recherches lexicales. Mise en commun. Écrire au tableau :
(1) *un changement d'organisation* = une réforme – *avoir un malaise* = se trouver mal – *un examen fictif* = le bac blanc.
(2) *possible* = en puissance – *être normal et évident* = aller de soi.
(3) *la domination* = l'hégémonie – *une contradiction* = un paradoxe – *en échange* = en contrepartie.
b. Travail par paires. Relecture des trois textes, p. 166. Suivre la démarche proposée.
c. Travail collectif.

■ Activité 3, p. 167. L'argumentation des étudiants.

• Travail collectif. Suivre la démarche proposée.

■ Tableau, p. 167 • Développer un argument

• Rappeler la méthode et présenter les articulations ou expressions de liaison à partir d'exemples :
→ Le système éducatif n'est pas adapté à notre époque. Voici un exemple : les élèves n'apprennent pas à créer une entreprise.

■ Exercice 2, p. 167 • Exercice d'écoute • Utiliser la cassette

• Travail collectif.

• Traiter les deux documents l'un après l'autre :

1. Première conversation ;

– Écoute globale : identifier les personnages (le partisan et l'adversaire de l'école publique). ; les sujets de la conversation (la manifestation pour l'école privée, les avantages et inconvénients des deux systèmes scolaires).

– Écoute fractionnée 1 : faire noter les avantages de chaque système (l'école publique – l'école privée).

– Écoute fractionnée 2 : faire relever les moyens utilisés pour :

    – introduire une idée (opposée) ;

    – développer une idée ;

    – donner un exemple ;

    – exprimer son désaccord.

2. Seconde conversation.

– Écoute globale : identifier les personnages (partisans et adversaires du voile porté en classe) ; le sujet de la discussion (le voile islamique).

– Écoute fractionnée 1 : relever les arguments du partisan, de l'adversaire.

– Écoute fractionnée 2 : relever les moyens utilisés pour argumenter (voir 1).

Transcription

Première conversation. Elle a eu lieu en juin 1984. Mais le débat est toujours d'actualité.

– Tu as vu ? Hier, il y a eu une grande manifestation à Paris pour la défense de l'école privée. 1 400 000 personnes ! On n'avait jamais vu ça.

• Ben oui, je les comprends. Je ne vois pas pourquoi le gouvernement veut qu'il n'y ait qu'une école : l'école publique.

– Mais enfin, c'est l'école publique qui a fait notre pays. D'abord, elle est gratuite. Tout le monde y a droit. Ensuite, à l'école publique, le fils du pharmacien ou de l'avocat est assis à côté de la fille de l'ouvrier. Et ça, c'est un bon apprentissage de la société.

• C'est possible. Mais qu'est-ce que tu fais de la liberté. Si moi, par exemple, j'ai envie que mes enfants soient bilingues. À l'école publique, il n'y a pas d'enseignement bilingue. Je veux que mes enfants fassent 4 heures d'anglais par jour. J'ai pas le droit de les mettre dans une école spéciale ? En payant bien sûr.

– Ça, ça fait une école pour les élites, pour les riches, et une école pour les pauvres. Je ne suis pas d'accord.

• Et si j'ai envie que mes enfants aient une éducation religieuse ?

– Alors là, je suis encore moins d'accord. Tout le monde a le droit d'avoir sa religion et donc une éducation religieuse mais en dehors de l'école. Et tu sais pourquoi ? Parce que sinon, il n'y aura plus d'unité nationale. Il y aura des groupes qui ne se comprendront pas. Notre école publique est laïque. Tout le monde peut y aller. Mais on ne parle ni de religion, ni de politique. Ça produit un peuple qui a quelque chose en commun. Qui a appris les mêmes choses. C'est ça qui fait l'unité d'un pays.

Deuxième conversation. Elle a lieu au début des années 90 quand certaines jeunes filles de religion musulmane sont arrivées à l'école en portant le voile islamique.

– Moi, je ne suis pas d'accord pour que les jeunes filles de religion musulmane portent le voile à l'école. Elles doivent quitter leur voile quand elles entrent à l'école.

• Et pourquoi ?

– Parce que notre école est laïque. On ne doit pas y parler de religion.

Transcription

• Mais en portant le voile, elles ne parlent pas de religion. Elles portent un signe de leur religion. C'est comme si tu interdisais aux catholiques de porter une croix.

– Ce n'est pas pareil. La croix, ça ne se voit pas. Le voile, c'est trop visible. Elles montrent trop leur différence. Et quand on montre sa différence, ça me gêne. Parce qu'inévitablement, ça sépare les gens.

• Tout ça, c'est peut-être seulement une question d'habitude. Ça te choque parce que c'est nouveau. Il y a 5 millions de musulmans en France. L'islam est la deuxième religion de France. Tu ne peux pas aller contre ça.

▮ Étape 3 du projet

• Suivre la consigne du livre.

▮ Prononciation, p. 167

• Intonation de l'argumentation.

Transcription

Intonation de l'argumentation. Écoutez et répétez ces phrases extraites d'un débat sur l'éducation.

1. Formules d'introduction
• Je voudrais dire un mot au sujet des horaires /...
• Je voudrais ajouter quelque chose à ce que vous avez dit /...
• Ce qui vient d'être dit ne me paraît pas juste /...

2. Interrogations
• Est-ce que l'école nous parle du monde de l'entreprise ? Presque jamais /...
• Est-ce que l'école nous prépare à une vie d'adulte ? Pratiquement pas /...

3. Successions d'idées
• D'abord, les horaires sont trop chargés/... Ensuite, les cours sont trop longs /...
• Enfin, on n'accorde pas assez de temps au sport et aux matières artistiques /...
• D'une part, il y a trop de cours, d'autre part, ils sont trop théoriques /...

4. Conclusions
• Ces exemples montrent bien que l'école est inadaptée à notre société /...

• Pour conclure, je dirais que l'école ne nous prépare pas assez à la vie /...

5. Intonation du doute
• Je ne suis pas sûre que les mathématiques doivent avoir autant d'importance /...
• Ça m'étonnerait /...
• J'en doute aussi /...

6. Intonation de la certitude
• Je suis persuadée que le rôle de l'école est de nous donner des connaissances générales /...
• J'en suis sûr aussi /...
• C'est une évidence /...

7. Intonation de l'indignation
• 34 heures de cours par semaine et 20 heures de travail personnel, ce n'est pas normal /...
• Notre université a été faite pour 10 000 étudiants. Nous sommes 20 000. C'est scandaleux /...

8. Intonation de l'enthousiasme
• Toutes les matières difficiles le matin. Et l'après-midi du sport, de la musique, du théâtre, de la peinture. Voilà ce qu'il faut faire /...

• *Le système éducatif en question.* Le système éducatif est l'objet de nombreuses critiques. On lui reproche principalement de mal s'adapter à la diversité des élèves et aux exigences de l'époque. Chaque nouveau ministre propose sa réforme sans parvenir à entraîner de changement en profondeur. Après son élection en mai 1995, le président Chirac a même promis d'organiser un référendum sur l'école...

• *École publique et école privée.* L'école est obligatoire et gratuite. Mais les parents peuvent inscrire leurs enfants dans une école privée payante. Les partisans de l'école publique et de l'école privée manifestent vivement lorsqu'ils jugent l'école de leur choix menacée par les mesures gouvernementales.

• *Le voile islamique.* Le port du voile par de jeunes musulmanes issues de l'immigration a soulevé une vive polémique en 1992 entre partisans et adversaires du voile.

▼ Séquence Civilisation, p. 168 – 169 • Étape 4 du projet

■ Contenus

• **Civilisation** – *la défense de la langue française* – *le procès du « *Baiser* » de Doisneau* – *la réintroduction du loup dans le parc du Mercantour* • **Situation écrite** – *recherche sélective d'informations*	• **Situations orales** – *accuser, défendre, argumenter* • **Vocabulaire** – adopter, investir, intenter un procès, revendiquer, réveiller les vieux démons, mettre hors d'état de nuire – une meute, le terme, le berger, la charge – soulagé, fugitif – notamment

■ Déroulement de la séquence

• Le but de cette séquence est de présenter quelques sujets de débat et de les exploiter en fonction du rôle adopté par chaque étudiant lors du procès.

1. Faire les activités dans l'ordre proposé.

2. Réaliser l'étape 4 du projet.

■ Activités 1 et 2, p. 169

■ Activité 1, p. 169. Compréhension des documents.

a. Travail par groupes : répartir les trois documents pour accélérer les recherches lexicales. Mise en commun

1. *adopter* = accepter – *notamment* = en particulier – *un terme* = un mot.

2. *être soulagé* = ne plus être inquiet – *intenter un procès* = faire un procès – *soutenir* = affirmer avec force – *le procès a tourné à son avantage* = il a gagné le procès – *une étreinte* = embrassade et baiser – *fugitif* = rapide.

3. *une meute* = un groupe (de loups) – *investir* = envahir – *réveiller les vieux démons* = réveiller les anciennes peurs – *le berger* = personne qui garde les moutons – *une charge (de dynamite)* = une bombe – *faire voler en éclats* = détruire – *entendre* = vouloir.

b. Travail par paires. Relecture des trois documents. Suivre la démarche proposée.

■ Activité 2, p. 169. Recherche sélective d'informations et d'arguments.

• Travail individuel, par paires ou par groupes : chaque étudiant (paire ou groupe) examinera les trois documents en fonction du rôle choisi pour le procès :

– le président du tribunal adoptera un point de vue factuel, objectif : il doit présenter des faits précis ;

– l'avocat de l'accusation doit retenir ce qui accuse, critique, il énumère les fautes, les torts : il est nécessairement contre ;

– l'avocat de la défense doit retenir ce qui permet de défendre le point de vue, l'affirmation, la décision de la personne mise en accusation : il justifie, explique, donne des preuves. Il est nécessairement pour ;
– les témoins auront un point de vue partial, en fonction de leur situation.

a. et **b.** Suivre la démarche proposée.

Étape 4 du projet p. 169

• Réaliser les étapes du procès. Jouer le procès.
• Le jury, constitué par le reste de la classe, décidera par vote si les faits mis en procès doivent être approuvés ou rejetés.

18 Corrigés du cahier d'exercices

1. La justice.

b. Texte 1

• Personne accusée mais pas encore jugée : *un(e) inculpé(e)* – Cour de justice : *une juridiction* – Risquer une peine : *encourir* – Peine de prison à durée illimitée : *à la perpétuité.*

Texte 2

• Sécurité sociale : *couverture sociale* – Ensemble des biens d'une personne : *le patrimoine* – Qui a reçu une plainte : *saisi par* – Reçu, encaissé : *perçu (percevoir de l'argent).*

Texte 3

• Tuer à coup de couteau : *poignarder* – Ne pas être condamné : *être acquitté* – Maladie psychologique : *somnambulisme.*

c.

Informations sur le coupable	Informations sur le délit	Circonstances aggravantes ou atténuantes	Jugement et verdict
J. D. Williams, 27 ans, magasinier	Vol d'un morceau de pizza à une table dans un restaurant de Redondo Beach (Californie).	C'est son troisième délit de ce type (circ. aggravante).	25 ans de prison.
Un couple de Nantes (France)	Il a perçu pendant près d'un an le RMI sans y avoir droit.	Il gagnait 500 000 F par an (circ. aggravante).	Remboursement du RMI perçu, plus une amende de 80 000 F.
Un homme	Il a poignardé sa belle-mère et blessé son beau-père.	Il était en état de somnambulisme (circ. atténuante).	Acquitté.

2. Du délit à la peine.

1. Un délinquant commet un délit.

2. La victime porte plainte.

3. La police ouvre une enquête.

4. La police recherche des indices et des suspects.

5. La police trouve le coupable et l'interroge.
6. Le juge d'instruction inculpe le délinquant et le met en prison.
7. Il instruit l'affaire et interroge le délinquant.
8. Le coupable est jugé. Le tribunal le condamne.

3. Dire.

• … le président *a fait* un discours… Il *a présenté* (*formulé*) ses vœux… Il *a annoncé* de bonnes nouvelles… il *a dénoncé* l'attitude de l'opposition.
• Le président *a déclaré* la séance ouverte… il *a exposé* les buts de l'association, il *a développé* plus particulièrement… il *a avoué* que des erreurs avaient été commises.
• Tu *as prononcé* des mots trop techniques… il faut *formuler* ça d'une manière plus simple.

4. Les phrases d'enchaînement dans un exposé.
(1) c – (2) a, f – (3) b, r – (4) d – (5) g – (6) e, j – (7) i, k.

5. Mise en valeur de l'action.

b. *L'explosion* d'une conduite de gaz en Corée du Sud a fait 100 morts.
c. La reprise des essais nucléaires français a provoqué de nombreuses critiques.
d. *L'exposition* du peintre Cézanne au Grand Palais a attiré de nombreux visiteurs.
e. *La victoire* de la chanteuse Enzo Enzo aux 10ᵉ Victoires de la musique a entraîné une augmentation de ses ventes de disques.
f. *La défaite* de l'équipe de France de rugby face à l'Écosse a déçu les spectateurs.

6. Mise en valeur de la qualité.

b. La longueur de son discours m'a ennuyé.
c. La vulgarité du spectacle de cet humoriste a choqué le public.
d. La gravité de sa maladie m'inquiète.
e. La beauté du décor de la pièce a été appréciée par la critique.
f. La compétence de Christine est reconnue par tout le monde.

7. L'enchaînement des phrases.

b. … Cette découverte est la plus importante…
c. … Ce nombre est le signe d'une reprise…
d. … Cette augmentation a mécontenté les entreprises.

e. … Cette création va concurrencer le parc Euro Disney.

8. L'expression de l'opposition avec « bien que + subjonctif ».

b. Bien que j'ai de la fièvre et que je sois fatigué, je vais travailler.
c. Bien qu'il fasse ses devoirs de français, qu'il apprenne ses leçons de grammaire et qu'il sache ses conjugaisons, le petit Damien fait toujours des fautes d'orthographe.
d. Bien que nous n'aimions pas les romans de M. Duras, nous devons les lire…

9. Les différents moyens d'exprimer l'opposition.
On trouvera entre parenthèses les autres constructions possibles de chaque phrase.
• Blandine est toujours distraite. *Pourtant*, elle comprend… (… elle comprend *quand même*… – *Bien que* Blandine soit toujours distraite, elle comprend…).
• *Bien qu'*on ne la voie jamais travailler, elle sait… (On ne la voit… *Pourtant*…).
• Elle joue dans la cour de récréation. *Pourtant*, elle n'a pas de vrais amies.
• *Malgré* son absence de timidité (*Bien qu'*elle ne soit pas timide…) elle parle peu.
• L'instituteur lui interdit… Elle se lève et se promène *quand même*. (Elle se lève malgré l'interdiction de l'instituteur).
• *Au lieu de* faire le travail qu'on lui donne elle en fait un autre.
• *Bien qu'*Éric soit un solitaire, il a choisi… (Éric est un solitaire. *Pourtant* il a choisi…).
• *D'un côté*, il se met souvent en colère. *De l'autre*, il peut être charmant avec vous. (Il se met souvent en colère. *En revanche*, il peut…)
• Il critique sans cesse ses collègues. *En revanche* (*Pourtant*), il les défend. (*Bien qu'*il critique… il les défend.)
• Bien qu'il ne soit pas diplômé, il est (*quand même*) très compétent.
• On lui dit de ne pas venir au bureau pendant le week-end. Il y vient *quand même*.
• Il n'a confiance en personne. *Pourtant*, il vous prête… (Il vous prête *quand même* de l'argent – *Bien qu'*il n'ait confiance en personne, il vous prête…)

10. Analyser un raisonnement.

a. L'enchaînement des idées

Mots logiques Entre parenthèses les relations logiques non formulées dans le texte	Arguments
Certes → Mais → (Car) Or → En revanche → Car →	• Nombre important d'animaux domestiques en France. • Ces animaux causent des nuisances. • Ces nuisances sont admises et tolérées. • L'animal est considéré comme irresponsable. • La place de l'animal dans l'échelle des êtres est en train de changer. L'animal a des droits proches de ceux des hommes. • Ce changement a des conséquences positives (défense des animaux en voie de disparition ou maltraités). • Conduite excessive et aveugle de certains défenseurs des animaux. • Ces actions soulèvent un problème philosophique et moral (il semble impossible de donner aux animaux les mêmes droits qu'aux hommes).

b. (1) Pollution des villes (chiens) – Bruit (chiens) – Porteurs de maladies (rats, insectes) – Dangereux (chiens, guêpes, etc.) – Multiplication incontrôlée (rats) – Dévastent les cultures (lapins, oiseaux).

(2) Compagnie pour l'homme (animaux domestiques) – Participer aux jeux et aux sports (cheval) – Utiles pour certaines cultures – Équilibre de la démographie animale (les oiseaux et les reptiles empêchent les insectes de se multiplier).

(3) Disparition de certaines espèces (ours, rhinocéros) – Animaux domestiques maltraités – Animaux domestiques abandonnés – Condition de vie des animaux de cirque – Animaux perturbés par les modifications de l'environnement – Animaux de laboratoire.

(4) Il s'agit de cas précis limités dans le temps et dans l'espace – Terrain de camping rempli de vipères – Multiplication excessive d'une espèce dans un lieu précis et qui constitue un danger pour les autres espèces.

12. Langage familier, courant, soutenu.

• Langage courant : a – e – h – l – m – q.
• Langage familier : c – d – i – k – n – p.
• Langage soutenu : b – f – g – j – o – r.

13. Les euphémismes.

a. Appeler un chat un chat : parler sans détours, franchement. Utilisez les mots qui conviennent → *avoir son franc-parler – parler franchement.*
Noir → black – *nain* → homme de petite taille – *banlieues dévastées* → quartiers sensibles – *un postier* → un préposé aux postes – *une concierge* → gardienne d'immeuble.

b. a 11 – b 1 – c 4 – d 2 – e 10 – g 5 – h 8 – i 13 – j 6 – k 12 – l 3 – m 7.

14. Exercice ouvert.

15. Le langage des journalistes.

les forces de l'ordre → la police
le billet vert → le dollar
l'or noir → le pétrole
la partie immergée de l'iceberg → la chose importante dont on ne parle pas
l'île de Beauté → la Corse
l'Hexagone → la France
outre-Rhin → l'Allemagne
mettre un bémol → être moins exigeant, adoucir
les clignotants sont au rouge → la situation s'aggrave
un cri d'alarme → un avertissement

Les mots de la fin

1. Les mots d'esprit.

• *Pierre Dac (En hiver...)* → absurde.

• *S. Guitry (Tous les hommes...)* → critique des acteurs.

• *A. Allais (Les gens)* → jeu sur les sens du mot sérieux (= « qui ne rit pas », mais aussi « raisonnable »).

• *G. Courteline (L'administration...)* → critique des fonctionnaires (peu travailleurs).

• *A. Gide (Quand un philosophe...)* → critique de l'intelligentsia.

• *S. Guitry (Le 1ᵉʳ janvier...)* → jeu sur les sens du mot « présent » (= « actuel » mais aussi « cadeau »).

• *P. Dac (La seule chose...)* → critique du comportement des femmes (stéréotype : les femmes sont toujours en retard) mais aussi côté absurde de la déduction.

• *P. Dac (La mort)* → jeu de mots. « Savoir-vivre » signifie « comportement correct. » Ici, les deux mots de l'expression prennent chacun leur sens : savoir = être capable de... + vivre. D'où la définition absurde : « Mourir c'est être incapable de vivre. »

• *E. Ionesco (L'ai est pur...)* → moquerie sur les paysans et sur les passionnés de nature. Explication absurde.

• *Coluche (Chez un homme politique...)* → jeu de mot sur « droit » (= « ensemble des lois » et « qui n'est pas de travers ». Critique des hommes politiques.

2. Les mots historiques.

• *Qui m'aime me suive.* Un groupe d'amis n'arrive pas à se mettre d'accord sur le lieu où passer la soirée. L'un deux prend la décision : « Moi, je vais voir le dernier film de Chabrol. Qui m'aime me suive ! »

• *Souvent femme varie.* Constatation dans une situation où une femme a changé d'idée, de vêtements, de petit ami, etc.

• *Paris vaut bien une messe.* Pour avoir une chance d'obtenir le poste de chef de service il faut accepter l'invitation du directeur où l'on va sans doute s'ennuyer.

• *J'ai failli attendre.* Pierre arrive avec une minute de retard à un rendez-vous important. Son interlocuteur commence à s'impatienter.

• *Après nous le déluge.* Nombreuses situations où l'on se moque des conséquences de ce que l'on fait. Exemple : quelqu'un qui fait un régime décide de prendre une troisième part d'un excellent gâteau.

• *Impossible n'est pas français.* Dans toutes les situations où l'on essaie de prouver à l'interlocuteur qu'il est capable de faire telle chose (Maman, mon problème de mathématiques, il est impossible à faire ! – Impossible n'est pas français, répond la mère).

• *Il ne faut pas être plus royaliste que le roi.* Défendre les intérêts de quelqu'un avec plus d'enthousiasme qu'il ne le ferait lui-même.

• *J'y suis, j'y reste.* « Monsieur, cette place de parking est réservée au personnel de l'entreprise ! – Écoutez, j'en ai pour 5 minutes. J'y suis, j'y reste ! »

Bilan 6

1. Problèmes quotidiens.

• Au garagiste : « J'ai conduit de plus en plus vite. Je suis allé tellement vite que je n'ai pas pu freiner et que j'ai heurté un arbre… »

• Au médecin : « Hier soir, je me sentais plus ou moins mal. Et ce matin, j'ai une fièvre si forte que je ne peux pas aller travailler… »

• Au plombier : « Mon installation a une fuite. Dans ma salle de bains, il y a tant d'eau qu'il y a des dégâts importants… »

2. Récit d'accident.

Hier à 8 h, je roulais sur la RN 107. Le temps était couvert, il y avait du brouillard et la route était glissante.

J'ai doublé l'autocar B. Mais un petit camion C est arrivé sur ma gauche, de la route départementale. J'ai freiné. Mais je n'ai pas pu éviter le petit camion. Mon aile et ma roue avant gauche sont abîmées. L'arrière de ma voiture et notamment les feux sont endommagés.

3. Comprendre un récit au passé simple.

… Sylviane et Cédric *ont voulu*… ils *se sont disputés* et la dispute *a été*… Cédric *a décidé*… Il *a pris*… Il *a bu*… il *est revenu*… Il *est entré* et s'*est aperçu*…

4. Expression de l'opposition.

• *Bien* que l'eau soit glacée, il se baigne.

• Hier, *au lieu de* rentrer chez lui, il est allé au cinéma.

• *Malgré* un travail consciencieux, elle fait beaucoup d'erreurs.

• Le sportif avait couru la veille et il paraissait fatigué. *Pourtant*, ce jour-là, il a battu le record de France.

• *D'un côté*, je suis plein de bonne volonté. *De l'autre*, je ne peux pas vous aider.

5. Transformation des verbes et adjectifs en noms.

• *Sa timidité* handicape Adrien quand il passe l'oral d'un examen.

• *La découverte* du virus du sida par le professeur Montagnier en 1983 est un premier pas vers la guérison de la maladie.

• *L'augmentation* du nombre des divorces est une des causes de l'instabilité psychologique des enfants.

• *La rareté* des vieilles maisons à rénover est en train de faire augmenter leur prix.

6. Les métiers.

a.

Métier	Problème qu'il peut résoudre	Ce qu'il fait pour le résoudre
Plombier	une fuite	réparer l'installation
Menuisier	porte cassée	réparer la porte
Couvreur	toit abîmé	réparer la toiture
Tapissier	Papier peint du salon sali et déchiré	changer le papier peint du salon
Réparateur	téléviseur en panne	changer une pièce du téléviseur

b. • le boulanger → du pain.

• l'épicier → de l'alimentation générale.

• le boucher → de la viande.

• le quincaillier → des outils, des ustensiles de cuisine.

• le buraliste → des journaux, des cigarettes.

• le pâtissier → des gâteaux.

c. • contrôler → contrôleur de billets (train), des impôts – vérificateur de la qualité des aliments – agro-qualicien.

• fabriquer → l'artisan (le maçon, etc.).

• imaginer → l'artiste, le publicitaire, etc.

• convaincre → l'avocat, l'homme politique, le représentant de commerce, etc.

7. Les sciences.

a. • réfléchir : le cerveau.
• digérer : l'estomac.
• respirer : les poumons.
• circuler le sang : le cœur.
• stocker le sucre : le foie.

b. • le rhume : nez bouché, tête lourde.
• l'indigestion : vomissements, maux de tête, lourdeur d'estomac.
• la grippe : fatigue, fièvre.
• une fracture à la jambe : douleur, difficulté pour marcher.

c. Des chercheurs pensent avoir *découvert* un nouveau vaccin... Ils sont en train de l'*expérimenter*... et ils font de nombreux *tests*. Ils pensent que le vaccin sera *au point*... Quand tout le monde sera *vacciné* contre le rhume, on pourra enfin aller au concert sans être gêné par les voisins qui se *mouchent* ou *toussent*.

d. • payer plus facilement : carte bancaire, porte-monnaie électronique...
• informer quelqu'un : le téléphone, le fax, le visiophone, la télévision...
• simplifier le travail : l'ordinateur, le fax, le téléphone, la machine à laver...

8. Suites d'actions.

• Elle est allée chez le médecin. Il l'a examinée. Il lui a donné une ordonnance. Elle est en train d'acheter des médicaments. Elle va se soigner. Elle va guérir.
• Il a commis un vol (un meurtre, etc.). La police l'a arrêté. Il assiste à son procès. Ses avocats lui donnent des conseils. Il va être reconnu coupable. Il ira en prison.
• L'inventeur a eu l'idée de créer une machine originale. Il l'a réalisée. Il est en train de l'expérimenter. Les tests sont positifs. Il va la présenter au Salon des inventeurs. Puis il la commercialisera.

— Table des matières —

Édition : M. Christine Couet-Lannes

Conception et réalisation : Wok

SNEL S.A.
Rue Saint-Vincent 12 – B-4020 Liège
tél. 32(0)4 343 76 91 - fax 32(0)4 343 77 50
février 1997

Imprimé en C.E.E.

N° d'éditeur : 10038759 - (II) - (8) OSBT - 80 — Dépôt légal : Février 1997